Gerhard Tersteegen

Geistl. Brosamen von des Herrn Tisch gefallen

Zweiter Band, vierter Teil

Gerhard Tersteegen

Geistl. Brosamen von des Herrn Tisch gefallen
Zweiter Band, vierter Teil

ISBN/EAN: 9783744672641

Hergestellt in Europa, USA, Kanada, Australien, Japan

Cover: Foto ©ninafisch / pixelio.de

Weitere Bücher finden Sie auf **www.hansebooks.com**

Geistliche
Brosamen,

Von des

HErrn Tisch

gefallen,

Von guten Freunden

aufgelesen,

und hungrigen Herzen

mitgetheilt:

Bestehend

in einer Sammlung verschiedener

Erweckungs=Reden,

weyland von

GERHARD TERSTEEGEN

zu Mülheim an der Ruhr gehalten.

Zweyter Band. IV. Theil.

Mülheim am Rhein,
gedruckt bei J. C. Eyrich, 1792.

Erste Rede.

Gehalten über

4 B. Mos. IX. v. 15=20.

GOtt ist gegenwärtig! Lasset uns anbeten, und in Ehrfurcht vor ihn treten. GOtt ist in der Mitten! Alles in uns schweige, und sich innigst vor ihm beuge: Wer ihn kennt, wer ihn nennt, schlagt die Augen nieder; Kommt, ergebt euch wieder.

Wann ich auch in dieser Stunde, liebsten Freunde, uns allen weiter nichts sagte und zuriefe, als diese wichtige so eben ausgesprochene Worte, so würde ich doch schon alles gesagt haben, was wir einander zu sagen haben: O, die große, die wichtige, die herz-rührende

A 2

rührende und göttliche Wahrheit nicht allein
der allgemeinen, sondern auch und vornem=
lich der besondern und innigen Gegenwart
unsers GOttes in Christo, muß unser Gan=
zes seyn im Leben und im Sterben. Aber ach
leider! wie so gar oft, wie so gar sehr, wird
dieses von uns Menschenkindern aus der Acht
gelassen! Wir vergessen, oder vielmehr wir den=
ken nicht an den GOtt, der Himmel und Er=
den erfüllet; an den GOtt, der uns näher ist
als unsre eigene Seele uns seyn kann; an den
GOtt, in dem wir leben, schweben und sind;
dessen Augen unaufhörlich Tag und Nacht auf
uns gerichtet, und über uns offen stehen.

Lasset uns deswegen miteinander uns hin=
kehren zu dieser Quelle aller Gnade, aller Er=
barmung und aller göttlichen Kraft: daß der
HErr auch in dieser Stunde mit seinem Segen
in unserer Mitte seyn, und unsere Herzen durch
seinen heiligen Geist selbst erleuchten, lehren und
entzünden wolle.

Gebet.

Ja, o GOtt! du bist gegenwärtig. Du
erfüllest mit deiner allerheiligsten Ge=
genwart Himmel und Erden. Wo sollen
wir hingehen vor deinem Geist? Auf dich
sehen unsere Augen. Rühre uns alle, o
du gegenwärtiger GOtt! durch einen
neuen Eindruck deiner heiligen, aber auch
gnädi=

gnädigen Gegenwart: damit wir nicht nur
mit den Lippen und Gebärden, sondern
im Geist und in der Wahrheit vor dir,
dem majeſtätiſchen, großen, heiligen und
gnädigen GOtt mögen niederfallen und
die Ehre bringen, die dir ſo höchſt gebühret. Dir, o HErr, unſerm GOtt!
begehren wir Bekänntniß zu thun: daß du
allein unſer GOtt biſt, der uns gemacht
hat, und von dem wir auch unſer Wohl
und Seligkeit zeitlich und ewig zu erwarten haben. Dir, o HErr, müſſe unſer
Herze innigſt danken, daß du uns noch
das Leben und Lebenskräfte in ſo weit
geſparet, und den Athem in unſerer Naſe
erhalten haſt; daß du uns auch noch durch
deine Güte ein Stündlein vergönnen willt,
worin wir uns vor deiner Allgegenwart
verſammlen, um uns untereinander zu erbauen in deiner Wahrheit, uns zu ſtärken und aufzumuntern auf unſerm Pilgerwege, damit wir, die wir hier einander
Geſellſchaft leiſten in der Wüſten dieſer
Welt, auch dermaleinſt mögen gewürdiget werden, uns miteinander in der groſ-
ſen Verſammlung deiner verklärten Heiligen wieder zu finden, und ewig uns vor
deinem Angeſichte zu erfreuen.

A 3

Nun

Nun HErr, komm dann in unsere Mitte, und erleuchte unsere Herzen; daß wir dich und deine Wahrheit also mögen lernen erkennen, daß wir uns dir und deiner Wahrheit von Herzen ergeben; daß wir unser Herz und Sinn immer mehr mögen ausleeren von allem Irrdischen, Geschaffenen und Vergänglichen; damit du heiliger GOtt, majestätisches Wesen! in unsern armen Herzen mögest wohnen und dich verklären können in Zeit und Ewigkeit.

O HErr! gib mir bey meiner großen leiblichen Schwachheit ein Wort zu reden nach deinem Herzen und Wohlgefallen, das mit der Kraft deines göttlichen Geistes, an mein und unser aller Herzen begleitet werde. O bereite doch alle diese Herzen wie einen recht wohl bereiteten Acker, damit dein Wort als ein Saame des Lebens tief hinein fallen: und noch unsterbliche Seelen dadurch gerühret und zu dir übergeführet werden mögen, als zu der Quelle alles Lebens und aller Seligkeiten.

O vergib es uns, du gütiger und gnädiger GOtt! daß wir deine Wohlthaten, deine Gnade und Gnadenmittel mit so

großer

großer Undankbarkeit, Schläfrigkeit und Trägheit so vielfältig mißbrauchet haben. O HErr! wende doch deine Gunst und Gnade deswegen nicht von uns. Laß diese und alle unsere Sünden in dem theurſten Versöhnblute JEſu Chriſti, unſers unſchuldigen Lämmleins, ausgeſöhnet und vergeben ſeyn. O beweiſe es doch in dieſer Stunde, daß du gegenwärtig und uns gänſtig und gnädig ſeyeſt: damit es wahrlich eine Stunde zu unſerer Seelen Heyl und zu deiner Verherrlichung ſeyn möge. O HErr, erhöre unſere gebrechliche Seufzer, die wir vor dich bringen, nicht in unſerm Namen, ſondern in dem Namen unſers HErrn und Heilandes JEſu Chriſti, deines eingeliebten Sohnes zu deiner Rechten. Amen.

Die Worte, über welche wir unſere jetzige Betrachtung anſtellen wollen, ſtehen geſchrieben,

4 B. Mos. IX. ꙮ. 15=20.

Des Tages, da die Wohnung aufgerichtet ward, bedeckte ſie eine Wolke auf der Hütte des Zeugniſſes; und des Abends bis an den Morgen war über der Wohnung eine Geſtalt des Feuers. Alſo geſchahe es immerdar,

A 4   daß

daß die Wolke sie bedeckte, und des
Nachts die Gestalt des Feuers. Und
nachdem sich die Wolke aufhub von der
Hütte, so zogen die Kinder Israel: und
an welchem Ort die Wolke blieb, da
lagerten sich die Kinder Israel. Nach
dem Wort des HErrn zogen die Kinder
Israel, und nach seinem Wort lagerten
sie sich. So lange die Wolke auf der
Wohnung blieb, so lange lagen sie stille.
Und wann die Wolke viel Tage verzog
auf der Wohnung, so warteten die Kin=
der Israel auf die Hut des HErrn, und
zogen nicht. Und wenns war, daß die
Wolke auf der Wohnung war etliche
Anzahl der Tage: so lagerten sie sich
nach dem Wort des HErrn, und zogen
nach dem Wort des HErrn.

Zwey Dinge sind, die mich äusserst und in=
nigst betrüben: Eines ist die erstaunliche
Blindheit der Weltmenschen; das andere ist
die klägliche Trägheit und Sicherheit der From=
men. Beyde rühren daher, daß die Tiefe des
Jammers und Elends, so aus der Sünde ent=
sprungen ist; und auch die Tiefe des großen
Reichthums der Gnade GOttes in Christo JE=
su nicht gnugsam erkannt und beherziget werden.
Erkennten nur die Menschen dieser Welt das
Eine, so könnten sie unmöglich so sicher leben;
                                                    und

und wann die Erweckten und Frommen auch
mehr erwegten den tiefen Schlamm, die er-
schreckliche Gefahr, woraus sie durch GOttes
Macht errettet sind; und dabey beherzigten den
Reichthum der Gnade GOttes, womit er ihnen vor so viel tausend andern ist zuvorgekom-
men: O nimmermehr könnten sie so träge, lau
und schläfrig werden auf ihrem Wege zur Ewigkeit.

Alle Menschen sind zwar auf der Reise zur
Ewigkeit; aber, ob wir auch alle auf der Reise
zur seligen Ewigkeit sind, das ist eine andere
Frage. Eine Frage, wobey ich und ein jeder
unter uns wohlbedächtlich stille stehen mag, um
sich zu prüfen vor dem hellleuchtenden Angesichte, in dem untrüglichen Lichte eines heiligen
GOttes. Sind wir auf der Reise zur seligen
Ewigkeit? Oder sind wir auf einer Reise zur un-
seligen Ewigkeit? Wie ist es möglich, daß ein
Mensch, der da weiß, daß ein jeglicher Tag, eine jegliche Stunde, ein jeglicher Augenblick,
auch ein Schritt näher sey zu der großen Ewigkeit, daß er einen Schritt weiter wagen darf,
ehe er sich wohlbedächtlich geprüfet habe vor dem
Angesichte GOttes: ob er auch auf der Reise zur
seligen Ewigkeit seye.

Mensch! bist du kein wahrlich bekehrter Mensch,
dann bist du unmöglich auf der Reise nach einer
seligen Ewigkeit; dann man muß erst bey wahrer Buße den Jammer, das Elend und das
Herzeleid, so aus der Sünde entsprungen, in
seinem Herzen gefühlt haben; man muß erken-

A 5   nen,

nen, daß man den HErrn seinen GOtt durch
Sündigen verlassen habe. Man muß würklich
aus dem Egypten dieser Welt ausgehen. Die
Kinder Israel wohneten als Gefangene in Egypten, wo sie mit harter Arbeit von dem damals
regierenden Pharao gedränget wurden; diese
große Noth drunge sie, um ihre Erlösung ernstlich zu schreyen. Da sandte ihnen der HErr auch
einen Mosen, der ihnen Hofnung machte, daß
sie würden erlöset und ausgeführet werden. Es
war aber alles noch vergeblich, bis daß endlich
das Osterlämmlein geschlachtet ware; da wurden sie loß gelassen, da gingen sie aus, und
wurden freye Leute. Sehet, das ist uns alles
im Bilde geschrieben, wie und was bey einer
wahren gründlichen Bekehrung mit uns vorgehen
müsse, nemlich: Wir müssen uns auch als solche
gefangene Leute finden und erkennen. Durch
den Sündenfall sind wir aus dem äussern Paradies, so wohl als auch von GOtt und seinem
Liebeleben ausgegangen; wir sind dadurch in
das Egypten, in die Gefangenschaft dieser Welt,
gerathen: Ja, was sag ich? Dieser Welt; in
das Reich, in die Gefangenschaft der höllischen
Finsterniß: da wir hart gedränget werden von
dem höllischen Pharao. Das weiß, das fühlt
kein sicheres Weltkind, daß es so ein gefange-
ner Sclave des Satans worden ist durch die
höchstbetrübte Abweichung von GOtt, der
Quelle aller Seligkeiten; dann der natürliche
Mensch lebet ganz sicher dahin im Schlaf der
Sünden; ohngeachtet sein ganzer Zustand würk-

lich,

lich, wie gesagt, nichts anders, als eine Gefangenschaft unter dem Fürsten der Finsterniß und
unter dem Geiste dieser Welt ist. Der Satan
treibet ihn, er ist gefangen und wird gedrungen
von so manchen Zornskräften, von so manchen
Kräften des Eigenwillens, von so manchen bösen
Lüsten und Begierden, und dabey muß er auch
dem Geiste dieser Welt harte Frohndienste thun,
indem der Weltgeist ihn treibet, daß er muß
wühlen und arbeiten vom Morgen bis in die
Nacht, nur damit er seinem Bauch das Futter
geben könne. Ist das nicht eine jämmerliche
Sclaverey? O Seelen, so lange wir es nicht
durch die zuvorkommende überzeugende Gnade in
einer wahren Buße fühlen und schmäcken, daß
wir unter der Macht des Satans, der Sünde
und des Geistes dieser Welt gefangen liegen,
und wie so bitter und böse es sey, den HErrn
seinen GOtt verlassen, so lange sind wir noch
in keinem Anfang der Bekehrung; dann dieses
Gefühl muß uns erst, wie dorten die Kinder Israel, dringen, uns vor GOtt zu demüthigen,
und recht angelegentlich zu ihm schreyen, daß er
uns doch erlösen wolle aus solchem Jammerstande; und wann wir dann in solch einer wahren Buße stehen, dann schickt GOtt nach seiner
gütigen Vorsehung einen Mosen, neimlich manche
Gnadenmittel und manche recht rührende Ueberzeugungen seiner Gnade in unser Inwendiges, wodurch wir unser Elend und Gefangenschaft immer gründlicher lernen erkennen. Dann
als Moses kam, wurde die Noth noch größer
beym

beym Volk Israel, sie wurden noch viel härter
mit Arbeiten gedruckt und ihre Noth und Gefangenschaft wurde ihnen ganz unerträglich. Eben
so geht es auch noch einer Seelen, die durch
Mosen, durch das Gesetz, wahrhaftig erwecket
und von der Gnade GOttes wesentlich ergriffen
worden: die findet sich alle Tage besser, jämmerlicher, verstrickter und unwürdiger. Und je mehr
sie loß wird, desto härter werden, nach dem Gefühl manchmal ihre Bande, daß es ist, als ob
es alle Tage schlimmer und jämmerlicher mit ihr
würde. Siehe, da muß dann eine Seele erfahren, daß alle menschliche Hülfe, alle äusserliche
Mittel und eigenes Vermögen nimmermehr zu-
reichen, sie aus ihrem Jammerstande zu erretten; sondern daß die allmächtige Gnade GOttes in dem Blute JEsu Christi, des unschuldigen Osterlämmleins, alleine sie aus der Gefangenschaft erlösen und frey machen müsse.

Als das Osterlämmlein in der letzten Nacht
in Egypten geschlachtet wurde, da wurden alsobald alle Bande zerrissen. Siehe, das muß
auch in der That und wesentlich in der Seelen
erfahren werden. Ach der Mund hat es leicht
gesagt: Wir können uns selber nicht bekehren,
wir können aus uns selbst nicht fromm werden;
aber wer das recht lernen soll, der lernet es in
einer bittern und sauern Schule: da er so herzlich
gerne will, und doch nicht kann; da es ihm recht
in seiner Seelen brennet wegen seines Jammers
und Elends; da er Gutes Wollen in sich findet,
und das Vollbringen an allen Orten fehlet; da
er

er sich nicht allein als ein Sclave der Sünden,
als ein Sclave der Abgötter, der Gemüthsnei-
gungen, des Geistes der Welt und des Teufels
erkennet; sondern auch einen sehnlichen Hunger
zu einem gründlichen Ausgang und zu einer gründlichen Uebergabe an GOtt in sich findet. Siehe,
da ersenket sich die so müde, abgemattete, müh-
selige und beladene Seele in die ewige Erbarmung und Liebe GOttes in Christo JEsu, als
dem am Stamm des Creutzes geschlachteten
Osterlämmlein. Und da heisset es recht: Die
pure Gnade muß mir helfen, wann mir je soll
geholfen werden. Und da thut dann die Seele
sofort einen gründlichen Ausgang; sie übergibt
sich ihrem Heilande und folget ihm nach; nun
spricht sie: Gute Nacht, Welt! gute Nacht,
Egypten! gute Nacht, alle Eitelkeiten! Ich folge
nun meinem GOtt und Heilande.

Sehet, liebe Herzen, dieses und dergleichen
müssen wir bey einer wahren Busse in unserm
Herzen erfahren haben, sowohl die Bitterkeit
der Sünde und die grosse Gefangenschaft worin
wir stecken, als auch den unerforschlichen Reichthum der Gnade in dem Blut unsers liebsten
Immanuels, wann wir uns als Pilger auf der
Reise nach der seligen Ewigkeit wollen ansehen
können.

Aber ihr, meine liebe Mitberufene! sollten
wir, die wir aus göttlicher Gnade nach unserm
Theil und Maasse von dieser Ausführung ein wenig erfahren haben, einander dann auch nicht
aufwecken aus der kläglichen Sicherheit, worin
wir

wir leider! so leicht und so oft gerathen? Ach!
vergeſſen wir es auch, was der HErr an unſern
Seelen gethan hat? als wir in der Noth waren, da dachten wir wohl mit Hiskia: Je-
ſaias 38, 15. Ach ich will mich hüten mein
Lebenlang vor ſolcher Bitterkeit meiner Seelen, vor der Noth, die ich fühle? Aber wie leicht
wird es manchmal vergeſſen! was hat nicht der
HErr an uns gethan, da er uns mit mächtiger
Hand wie ein Brand aus dem Feuer geriſſen,
und aus Egypten ausgeführet hat durch einen
gründlichen Anfang der Bekehrung und Uebergebung an GOtt! iſt es nicht ſchändlich, dem
ohnerachtet ſo lau, ſo träg, ſo ſchläferig zu wandeln! Müßte nicht vielmehr unſer Herz und alles
was in uns iſt, in tiefſter Erkänntlichkeit und Demuth ſich ſtets beugen vor der unverdienten
Barmherzigkeit GOttes, wodurch er uns in
Chriſto angeſehen und mit ſeiner rechten Hand
auf den Weg des Lebens geſetzet hat? Müßte
nicht unſer Herz vom Morgen bis zum Abend
gegen einen ſolchen GOtt in Gegenliebe brennen, und recht brünſtig ſeyn, dieſem unſerm Führer zu folgen durch Dick und Dünn, durch gute
und durch böſe Tage, und ihm alſo unverrückt
anzuhangen all unſer Lebenlang? ſo daß wir nur
ihn ſtets vor Augen hätten, ohne einen Blick zurück zu thun auf die Welt und alles was in der
Welt iſt.

Nun, zu dem Endzweck habe ich dieſe Worte
vorgeleſen. In denſelben wird uns eines Chriſten Pilgerreiſe nach der ſeligen Ewigkeit abgebildet;

bildet; und wir haben in den verlesenen Worten
zu unserer Erbauung sonderlich zu merken:

I. Auf die herrliche und tröstliche Gesell=
schaft, die ein wahrer Christ hat auf
seiner Pilgerreise nach der seligen
Ewigkeit.

II. Auf das wichtige Geschäfte, das ein
Christ zu thun hat auf der Pilger=
reise zur Ewigkeit. Und

III. Auf die richtige Führung, deren sich
ein Christ zu getrösten hat durch diese
Wüste nach der seligen Ewigkeit.

Erster Theil.

Erstlich wollen wir besehen die herrliche und
tröstliche Gesellschaft, die ein wahrer
Christ hat auf seiner Pilgerreise nach der
seligen Ewigkeit. Diese wird uns abgebildet
in der Wolken = und Feuersäule, welche über
die Wohnung und Stiftshütte, und also über
das ganze Volk Israel des Tages sich erhub,
als die Wohnung aufgerichtet ward. Des Ta=
ges da die Wohnung aufgerichtet ward, be=
deckte sie eine Wolke auf der Hütte des
Zeugnisses, u. s. w. Was bedeutete diese
Wolken = und Feuersäule? Nichts anders
als unsern liebsten Heiland JEsum: wie nem=
lich GOtt, der dem Sünder ein verzehrend
Feuer in sich selber ist, sich in der heiligsten Mensch=
werdung

werdung JEſu Chriſti, als wie mit einer Wolke zu ſeiner allerheiligſten Gottheit bedecket habe; damit GOtt nun einem ſolchen ausgeführ-
ten und bekehrten Menſchen in Chriſto JEſu auf
eine innigliche und vergnügende Weiſe gegenwärtig ſeyn kann. Des Tages, da die Wohnung
aufgerichtet ward, bedeckte die Wolken- und
Feuerſäule der göttlichen Gegenwart die Hütte des Zeugniſſes: Und des Tages, da ein
Sünder bekehrt wird und ſeinen wahren Ausgang aus dem Egypten dieſer Welt thut; des
Tages, da die Wohnung aufgerichtet wird,
daß eine Seele ihr Herz und ihr Alles ihrem
Heilande zu ſeinem Eigenthum und zu ſeiner Wohnung widmet, da neiget ſich GOtt in Chriſto
JEſu zu einer ſolchen Seelen nicht nur als ein
gegenwärtiger GOtt, ſondern auch als ein GOtt,
der ihr nun in Gnaden und Gunſt gegenwärtig
iſt. Die Wolken- und Feuerſäule wurde den
Kindern Iſrael eben an dem Tage ihres Aus-
gangs gegeben; ſie blieb ihnen aber auch bey die
ganze vierzig Jahre lang, bis ſie eingeführet
wurden in das Land Canaan: Eben alſo, von
dem Tage an, daß ein Menſch gründlich und
wahrlich bekehret wird, iſt ihm GOtt gegenwärtig in Chriſto, das iſt, er iſt ihm gegenwärtig in
Gnaden, er iſt ihm gegenwärtig als ein Freund,
ihn zu begleiten durch die Wüſte dieſer Welt.
Dieſer Geſellſchaft haben ſich wahre Kinder GOttes zu getröſten: ſie ſind nicht alleine in der Welt.
Das Werk der Heiligung und der Erlöſung,
das ganze Werk des Fortgangs auf ihrem Pil-

gerwege beruhet nicht auf ihnen allein; sondern sie treten mit einer guten Gesellschaft den Weg an: Was ist das für eine Gesellschaft? Das ist JEsus Christus Immanuel, ihre Wolken= und Feuersäule, den nehmen sie mit, der begleitet sie auf ihrer Pilgerreise.

Es ist ein großer Betrug, Jammer und Schade, wann auch bekehrte Menschen den Weg und das Christenthum sich vorstellen, als wann GOtt uns nur die Schrift gegeben habe; Christus aber sey nach dem Himmel gefahren; und wir hätten die Schrift nur allein, daß wir daraus lernen sollten, wie wir in den Himmel kommen könnten, und wie wir je länger je frömmer würden, um hernach auch bey GOtt zu kommen. Wir achten gewiß die Schrift hoch, und als GOttes Wort, als sein Liebesbrief uns armen und elenden Creaturen aus dem Himmel zugeschickt; aber ach! wann wir weiter nichts als die Schrift wüßten, und hätten keine andere Gesellschaft auf dem Wege der Gottseligkeit, nimmermehr kämen wir zurechte. GOtt ist in Christo, und bleibet in Christo allen Kindern GOttes gegenwärtig. Siehe, ich bin bey euch alle Tage bis an der Welt Ende, sagte JEsus, als er nach seiner sichtbaren Gegenwart seine Jünger verlassen wollte. Wir müssen es so nicht ansehen, als wenn das ganze Werk der Seligkeit auf uns beruhete; nein, den ganzen Grund unserer Seligkeit sollen wir nur allein bauen und gründen auf die Gesellschaft und Gemeinschaft mit unserm liebsten Heiland JEsu.

Tauler B. IV.Th.   B   Ein

Ein Chriſt ohne Chriſtus, auch nur einen einzi=
gen Augenblick, iſt wie ein Schäfelein ohne ei=
nen Hirten, wie ein ſaugend Kind ohne Mutter;
ja wie ein lebloſer Leib ohne Seele. Nicht einen
einzigen Augenblick ſollen wir uns von unſerm
JEſu trennen, ſondern ſeine gnädig=innig=ſüſſe
Gegenwart muß unſere beſtändige Geſellſchaft
ſeyn vom Morgen bis zum Abend und im=
merdar.

Dieſe Geſellſchaft iſt die allerherrlichſte, auch
die allertröſtlichſte Geſellſchaft. Wer die Kinder
Iſrael, ſechsmal hunter tauſend Männ, ohne
Weiber und Kinder, in der ungebahnten Wüſte
geſehen hätte, ohne Vorrath und ohne Wegwei=
ſer, der würde geſagt haben: das ſind tolle, das
ſind unglückſelige Leute; aber wer geöfnete Au=
gen gehabt hätte, um die Wolken= und Feuer=
ſäule nicht allein über ihrem Haupte, ſondern
auch mitten unter ihnen wohnend zu ſehen, der
würde geſagt haben: Nein, das iſt ein herrliches,
das iſt ein glückſeliges Volk. Wer die wahre
Chriſten nur mit natürlichen Augen, nur mit
Augen des Unglaubens, anſiehet, der ſchätzet
ſie auch vor tolle Leute, welche die Welt und alle
ihre Herrlichkeit dran geben, ſich ſo in eine Wü=
ſte wagen, worin nichts zu beiſſen noch zu bre=
chen iſt; und welche ſich ſo ein jämmerliches ge=
plagtes Leben unterwinden. Aber wann einer
geöfnete Augen hätte, und ſähe einmal die tröſt=
liche Geſellſchaft, die ſie bey ſich haben, JEſum
Chriſtum, ihre Wolken= und Feuerſäule, die
gnädige, die innig=ſüſſe Gegenwart GOttes
über

über sie, um sie und in ihnen, der würde sagen:
das ist ein herrliches Volk! das sind glückselige
Menschen!

Aber, liebste Herzen, wir, die wir von der
Gnade GOttes gerufen und ergriffen sind, ach!
wir vergessen uns gar zu sehr! indem wir uns
so niedergebückt halten auf uns selbst, auf un-
sere Umstände und auf unsern Jammer. Dem
falschen Propheten Bileam, als er dem Volk
Israel fluchen sollte auf Befehl und Ersuchen Ba-
lacks, öfnete GOtt die Augen, daß er Israels
Glückseligkeit konnte einsehen, und sagte: Man
siehet gar keine Mühe in Israel, und keine
Arbeit in Jacob: dann der HErr sein
GOtt ist bey ihm. Wie fein sind deine
Hütten, Jacob! und deine Wohnungen,
Israel! 4 Buch Mos. 23, 21. und Cap. 24, 5.
So wurden auch dem Gehasi, dem Jünger
des Propheten Elisa, die Augen geöfnet, da
er meynete, in wie großer Gefahr sie wären,
weil sie mit Kriegsvolk umgeben waren.
Ach! sagte der Prophet: HErr! öfne doch
dem Knaben die Augen, daß er sehe. Und
alsbald sahe er, wie der ganze Berg mit feurigen Rossen und Wagen umgeben war, das
ist, mit heiligen Engeln und mit der Gegenwart
GOttes, 2 Kön. 6, 17. Sehet, liebste Herzen, so sollen wir uns auch die gnädige und süsse
Gegenwart unsers liebsten Heilandes vor Augen
stellen, wir sollen die Welt richten und urtheilen
lassen nach ihrem Gefallen, und unsere Glückseligkeit nur darin setzen, daß wir unsern Freund

B 2   und

und unfre füffe Gefellfchaft JEfum, mit uns und
bey uns haben.

Und von diefer Gefellfchaft JEfu, von diefer
feiner gnädigen, innigen, füffen Gegenwart,
hänget unfere ganze Seelenruhe ab. Es ift
die Wahrheit, daß glaubige Herzen nachdem
fie bey ihrer gründlichen Bekehrung, Ausgang
und Uebergabe an GOtt, durch das Opfer=
blut Chrifti mit GOtt verföhnet worden find
in Chrifto, auch Frieden mit GOtt haben, und
feiner Gunft und günftigen Gegenwart gewürdi=
get werden; aber ach wie leicht und wie fo oft
verfehen es die Kinder GOttes, daß manchmal
das Herz wieder bedrängt wird; daß man oft
wieder hier und dar in eine Beängftigung und
Beunruhigung des Gewiffens kommt, entwe=
der durch eine würkliche Untreu, oder nur durch
Abweichung des Herzens vom rechten Ziel.
Liebe Herzen! laffet uns die Beruhigung des
Gewiffens und das kindliche Verträuen zu GOtt
auf keinen andern Grund bauen, und bey keinem
andern holen, als nur bey diefem unferm gegen=
wärtigen Heilande JEfu Chrifto.

Sobald eine glaubige Seele erfähret, daß
ihr Gewiffen beunruhiget und ihr Vertrauen zu
GOtt gefchwächet wird, da will man oft durch
diefe oder jene Bemühungen, durch diefe oder
jene Uebungen felbiges wieder gut machen, beffer
machen, treuer und frömmer werden, fich fo und
fonft beffer in Acht nehmen; aber man findet
doch die gründliche Beruhigung nicht; fondern
das Herz muß fich alleine zu diefem gegenwärti=
gen

gen Freunde, zu dieser Gesellschaft hinwenden,
und sich selbst in allem Schuld geben. Haben
wir einmal in JEsu Christo unsere Versöhnung
und Frieden gefunden, so müssen wir auch in
Christo JEsu unsere Wiederversöhnung suchen, und unsern beständigen Frieden bewahren; dann wann wir in Christo JEsu sind, so
haben wir keine Verdammniß, sagt der Apostel,
Röm. 8, 1.

Es entstehet manchmal die Unruh des Gewissens, die Kleinmüthigkeit des Herzens, nur daher, weil man sich zu viel zerstreuet, die gute
Gesellschaft des liebreichen Führers verlassen hat,
und mit seinem Herzen von JEsu, dem guten
Freund, der uns durch die Wüste dieser Welt
kann und will Gesellschaft leisten, abgewichen ist.
Oder, wann man ein wenig Treue, oder ein wenig Tugend von GOtt empfangen hat, weicht
man oft von JEsu, dem guten Hirten, ab, und
denket, wie fromm man schon seye; welch ein
Held man wäre. Aus der Ursache kommt das
Herz an das Zagen, und es kann kein Vertrauen
zum Heiland fassen; das Gemüth kann nicht in
Ruhe, und das Herz nicht im Vertrauen bleiben, Joh. 16, 6. Darum lasset uns, so bald
wir nur eine Unruh in uns gewahr werden, anstatt aller andern Uebungen uns nur den Augenblick wieder zu unserm Freund hinwenden, und
in Christum uns ersenken, seufzend: „Ach lieb-
„ster JEsu! hab ich es etwa versehen, ich ar-
„mes nacktes Kind krieche wieder in deine Wun-
„den ein; du allein bist meine Beruhigung;

B 3　　„von

„von deiner Gnade muß ich mein Heil erwar-
„ten; ich will dich innigſt und ewig lieben.„
Immer ſollen wir uns nur alſo nahe bey unſerm
Heiland halten, und in inniger Verbindung
mit ihm ſuchen zu bleiben; ſo wird das Herz in
beſtändigem Frieden, in beſtändiger Beruhigung
und kindlichem Vertrauen erhalten werden,
Joh. 16, 33.

Dann das Vertrauen der Kinder Iſrael, daß
ſie durch die Wüſte in das Land Canaan kommen würden, war allein gegründet auf die Wol-
ken- und Feuerſäule. Und das Vertrauen der
Kinder GOttes, daß ſie von allem Sünden-
elend werden erlöſet werden, iſt allein auf Chriſtum JEſum, ihre herrliche und tröſtliche Geſellſchaft gegründet; dann die gnädige, innige und
ſüſſe Geſellſchaft unſers Heilandes JEſu iſt das
einzige Rettungsmittel, um unſer Gemüth von
allem Jammer und Kummer, und uns von allen unſern Verdorbenheiten und Sünden zu erlöſen.

Wir leſen 4 Buch Moſ. 21. daß als die
Kinder Iſrael von den feurigen Schlangen waren gebiſſen worden, Moſes ihnen eine eherne
Schlange aufgerichtet habe, auf welche ſie ſehen
mußten, um durch das Anſchauen der ehernen
Schlange von allem dem Gift geheilet zu werden,
das durch das Beiſſen der feurigen Schlangen
in ſie gedrungen ware. Was will uns dieſes anders ſagen, als daß eine Seele, die ihr Elend,
ihre mannigfaltige Verderbniſſen und Sünden-
gift inwendig gewahr wird, an ſtatt anderer
Beküm-

Bekümmerniſſen, Sorgen und Arbeit, ſich nur
fein mit ihrem Glaubensauge auf ihren gegen=
wärtigen Heiland richten, und auf die Wol=
ken = und Feuerſäule wenden ſolle: nur JE=
ſum, die ſüſſe Geſellſchaft, den lieben Herzens=
freund, die am Creutz erhöhete Schlange anzu=
ſehen. Und ſiehe, durch das Anſehen GOttes,
durch das Sehen auf die gnädige, innige und
ſüſſe Gegenwart GOttes in Chriſto JEſu allein,
werden wir aufs allergründlichſte und ruhigſte
von allen unſern Sünden, Jammer und Elend
erlöſet werden.

Die gnädige, innige und ſüſſe Gegenwart JE=
ſu Chriſti iſt das beſte Bewahrmittel vor aller
Sünde. Wer GOtt gegenwärtig ſiehet, wer
ſolch einen Freund, ſolch eine Geſellſchaft bey
ſich hat, ſollte der ſündigen? Wann etwa ein
guter Freund, vor den wir viel Achtung und Lie=
be hätten, bey uns wäre, würde nicht deſſen Ge=
genwart uns bewahren vor Sündigen? Sollten
wir wohl in der Gegenwart eines Königs was Bö=
ſes oder Unanſtändiges reden oder thun wollen?
Nun ſiehe, unſer Freund, der König aller Kö=
nigen iſt gegenwärtig; JEſus Chriſtus iſt uns
nahe, der begleitet uns; darum laſſet uns nur
auf ihn und ſeine gnädige Gegenwart ſehen, ſo
werden wir gewiß mehr von allen Sünden bewah=
ret werden.

Die gnädige, innig = ſüſſe Gegenwart JEſu
iſt das ſchönſte Bewahrmittel vor aller Beun=
ruhigung, Stöhrung und Furcht vor Menſchen,
vor aller Furcht von auſſen und von innen. Das

B 4   erfuhr

erfuhr der Prophet David, wie er Pf. 16, 8.
sagt: Ich habe den HErrn allezeit vor
meinen Augen: Er stehet mir zu meiner
Rechten; darum werde ich wohl bleiben.
Oder, wie es Ap. Gesch. 2, 25. übersetzet ist:
Er ist an meiner rechten Hand, auf daß ich
nicht bewegt werde. O, wer GOtt gegenwärtig siehet, der wird bewahret vor allem, das
ihm Sorg und Kummer machen kann. Die Kinder Israel waren in der Wüsten, und sollten ein
mächtiges Land einnehmen, welches von Riesen
bewohnet wurde, und worinnen eiserne Wagen
waren; sie aber hatten weder Wehr noch Waffen.
Was machte ihnen aber Muth, worauf verließen sie sich? Auf ihre Wolken- und Feuersäule. Sie durften sich nicht einlassen, weder
mit den Egyptern, noch mit den Cananitern;
sondern GOtt sagte zu Mose: 2 Buch Mose 14.
Ihr sollet stille seyn; der HErr aber wird
für euch streiten. Wir arme elende Kinder
meynen manchmal große Heldenthaten zu thun,
wir wollen so und so gegen die Feinde ange-
hen, und nun so und so tapfer streiten; aber
ach! wenn wir doch anstatt alles unsers Strei-
tens uns nur fein gewöhneten an die gnädige,
innig-süsse Gegenwart unsers liebsten JEsu,
dann würde Er für uns streiten; dann würde Er
für uns die Feinde, die Welt und den Teufel
überwinden. Ach die Schwachgläubigen fürchten oft so große Dinge, wann sich die Welt stellet, als wann sie alle Gläubigen verschlingen wollte; wann der Teufel raset, als wann er sie auf
einmal

einmal wollte zerreissen. Aber liebste Seelen!
werdet nur nicht bange, macht es wie die kleine
Kinder, die alsobald zu ihrer Mutter Schooß
laufen. O die gnädige, innige und süsse Gegenwart unsers JEfu muß die einzige Zuflucht seyn
in aller unserer Noth und Bedrängniß. Wir können davon nachlesen den 46. Pf. Wann auch die
Berge sich bewegten, und sich ins Meer
stürzten, so wird doch die Stadt GOttes
veste (frey lustig) bleiben bey ihrem Brünnlein. Warum? Worauf trotzen dann die Frommen? Der HErr ist bey ihr drinnen; darum,
darum wird sie wohl bleiben. Weil die Kinder
GOttes die gnädige, innig-süsse Gegenwart
GOttes zur Gesellschaft inwendig bey sich haben;
deswegen dürfen, deswegen müssen sie den Teufel, die Welt, die Sünde, ja ihr eigen Herz
nicht fürchten; den HErrn ihren GOtt müssen
sie sich vorstellen und fürchten; so wird er sie endlich völlig von allen ihren Feinden erlösen.

Der Glaube an die gnädige, innig-süsse Gegenwart GOttes ist das allerkräftigste Mittel,
um eine Seele in kurzer Zeit heilig zu machen.
Wir arme Kinder denken oft: Ach ich kann nicht
so und so leben, ich kann nicht so unsträflich vor
GOttes Angesicht wandeln! Nun, wann wir
an statt aller unserer eigenen Bemühung uns nur
fein gewöhneten an die gnädige, innig-süsse Gegenwart unsers liebsten Immanuels; alsdann
würden wir durch das glaubige Ansehen seiner
Gegenwart, durch den kindlichen und innigen
Umgang mit diesem unserm Heilande, unvermerkt

B 5

merkt gründlich geheiliget werden.   Hievon ſagt
der Apoſtel 2 Cor. 3, 18. Wir alle, wir
ſchauen des HErrn Klarheit mit aufgedecktem Angeſicht, und wir werden vergeſtaltet
in eben daſſelbige Bild.   Durch das Anſchauen
JEſu Chriſti, des gnädig = des ſüß = gegenwärtigen Heilandes, werden wir unvermerkt in
das Ebenbild JEſu Chriſti vergeſtaltet werden.
Wann man viel mit einem Menſchen umgehet,
ſo nimmt man ſogar deſſen Redarten, Ma-
nieren, Gang und alles an, ohne daß man dran
denkt.   Ach wenn wir uns ſo recht an JEſum
gewöhneten, in ſeiner Geſellſchaft beſtändig blieben, und ihn nur unverrückt anſähen, ſo würden
wir ganz JEſu=haft, das iſt, JEſu äuſſerlich
und innerlich alle Tage mehr gleichförmiger gemacht werden.

Der Glaube an die gnädige, an die innige
und ſüſſe Gegenwart unſers GOtt=Menſchen Immanuels iſt das einige Mittel, welches uns ein
recht freudiges und recht vergnügtes Herz geben
kann im Leben und im Sterben.   Aſſaph ſagte:
Das iſt mir gut, das iſt meine Freude, daß
ich mich nahe zu GOtt halte, und mein
Vertrauen ſetze auf den HErrn HErrn, Pſ.
73, 28. Ach liebſte Herzen! wir könnens ohne Erfahrung nicht glauben, wie JEſu gnädige, innige und ſüſſe GOttes=Gegenwart allein vermögend
ſey, ein armes, unruhiges, unvergnügtes, trauriges Herz dermaſſen zu beruhigen, zu vergnügen
und zu erfreuen, daß dergleichen die ganze Welt
mit aller ihrer größten Herrlichkeit in Ewigkeit
nicht

nicht geben kann. Gewißlich Christus JEsus ist
allein unser Alles; für Ihn allein sind wir geschaf=
fen, seine Gegenwart ist allein vermögend unsere
Herzen auf eine gründliche Weise wesentlich zu
vergnügen, zu trösten, zu erfreuen und zu stillen;
in Ihm allein ist alles, was unser Herz wünschen
kann; in ihm ist unser Reichthum, unsere Ehre
und Herrlichkeit; in Ihm ist unser ganzer Schatz,
die Fülle und Seligkeit unsers ewigen Geistes.
Wir haben alles, wann wir JEsum haben; wir
haben nichts, wann wir die ganze Welt haben
ohne JEsum. Siehe, das würden wir immer
mehr erfahren, wann wir nur unser Einziges
und Ganzes davon machten, in dem Wege un=
sers Pilgerlaufs nach der seligen Ewigkeit uns
nur an unsern JEsum zu gewöhnen, uns ge=
meinsam mit ihm zu machen, uns kindlich mit
ihm zu unterreden, und ihn beständig anzusehen
Tag und Nacht. Alsdann würde der liebste
Heiland uns immer gründlicher trösten und uns
seine günstige Gegenwart wesentlicher erfahren
lassen: Ja, wir würden in unserm Gemüthe ge=
wahr werden, daß wir in Christo auch in diesem
Leben noch unendlich mehr Vergnügen hätten,
als wir uns je ohne die Erfahrung vorstellen
können.

Wann sogar die arme betrogene Welt es
doch einmal einsehen könnte, was eine Seele,
die sich an GOtt und dessen gnädige Gegenwart
gewöhnet, vor einen Frieden, vor eine Vergnü=
gung und stille Freude in ihrem Inwendigen
trägt: sie würde den Augenblick allen ihren lieb=

sten

ften Kraam dran geben, um diese theure Perle zu
erwerben.

Deswegen, liebste Herzen, lasset uns doch
einer den andern aufs neue dazu aufmuntern und
erwecken, daß wir uns doch mögen gewöhnen
an diesen unsern Heiland. Ach es ist ja lang genug, daß wir ohne GOtt in der Welt gelebet
haben! Wir haben lange, ja lange genug ohne
Christum gelebt, da wir noch in unserm unbekehrten Naturstande waren. Ach lasset uns
doch unser Christenthum nicht ohne Christum
führen! Es ist vergeblich, es ist eine unmögliche
Sache. Wir müssen uns mehr gewöhnen an
unsern Heiland; wir müssen diese Gesellschaft
mehr zu unserer bleibenden Gesellschaft machen;
unser Herz und Andacht muß allein auf ihn gerichtet seyn; unser Glaube muß hauptsächlich darinnen geübet werden, daß wir den ansehen, als
sähen wir ihn, wie von Mose bezeuget wird,
Hebr. 11, 27. Er hielte sich an den Unsichtbaren, als sähe er ihn. Siehe, ein Mensch
der bekehret wird, der wird bekehret durch den
Glauben. Nun, der Glaube siehet die unsichtbaren Dinge an als gegenwärtig; und sobald der
Mensch bekehret ist, so gehet ihn die ganze Welt
nicht mehr an: wir sollen nur mit JEsu zu thun
haben, den gegenwärtig sehen vor unsern Augen,
uns an ihn gewöhnen, und uns innigst mit ihm
vereinigen und verbinden. Mit dieser süssen, seligen und allgnugsamen Gesellschaft sollen glaubige Pilger durch die Wüste dieser Welt durchwan-
deln; mit ihm können wirs ja ausmachen; mit
dieser

dieser Gesellschaft können wirs wohl wagen; wann
es auch scheinen sollte, daß es manchmal ängstlich und kümmerlich hergehe. Ach würklich, die
Nahheit, die Gegenwart, der Umgang mit JE-
su kann allen äussern und innern Mangel dergestalt ersetzen, daß es uns würde werden, als
wenn wir nichts verläugnet hätten. Da die Jünger unsers Heilandes mit ihm hier auf Erden
wandelten, und er von ihnen Abschied nehmen
wollte, fragte er sie: Hat euch auch je etwas
gemangelt? Da sagten sie nein: und dennoch
war es mit ihnen wohl so drauf ankommen, daß
sie Aehren ausraufen mußten; aber die süsse Gesellschaft ihres JEsu hatte gemacht: daß sie Essen, Trinken, und alles vergessen konnten.

Ach liebste Herzen, lasset uns doch mehr
an unsern Heiland uns gewöhnen. Daher
kommt aller Jammer, alles Klagen und alles
Mißvergnügen unsers Herzens; weil wir zu
viel ohne JEsum leben, und uns nicht so recht
an seine Gegenwart gewöhnen; darum erfahren
wir auch nicht die Kraft eines gründlichen Christenthums, die Seligkeit seiner Inwohnung in
unsern Herzen. O wann wir die erführen,
dann würden wir erst von wahrem Vergnügen
zu sagen wissen.

Siehe, so haben glaubige Pilger JEsum
Christum, als einen gnädigen, süssen, innig-
gegenwärtigen GOtt, beständig über sich, bey
sich und in ihnen. Nun will ich nichts sagen
von der Gesellschaft der lieben heiligen Engel,
die auch GOttes Kinder beständig begleiten,
umgeben,

umgeben, beſchützen und bewahren; ſondern
ich will noch etwas ſagen von der tröſtlichen
Geſellſchaft, ſo die Kinder GOttes an einander haben können. Die Kinder Iſrael reiſeten
durch die Wüſte, und ihre vornehmſte Geſellſchaft ware die Wolken = und Feuerſäule; aber
ſie hatten auch Geſellſchaft Einer am Andern. Es war doch alles Ein Volk; obſchon
es zwölf Stämme waren, ſo hatten ſie doch
nur Einen Stammvater, den Erzvater
Jacob; ſie hatten Einen Ausgang aus Egypten; ſie hatten Einen Weg, nemlich, der
Wolken = und Feuerſäule zu folgen, wo es
auch mit ihnen hinging; ſie hatten alle Ein
Ziel, ſie wollten alle nach Canaan, es mögte
auch ſonſt übrigens ein Unterſcheid ſeyn, wie
es wollte. Ach laſſet uns doch auch alſo geſinnet ſeyn! GOttes Kinder ſollen auch einander Geſellſchaft leiſten durch die Wüſte dieſer
Welt. Es wird zwar Eines nicht allemal geführet wie das Andere: Eines ſiehet ein wenig
anders aus als das Andere; aber ihr Ausgang
aus der Welt iſt einerley, ihr Vorwurf auf
dem Wege, die gnädige, ſüſſe und innige Gegenwart ihres JEſu iſt einerley, und ihr Ziel
nach Canaan, nach der ſeligen Ewigkeit, iſt
einerley. Darum ſollen wir uns lieben, und
ſollen uns Einer am andern tröſten, in der
kindlichen und gewiſſen Hoffnung, daß wir
uns bald vor dem Thron des Lamms wieder
finden werden. Dieſes iſt nun etwas weniges
von der herrlichen und tröſtlichen Geſellſchaft,

welche

welche GOttes Kinder auf der Pilgerreise nach der seligen Ewigkeit haben.

Zweyter Theil.

Was ist dann nun das wichtige Geschäfte, das ein Christ zu thun hat auf der Pilgerreise zur Ewigkeit? In unsern verlesenen Worten heißt es: Die Kinder Israel warteten auf die Hut des HErrn, welches im letzten Vers unseres Capitels noch wiederholet wird. Worin bestund dieses Warten auf die Hut des HErrn? Es bestund wohl hauptsächlich in dreyen Stücken: Erstlich, sie mußten von Zeit zu Zeit sich versammlen bey der Wohnung und Hütte des Zeugnisses, um den HErrn ihren GOtt anzubeten, und ihre Opfergaben zu bringen. Zum andern, sie mußten das Vieh dahin bringen, das geschlachtet werden sollte zu einem Opfer dem HErrn ihrem GOtt. Zum dritten, sie mußten das Feuer auf dem Altar sowohl, als in den Lampen, Tag und Nacht brennend erhalten. Nun, das ist ja eine artige bildliche Vorstellung des wichtigen Geschäfts, das die Gläubigen auf ihrer Reise zur seligen Ewigkeit zu verrichten haben.

Das erste ist, daß die Kinder Israels Morgends, Abends und an den Festtagen, auch zu andern Zeiten, sich versammlen mußten bey der Stiftshütte: Da mußten sie ihren GOtt anbeten und ihre Gaben bringen. GOtt war

war nicht nur über sie gegenwärtig, sondern er
war auch mit seiner Wolken= und Feuersäule
in ihrer Mitte gegenwärtig, in dem Allerheilig=
sten der Stiftshütte, so daß seine Gegenwart in
der dunkelen Wolke von den Priestern im Heilig=
thum gesehen wurde in der Feuersäule, welche
durch die Teppiche drunge. GOttes gnädige
Gegenwart ist nicht nur eine Gegenwart über
die Glaubigen ausser ihnen, sondern GOttes
Gegenwart in Christo JEsu ist auch eine inwen=
dig=süsse Gegenwart; GOtt kommt in den in=
nersten Tempel des Herzens der Glaubigen je
länger je mehr wohnen, allwo er in dem Dunkeln
des Glaubens sich will schauen und geniessen las=
sen, und diese Gegenwart GOttes durchdrin=
get, auch gleichsam den dunklen Teppich des
Aeussern.

· Gleichwie nun die Israeliten Morgends,
Abends und zu andern Zeiten sich zu der Stifts=
hütte versammleten, ihren GOtt zu schauen,
seine Gegenwart zu verehren, und Ihm ihre Ga=
ben zu bringen: Also ist diß auch das wichtige
Geschäfte der Pilger, die nach der seligen Ewig=
keit wandern, daß sie nicht nur auf eine allge=
meine Weise die Gegenwart GOttes vor ihren
Augen halten, sondern daß sie auch Morgends
und Abends, und den Tag durch öfters sich ver=
sammlen zu der Wohnung und Stiftshütte.
Wo ist die dann? Wisset ihr nicht, daß eure
Leiber Tempel des heiligen Geistes sind? Christus
wohnet durch den Glauben in unsern Herzen; da
sollen wir uns von Zeit zu Zeit hinein versamm=
len;

len; in einer heiligen Andacht und Uebung des
Gebets uns in der Gegenwart unfers GOttes
zu erneueren, ihn als gegenwärtig in unfern Herzen zu verehren und anzubeten, uns vor ihm zu
beugen, und ihn zu erkennen als die einzige Ur-
quelle all unferes Heyls.

Wir sollen ihm unsere Opfergaben bringen. Was ist das? Unser Herz, unsere Seele, unsere Liebesneigungen, unfern Leib, unsere
Sinnen; und mit einem Wort, alles was
wir sind und haben. O seliges und wichtiges
Geschäfte der Pilger auf Erden! Durch die
Versammlung zu unserm Herzen, als zu dem
Heiligthum GOttes, worinnen die Gegenwart
GOttes sich offenbaren will, würden wir fähig
werden, daß GOtt sich immer mehr unfern Herzen würde offenbaren, und unferm
Innersten bekannt machen können. O welche Herrlichkeiten, o welche Seligkeiten, o
welche innige Vergnügungen kann ncht eine
Seele erfahren, die sich fleißig in dem Gebet
übet! nemlich in dem Gebet der Sammlung,
in dem Gebet der stillen Einkehrung vor und
zu der Gegenwart unseres GOttes: da man
die gegenwärtige Majestät GOttes verehret,
und sich selbst samt Allem dem HErrn
seinem GOtt aufopfert. O wie wichtig ist
nicht ein solches Geschäfte vor den Augen unfers GOttes! welche Frucht würden wir nicht
davon ernoten! O Seelen, lasset euch doch
durch nichts am Gebet hindern. Lasset uns
Morgends und Abends, auch den Tag über

Zweyt. B. IV.Th.   C   oftmals,

oftmals, uns verſammlen zu der Stiftshüt=
te. O wie ſo leicht verlieret dieſer Glaube,
der Glaube an die heilige, innig=gnädige Ge=
genwart GOttes ſeine Kraft! Wie leicht
wird der alt und kalt bey der Seelen, daß er
den Nachdruck nicht mehr hat! Wann man
nicht von Zeit zu Zeit ſich zu ſeinem Herzen
ſammlet, GOtt im Geiſt und in der Wahr=
heit lernet anbeten, und den Wirkungen des
heiligen Geiſtes Raum läſſet in ſeinem Inwen=
digen; Aber o wohl denen, die allezeit in dem
Hauſe ihres GOttes wohnen! die loben ihn
immerdar; die Seelen erfahren die Thaten der
Anbetung, der Verehrung, der Aufopferung
und innigen Umfaſſung, welche Fleiſch und Blut
nimmermehr lehren und die Vernunft nicht be=
greifen kann. Deswegen laſſet uns doch das
Gebet üben und lieben, wann es uns auch noch
ſo ſauer und ſchwer fiele.

Das zweyte wichtige Werk, ſo den Pil=
gern auf ihrer Reiſe zur Ewigkeit oblieget, iſt daß
ſie ihre Thiere müſſen zum Opfer bringen.
Was iſt das geſagt? Haben wir nicht Thiere
genug? Thieriſche Lüſten und Begierden, thie=
riſche Gemüthsbewegungen, thieriſche Wider=
ſtrebungen, Eigenwille, Zornskräfte, und
allerley thieriſche Unarten? Ach die Thiere ſind
nicht ſo bald und auf einmal alle geſchlachtet!
Ach die thieriſche Eigenſchaften ſind nicht ſo=
bald getödtet! Man muß ſtets das Meſſer und
Feuer gebrauchen. Es war nicht genug, daß
die Iſraeliten ihre Ochſen, Schaafe und Thiere

▬▬▬▬ Häusern schlachteten, sondern sie muß-
▬▬▬ bringen vor die Gegenwart GOttes zur
▬▬▬, da mußten sie geschlachtet wer-
▬▬▬ was will uns dieses lehren? Vor erst
▬▬▬ wir zu opfern, zu schlachten, zu
▬▬▬ und dran zu geben haben; alles thun
▬▬▬ vor dem Angesichte unseres gegenwär-
▬▬▬ GOttes; wir sollen uns verläugnen
▬▬▬ zu unserm GOtt: so daß, wann
▬▬▬ wo eine Lust dran geben, und einen
▬▬▬ creutzigen, wir dann gleichsam zu
▬▬▬ gegenwärtigen Heilande sagen: „Aus
▬▬▬ dir will ich mein Herz davon schei-
▬▬▬ Liebe zu dir will ich meinen Eigenwillen brechen, aus Liebe zu dir will ich das
▬▬▬ und Angenehme dran geben.„ Siehe,
▬▬▬ bringen wir das Opfer in der Gegenwart
▬▬▬ Zweytens sollen wir es auch durch
Priesterliche Hände schlachten lassen. Es muß
▬▬▬ so sehr eigene menschliche Kraft an-
▬▬▬ werden; dann davon stirbet das eigene Leben, die thierische Unarten nicht. Die
Seele muß mit allem ihrem Elend, mit allen
ihren thierischen Eigenschaften sich nur so fein
gründlich der creutzigenden, der tödtenden, der
reinigenden Hand ihres Heilandes JEsu Christi
unterwerfen; Ihm muß sie ihr Leyd nur darle-
gen, daß er es selber in den Tod bringe, wie
in dem schönen Liede, höchster Priester der
du dich, ꝛc. wohl ausgedruckt ist, wann es
heißt: „Laß doch, bitt ich, noch auf Erden,
„auch mein Herz dein Opfer werden. Töd

C 2 „und

„und ſchlachte immerhin, meinen Willen, mei=
„nen Sinn. Reiß mein Herz aus meinem
„Herzen, ſollts auch ſeyn mit tauſend Schmer=
„zen. „

Sehet, das iſt das rechte Meſſer und Feuer.
Wann wir dergeſtalt in der Verläugnung der
Welt, unſerer ſelbſt und aller unſerer thieri=
ſchen Eigenſchaften, zu Werk gehen, ſo wird
uns die Verläugnung faſt nichts koſten; unſer
großer Hoherprieſter wird unſer Opfer ſchlach=
ten und in den Tod bringen. Die Liebe deſ=
ſen, um welches Willen wir es verrichten, wird
es uns ſo leicht und ſo angenehm machen, daß
wir uns immer lieber werden zum Opfer hin=
geben.

Das dritte wichtige Geſchäfte der Pil=
ger nach der ſeligen Ewigkeit iſt, daß ſie das
Feuer auf dem Altar und in den Lampen
immerdar müſſen brennend erhalten. Das
war ein großes Vorrecht des Volks Iſraels,
daß ein heilig Feuer vom Himmel gefallen war,
wodurch alle ihre Opfer verbrannt wurden, und
womit alle Lichter im Tempel mußten angezün=
det werden. Dieſes Feuer aus dem Himmel,
aus der Ewigkeit aber mußten ſie ſtets bren=
nend unterhalten, theils durch Wegnehmung
der ſimmer dazu kommenden Aſche, theils auch
durch ſtetige Hinzuthuung des Holzes auf den
Altar und des Oels in den Lampen, damit es
nimmer auslöſchete. Alſo müſſen auch glau=
bige Pilger immer der Hut des HErrn warten.
Wir haben auch ein himmliſches Feuer aus
Gnaden

Gnaden empfangen, das aus der Ewigkeit in
unsere Herzen gefallen ist.   Was ist das vor
ein Feuer? Es ist das Feuer der Liebe zu unserm GOtt; die tiefe, innige, aufrichtige Sehnsucht des Glaubens, wodurch wir hinaus hungern aus der Welt, aus der Sünde, aus uns
selbst und aus allem das nicht GOtt ist.   Eine
jede glaubige Seele findet in ihrem tiefsten Grunde, daß solch ein Feuer, ein Verlangen, eine
Sehnsucht und Begierde in ihr angezündet ist,
das Fleisch und Blut ihr nicht gegeben, das
sie nicht mit auf die Welt gebracht hat; dieses
Feuer ist vom Himmel gefallen, das muß auch
brennend erhalten werden, sowohl durch Weg-
räumung der Asche, als durch Zufügung der
zum Brennen dienlichen Materien.

Wann ein Glaubiger nicht beständig auf
sein Herz Acht hat, ach wie so leicht kommt
die Asche der weltlichen Gedanken zwischen das
Gute! Wie so manche Eigenheit und Selbstliebe masset sich nicht selbst des Guten an!
und das ist Asche, die gar sehr verhindert,
daß das himmlische Feuer nicht brennen kann.
Weg darum mit allem Irrdischen, weg mit aller eigenen Anmassung, weg mit allem Fremden,
das sich unter das Werk der Gnade mischen
will! O Seelen, es kann das Wiederkehren
zu unserm Herzen; es kann die Behutsamkeit
des Herzens nicht gnugsam angepriesen werden,
welche nöthig sind uns stets von allem dem wieder zu reinigen, was so leicht hinzukommt, und
uns zu bewahren, daß die Selbst- und Eigen-

C 3   Liebe

Liebe nicht alles verderbe und das himmliſche
Feuer gar auslöſche.

Man muß beſtändig wieder Holz zulegen,
und Oel in die Lampen ſchütten. Ach wie man=
che haben, ſo hellbrennende Lämpger und Feuer
gehabt, daß man ſollte geſagt haben: Aus de=
nen Menſchen wird was rechtes werden. Aber
ach, ach! wie ſo manch Lämpgen und Feuer
brennet, und iſt jetzt ſo ſchwach, daß zu be=
fürchten iſt, es gehet vollends aus, wann nicht
gewachet, wann nicht bald Oel hinzugeſchüttet
und Holz zum Feuer geleget wird. Das Holz
zum Feuer legen kann geſchehen durch heilige An=
dachten und Betrachtungen, und zwar zuvor=
derſt durch die Uebungen des wahren ſtets an=
haltenden Herzensgebets, welches das himm=
liſche Liebesfünkelein ſtark anbläſet, und Lie=
beskohlen anzündet; von dieſem anhaltenden
Herzensgebet haben wir ſchon droben gere=
det. Ferner legen wir Holz zum Feur, wann
wir beſtändig und auf alle Weiſe ſuchen unſer
Herz wieder zu nähren, zu ſtärken und aufzu=
muntern durch allerhand gute Gedanken und
Betrachtungen von GOttes Gegenwart, von
GOttes Treue, von GOttes Liebe und Barm=
herzigkeiten, die er uns erwieſen hat. Ja auch
ſo gar dadurch, daß wir fleißig wahrnehmen
die erbauliche äuſſere Geſellſchaften, und alſo
ja nichts gering achten, wodurch wir in der
Gnade GOttes aufs neue können erwecket, er=
bauet und geſtärket werden. Vornemlich ſol=
len wir, wann das Feuer nicht groß iſt, und.

manch=

manchmal der kleinste Strohhalm ein Hilfs=
mittel seyn kann, daß es wieder entzündet wer=
de, alsdann das allergeringste zu unserer Er=
munterung, Erweckung und Stärkung in der
Gnade, besonders lieb und höchstens werth
schätzen

Sonderlich aber sollen glaubige Seelen sich
bekümmern um einen immerwährenden Zufluß
des Oels des heiligen Geistes in ihre Lam=
pen. Ach liebe Herzen! Es ist nicht genug,
einmal ein wenig fromm seyn, und dann sei=
ner Wege gehen; o nein! wir müssen immer=
dar Gnade um Gnade nehmen durch ein beständ=
diges Sehnen unseres Herzens, und uns stets
in Armuth des Geistes in die Gnade einsenken,
damit wieder neues Oel der Gnaden und des
Geistes möge ins Herze ausgegossen werden, und
also unser Werk nicht veralte noch verkalte,
sondern das Licht des rechten Glaubens in der
Liebe Christi immer brennend bleibe. Siehe,
das ist das wichtige Werk, woran wir genug
zu thun haben, so lange wir leben, hier in die=
ser Welt, und zwar mit Hintansetzung alles
Andern.

Dritter Theil.

Nun soll ich auch noch etwas sagen von
der richtigen Führung, derer sich ein
Christ zu getrösten hat durch die Wüste nach
der seligen Ewigkeit. Was hat ein Christ dann
vor einen Führer? Eben denjenigen Mann, der
die

C 4

die Wolken- und Feuerſäule der Kinder Iſrael ware. O ſichere und richtige Führung!
für diejenigen, die ſich willig derſelben unterwerfen! Nach dem Wort des HErrn lagerten ſie ſich. Und nach dem Wort des HErrn
zogen ſie.

Die Kinder Iſrael wußten in der Wüſten
weder Weg noch Steg; dieſelbe war auch an
ſich ein ungebahntes dürres Land, wo eigentlich kein Weg noch Steg war. Der HErr
aber hatte ſich ihrer angenommen; er ging vor
ihnen her in ſeiner majeſtätiſchen, aber auch gnädigen Gegenwart, und zeigte ihnen den Weg,
den ſie ziehen ſollten. Manchmal reiſeten ſie
Tag und Nacht, manchmal kamen ſie was
näher, und manchmal ſchienen ſie wieder weiter entfernet zu ſeyn, als ſie geweſen waren; da
mußte ſich ihre Vernunft gefangen geben, und
ſie mußten folgen, wohin der HErr ihnen vor-
ging; bis ſie endlich an und durch den Jordan
in das von Milch und Honig flieſende und
glückſelige Land Canaan kamen.

Dieſe ſichere Führung haben auch die bekehrte Pilger auf ihrer Reiſe nach der ſeligen
Ewigkeit. Die gnädige, innige und ſüſſe Gegenwart ihres Heilandes iſt ihnen Führung genug: Derſelbe führet ſie durch ſein heiliges
Wort, durch ſein heiliges Vorbild, durch
ſeine heilige Vorſehung, und durch ſeinen
heiligen Geiſt, daß ſie des Weges nimmermehr verfehlen. Die wahre Glaubigen müſſen
ſich nachſagen und ſchelten laſſen, daß ſie ge-
fährliche

fährliche Lehren haben, daß sie bedenkliche Wege gehen; aber in den Augen GOttes siehet es ganz anders aus: Nach dem Wort des HErrn ziehen sie; nach dem Wort des HErrn ist es, daß ein Christ einen solchen Weg, einen solchen Gang gehen muß, in Verläugnung der Welt und aller ihrer Thorheiten. Das ist eben der Weg, der sein Zeugniß findet in der ganzen heiligen Schrift. Es ist nach dem Wort des HErrn, daß sie als verachtete Leute wandeln. Da mag nun alle Vernunft tadeln, und sie zu Ketzern machen; an jenem Tage wirds offenbar werden, daß sie nach des HErrn Wort ihren Wandel geführet haben. Das Wort wird den Ausschluß geben an dem grossen Tage. In dem Wort ist uns kein breiterer Weg zum Leben vorgeschrieben, als der schmahle Weg ist, den wahre Kinder GOttes wandeln; und kein anderer Weg wird von allen denen erwählet, die geöfnete Augen des Verstands haben.

Dieses Wort sollen wir dann auch mit aller Hochachtung, und auf eine gebührende Weise fleißig gebrauchen. Ich preise dahero die heilige Schrift manchem unter uns nachdrücklichst an, daß sie doch fleißiger das äussere Wort GOttes lesen wollen, sonderlich das Wort JEsu im Evangelio. Es kann uns manchmal, sonderlich zur Zeit der Prüfung und Versuchung ein Wörtgen in unser Herz geleget werden zu unserer Nahrung, Stärkung und Unterricht, um in der Wüsten fortzukommen, und den Wider-

C 5

sprechern

sprechern zu begegnen. Wie mancher wird da=
durch wankend gemacht, wann die Leute aller=
hand Sprüche der Schrift unrichtig deuten,
und dadurch den schmalen Weg verdächtig ma=
chen wollen! Lasset uns darum, wie gesagt, die
heilige Schrift, und sonderlich das Wort un=
sers Heilandes, uns wohl bekannt machen; las=
set uns fleißig darin lesen, aber dabey GOtt
auch herzlich bitten, daß er uns mit seinem hei=
ligen Geist erleuchten, und uns den wahren
Sinn seines Worts erklären wolle; dann wir
müssen nicht so damit handeln, wie die Welt=
menschen thun, die nur ein Capitel nach dem
anderen ohne Andacht lesen, und es gleichsam
dem lieben GOtt in Rechnung bringen wollen,
wie viel sie gelesen haben: Nein, es soll uns
nur ein Wort und Richtschnur seyn, um un=
sern Wandel darnach zu richten; es soll unsere
Führung seyn.

Aber nicht nur allein das Wort JEsu, son=
dern JEsu Vorbild und Exempel soll uns
auch zur Richtschnur und Führung dienen. Man=
che, die nicht lesen können, die schlecht und un=
gelehrt sind, oder die ein so schwaches Gedächtniß
haben, daß sie nicht viel behalten können, sol=
len vornemlich auf JEsus Vorbild fleißig mer=
ken. Seelen! wann ihr nicht wisset, wie ihr
es in diesem oder jenem machen sollet, so hal=
tet doch nur vor Augen JEsum Christum und
sein Vorbild, als eine Wolken= und Feuer=
säule, daß ihr immerdar denket und euch sel=
ber fraget: sollte JEsus wohl so haben wollen
denken?

denken? Sollte JEsus wohl so haben wollen reden? Sollte JEsus wohl so haben wollen thun?
Sollte ich zu diesem oder zu jenem wohl Freyheit haben? Sollte das wohl GOtt angenehm
seyn? Sollte das wohl der richtige Weg seyn?
Also haltet JEsum vor Augen; dann er ist der
Weg, die Wahrheit und das Leben. Niemand wird zum Vater kommen, als durch ihn
und die Nachfolge seines Vorbilds. Den
Weg, den er gewandelt hat, müssen wir auch
wandeln. Wie er war, sollen gläubige Pilger auch in dieser Welt seyn. Ja, in allerhand Dunkelheiten und Verwirrungen kann es
uns zu einer ganz einfältigen und sichern Nach-
richt dienen; wann wir nur in wahrem Glauben aufsehen auf das Vorbild unseres süssen
Heilandes, der als eine Wolken- und Feuersäule vor uns hergegangen ist.

  Sonderlich führet GOtt die Glaubigen
auch sicher, durch seine heilige und gute Vorsehung. GOtt ist ein allwaltender GOtt,
der alles in seiner Hand hat, und die Zufälle
aller Dinge regieren kann durch seinen Wink
und nach seinem Wohlgefallen. Wie dieses
wahr ist in Ansehung aller Menschen, so ist es
insbesondere die Wahrheit in Ansehung derjenigen, die sich GOtt gewidmet und ganz ergeben haben. Alles was Kindern GOttes auf
dem Pilgerwege begegnet, wird regieret, geleitet und geführet durch die Hand ihres GOttes und treuen Heilandes. Kein Härlein fällt
von ihrem Haupte ohne den Willen ihres himmlischen

lischen Vaters. Kein Menschenkind kann an=
ders mit ihnen handeln, als würklich geschie=
het. Es ist der HErr, der alles heiliglich len=
ket. Deswegen können die Glaubigen alles
was ihnen begegnet, nach Leib und Seele, es
sey Angenehmes oder Widriges, es sey von Men=
schen oder gar von bösen Geistern, annehmen
als aus der Hand der göttlichen Vorsehung,
die das alles zu ihrem Besten so regieret. De=
nen die GOtt lieben, müssen alle Dinge zum
Besten dienen. Alles, ja alles muß zu ih=
rem Besten dienen, und zu ihrer Seligkeit mit=
wirken.

Endlich will uns JEsus Christus sicher füh=
ren durch seinen werthen heiligen Geist, den
er seinen Glaubigen gewiß verheissen hat, wenn
sie ihn darum bitten, Luc. 11, 13. Die See=
len, welche GOtt herzlich anrufen um seinen
heiligen Geist, wird er nicht lassen verführet
werden oder irre gehen in der Wüsten dieser
Welt. Dieser werthe heilige Geist erleuchtet
immer mehr das Herz, und macht es willig
zu allem Guten. Er gibt der Seelen zu erken=
nen den nächsten und besten Willen ihres himm=
lischen Vaters. Und wann die Seele auch
irgendwo noch daran zweifeln mögte, was sie
etwa in besondern Fällen zu thun und zu lassen
habe: so wird der Geist der Gnaden sie doch
so viel unterrichten, daß sie immer dasjenige
am liebsten wähle, was der Natur am meisten
zuwider ist. Ja der heilige Geist unterweiset
die Seele, daß sie in allen Stücken müsse suchen
dem

dem Trieb der Natur entgegen zu wandeln;
dann das ist der sicherste Weg zur seligen Ewig=
keit, daß man seinem Fleisch, seinen Sinnen,
seiner Vernunft nirgendwo Raum lasse, und ih=
nen in allen Stücken zuwider zu wandeln suche.
Dann der Geist Christi und die Neigungen der
Natur streiten immer gegen einander. Also
können wir unser Herz jederzeit am besten vor
GOtt prüfen und stillen. Wann wir also die=
sem werthen heiligen Geist unsern Willen, unser
Wählen und unsere Vernunft von Herzen zu
Füssen legen, und unserm Willen, unserm Wäh=
len, unserer Vernunft und unserm Fleisch und
Blut nicht folgen, dann werden wir ganz un=
terworfene Kinder unseres Heilandes werden,
und der heilige Geist wird uns treulich und sicher
führen. Wir dürfen sodann auch nicht zwei=
feln, daß alles was wir thun und lassen, was
wir denken und vornehmen, dem lieben GOtt
nicht angenehm und gefällig sey. Dann der
werthe heilige Geist zielet bey den Glaubigen
nicht darauf, daß sie eine Menge gut scheinen=
der Dinge nur äusserlich thun sollen; sondern
der unterweiset die Seele, alles was sie thut,
nur allein GOtt zu gefallen zu thun, und in
allem GOtt zu bedugen. Eine Seele die also
wandelt, daß sie vom Morgen bis zum Abend
mit ihrem Herzen in der Gegenwart ihres GOt=
tes stehet, und zu ihm sagen kann: O mein
GOtt! womit kann ich dich nun vergnügen?
Worin werde ich dir nun gefallen? Ich suche
nichts für mich, nichts für die Natur, nichts
für

für die Vernunft, nicht dieſes noch jenes; wann
ich dir, meinem gegenwärtigen Heiland, nur gefalle, dann iſt mein Verlangen geſtillet. Solch
eine Seele iſt auf dem richtigen Wege, und
GOtt wird nimmermehr zulaſſen, daß ſie wird
verlaſſen oder verlohren gehen.

Nun ſehet, haben es die Kinder GOttes
nicht gut bey ihrem Führer auf dem Wege nach
der ſeligen Ewigkeit? Sie ſtehen unter einer
ſichern Führung; aber zugleich auch unter einer
Führung, die manchmal wunderlich iſt. Dann
wie die Iſraeliten in der Wüſten bald gerades
Wegs, bald durch Umwege, bald bey Tage,
bald bey der Nacht geführet wurden, und heut
nicht wußten, wo ſie morgen hinkommen würden, auch bald Hunger, bald Durſt, und dann
wiederum einmal Ueberfluß hatten: Alſo gehet es
auch den glaubigen Pilgern auf dem Wege zu
ihrer ewigen Seligkeit. Ihre Wolken = und
Feuerſäule führet ſie manchmal in der Nacht,
da ſie keinen Stich ſehen; und doch gehet es
ſicher. Manchmal führet der HErr ſie bey Tage, daß ſie die Sonne vor ihren Augen haben,
und den Willen ihres GOttes deutlich erkennen.
Manchmal gehet es kümmerlich her, und manchmal haben ſie es was beſſer; und dennoch haben
die geiſtlichen Wanderer nichts zu beſorgen, wenn
auch ein Ungewitter über ſie kommt; ſie haben
alle nur Ein Geſchäfte, nemlich, ihre Wolken-
und Feuerſäule, die gnädige, die innige, die
ſüſſe Gegenwart GOttes, vor Augen zu halten,
und ſich dieſem ihrem Führer mit völliger Ver-
läug-

Neignung ihrer selbst gänzlich zu unterwerfen. Und so geht es von Schritt zu Schritt immer näher zu dem Ziel ihrer Führung, bis sie endlich durch den Jordan eines seligen Todes eintreten in das ewig vergnügende und liebliche Land Canaan, das himmlische Paradies, in die selige und ewige Ruhe. Da werden die Pilger zurücksehen auf alle die mühsame und der Vernunft unbegreiflichen Wege, Schritte und Tritte, die sie von ihrer Wolken = und Feuersäule, sind geführet worden; und ihrem Führer unendlichen Dank und Ehre geben in alle Ewigkeiten der Ewigkeiten. Lasset uns demnach, ihr, meine liebe Mitpilger, unsern Stand nicht gering, sondern hoch und wichtig achten.

Wie stehet es aber nun mit einem armen Weltmenschen auf seiner Reise nach der Ewigkeit? Ach es ist nicht die selige Ewigkeit, wohin ein unbekehrter Mensch wandert in dieser Welt! o daß doch die Menschen es bedächten! Sind sie nicht so sicher, wie die Ochsen, die im Grase gehen, und nicht denken, daß ihr Schlachttag in wenig Tagen da sey? Eben so sicher wandern diese Menschen dem Tode entgegen, und lassen es alles auf ein Gerathewohl ankommen. Und was haben die dann vor eine Gesellschaft auf ihrer Reise nach der Ewigkeit? Es ist nicht die gnädige Gegenwart JEsu Christi und GOttes, sondern eine verderbliche und Beklagens = würdige Gesellschaft. Wann man offene Augen hätte und sehen könnte, wer die arme Weltkinder, die hier oft angesehene Leute sind, auf dem Wege nach

der

der Ewigkeit begleitet, so würde man allerley böse
Geister erblicken, die sie an Ketten halten, und sie
führen und regieren, wie sie wollen; dann wann
man das Werk und Geschäfte eines Kindes GOttes ansiehet, und vergleicht dabey das Geschäfte
eines Weltmenschen, der nur das Zeitliche und
Sichtbare suchet und liebet; o welch einen Unter-
schied entdecket man! womit halten sich doch die
arme Weltkinder auf? Sind nicht alle ihre wichtigste Beschäftigungen nur lauter Kinderepen,
Eitelkeiten, und elendes Zeug, das sie nicht können mitnehmen in die Ewigkeit, und das ihnen
keinen wahren Trost weder im Leben noch im
Sterben geben kann? Und was haben sie vor einen Führer? Ach der höllische Pharao ist ihr Führer; wo blieb aber Pharao mit allem Volk, das
ihm nachfolgete? Sie wurden alle ersäuft in dem
rothen Meer. Darum ihr unsterbliche Herzen,
die ihr bis dahin mit GOtt noch nicht versöhnet
seyd, wollet ihr durch den höllischen Pharao nicht
hinein geführet werden in den Pful der Höllen,
so bedenket doch noch an diesem Tage, was zu
eurem Heyl, was zu eurem Frieden dienet. Die
Gnadenthür stehet noch offen; euch kann noch
geholfen werden; es wird euch noch Leben und
Tod vorgehalten; schiebet eure Busse nicht einen
Augenblick länger auf.

Ihr aber, liebste Seelen, die ihr mit mir
den Pilgerweg angetreten habt; ach lasset uns
doch mit einander uns demüthigen, und uns selbst
schämen vor dem Angesichte GOttes, daß wir
bisher noch so lau, so schläferig und unserm
heiligen

heiligen Beruf nicht würdiglich gewandelt ha=
ben. Wir sollen, wir können wandeln in der
gnädigen süssen, innigst=gegenwärtigen Gesell=
schaft unsers JEsu. Diese Herrlichkeit, dieses
Glück müßten die Weltkinder aus unsern Au=
gen sehen, und aus unserm Glauben, aus un=
serm Wesen und ganzem Wandel lesen; aber
ach, ach, wie so dunkel sehen wir in diesem
Stück noch aus! Ach wie so träg sind wir! wie
so oft vergessen wir es, daß wir vor den Augen
unsers gnädigen GOttes sind! Unverrückt sollen
wir suchen uns an ihn zu gewöhnen! sonst ma=
chen wir uns selbst unsere Tritte sauer, und all
unser Thun in der Gottseligkeit fruchtloß.

O lasset uns doch aufs neue uns dem HErrn
ergeben, daß er in uns erneuere den Eindruck sei=
ner GOttes=Gegenwart, damit auch unser
Wandel hinführo seyn möge als ein Wandel im
Himmel, als ein Wandel in dem Unsichtbaren
und Ewigen. Lasset uns nichts sehen, als nur
JEsum, und seine GOttes=Gegenwart; diese
soll seyn der Vorwurf unserer Betrachtung, Be=
gierde, Freude und Belustigung. Ist doch die
Welt mit aller ihrer Herrlichkeit, Lust, Freude,
und alles was wir vor unsern Augen sehen, nur
Pupperey und Eitelkeit; GOtt aber und seine
gnädige Gegenwart alleine gibt den Glaubigen
eine wahre, wesentliche Freude, die ihnen bleibet
bis in alle Ewigkeit.

Nun wohlan dann, lasset uns mehr uns
üben in dem wichtigen Geschäfte, wozu wir
berufen sind; lasset uns von nun an die Au=

Zwoyter B. IV. Th.   D   gen

gen vor allem schliessen, um nur unsern GOtt
zu sehen, uns nur an unsern GOtt zu gewöhnen, und um uns nur anzusehen als Menschen,
die nichts mehr haben in der Welt als diesen
Freund, als diese einige Gesellschaft. Mit ihm
sollen, mit ihm können wir es wagen. Ach
liebste Herzen, wir sollten mehr im Geist wandeln, fremd der Welt, Natur und Sinnen,
bey JEsu abgeschieden drinnen; wir sollten desto munterer werden, je näher wir dem Ziel
unsers Pilgerwegs kommen. Wie bald wird
unser Ende da seyn! Und dennoch sind wir
noch so träg, kaltsinnig, vergeßlich und gleich-
gültig in unserem wichtigen Werk und Geschäfte. Fürwahr wir müssen uns aufs neue
ermuntern, wir müssen GOtt zu Fuße fallen
und ihn bitten um eine neue Ausgiessung des
Oels des heiligen Geistes in die Lampen unserer
Seelen, damit das Licht des Glaubens in der
Liebe Christi immer heller brennen, wieder in
eine neue Liebesglut kommen, und eine neue
Munterkeit erlangen möge, auf daß wir nicht,
wann der Bräutigam kommt, mit den thörichten Jungfrauen schlafend gefunden werden,
und unser Lämpgen verloschen seye, wann wir
in die Ewigkeit übergehen sollen.

O lasset uns unserm Führer uns unbedingter überlassen, und ihm treulicher folgen; er
wird uns den richtigen Weg führen. Unser Weg ist ein guter Weg. Eine Seele, die
nicht ihrer selbst ist, und nicht mehr ihr selber
leben will, die darf nicht zweifeln an ihrem
richtigen

nöthigen Pfad; derjenige, der sich ihrer angenommen hat, wird sie durch seinen heiligen
Geist einleiten in alle Wahrheit, wie wir lesen
können, Joh. 16, 13. Mein Geist wird euch
in alle Wahrheit einleiten. Das will nicht
nur sagen: daß der heilige Geist uns erleuchte
in alle Wahrheit und in der Erkänntniß des
Willens GOttes; sondern der heilige Geist will
uns auch hineinleiten, indem er uns Herzens-
lust und Liebe, und eben die Gestalt mittheilet,
die GOtt in seinem Wort von uns fordert,
und solche Leute aus uns machet, als wir vor
dem HErrn unserm GOtt seyn sollen. O lasset uns deswegen JEsum vor Augen halten,
seine GOttes=Gegenwart in unsern Herzen kräftig seyn lassen, und seiner Führung uns unbedingt überlassen; so werden wir richtig wandeln und richtig eingeführet werden durch den
Jordan des Todtes in das wahre Leben, in das
verheissene Land der sichern Ruhe und unend-
lich=ewigen Glückseligkeit, in das himmlische
Canaan. O da werden wir es sehen und selig erfahren, daß es der Mühe unendlich werth
war, hier in dieser dürren Weltwüste durch
viel Creuz und Trübsal JEsu nachzufolgen,
um zu dem Besitz und Genuß eines unverwelk-
lichen Erbes zu gelangen. Daselbst werden
wir mit Vergnügen zurück sehen auf die saure
Tritte, die ein armer Pilger hier bey Tag und
Nacht hat thun müssen; da werden wir nicht
mehr gedenken an alle Arbeit, an alles Leiden, an alle Verschmähungen, die wir um des

D 2   Namens

Namens JEsu willen erduldet haben; sondern
es wird das alles verfüsset und belohnet wer=
den in dem unendlich= seligen und süssen An=
schauen unsers höchsten Guts. Amen.

Nun lasset uns noch mit herzlichem Dank
zu dem uns wenden, der uns gut und gnä=
dig ist, und von ihm bitten und erwarten Gna=
de, Segen und Kraft zu dem, was in vieler
Schwachheit ist vorgetragen worden.

Gebet.

O gegenwärtig, majestätisch, heilig, hei=
lig, heiliger GOtt, der du uns wahr=
lich auch in dieser Stunde gegenwärtig
bist, der du in mein und unser aller In=
nerstes hinein siehest! Lehre uns doch zu
dir beten in wahrem Glauben an deine
heilige und gnädige Gegenwart. O GOtt,
wir sollten und wollten einander stärken und
erwecken auf unserer Pilgerreise zu der
seligen Ewigkeit; und zu dem Ende hast
du uns dieses Gnadenstündlein vergön=
net. Ach HErr unser GOtt! wir dan=
ken dir für deine Güte und gnädige Ab=
sicht über uns. Siehe nicht an die Un=
würdigkeit und Gebrechlichkeit dieses äus=
sern Vortrags, wodurch dein Segen könnte
gehindert und von uns abgewandt werden.
O komm HErr JEsu, und ersetze durch
deinen

deinen heiligen Geist und deſſen Kraft an
unſern Herzen alles, was gemangelt hat.

O daß wir doch alle aus dem Schlaf
der Sicherheit erwecket würden! diejenigen, die noch bis dahin in ihrem Naturſtande, in der Sicherheit gelebet und
geſchlafen haben, o HErr GOtt, erſchrecke dieſelbigen, daß ſie einmal mit einem
Blick mögen einſehen in ihren gefährlichen
Seelenzuſtand, wie ſo jämmerlich ſie gebunden ſind mit Ketten der Finſterniß, der
Sünde und der Eitelkeit, verfremdet von
dir, von deinem Gnadenlicht und Liebeleben. O laß die arme unſterbliche Seelen nicht ſterben und ewiglich verderben,
ſondern zum Leben aufgewecket werden;
weil die Gnadenzeit noch da iſt. O
laß ſie noch mit uns ausgeführet werden
aus dem Naturſtande durch deine mächtige Gnadenhand, um ihre Reiſe zur ſeligen Ewigkeit mit den glaubigen Pilgern
anzufangen und fortzuſetzen. O ewige Liebe, erbarme dich alſo über ſie.

Erbarm dich auch über uns, die wir
durch deine Gnade berufen und geſetzet
ſind auf den Weg zur ſeligen Ewigkeit.
Ach wir bekennen demüthigſt vor deinen
heiligen Augen, daß wir gar nicht wür-

D 3   diglich

diglich gewandelt haben dem hohen Beruf,
und den großen Abfichten, die du mit uns
haft. O HErr, wie haben wir nicht so
zerstreuet, so unachtsam, so abgewichen
von unserm Herzen und von dir so man=
che Stunden und Tage zugebracht! O
HErr unser GOtt, du haft dich über
uns erbarmet, uns aus vielen Banden ge=
rissen, und uns deine Gnade in Christo
zum Theil erfahren lassen. O daß es
mehr ein Gewicht in uns haben mögte,
daß wir uns deiner Gunft hinführo durch
nichts weiter verluftig machten. Erneuere
in uns sonderlich den Glauben an deine
gnädige, innige und süße GOttes=Gegen=
wart. Laß diese deine Liebesgegenwart
ein beständiger Grund seyn zum Frieden,
zum Vertrauen, zum Muth und Tapfer=
keit auf unserm Pilgerwege. Haft du
dich zu uns geneigt in Gnaden: o so
neige uns doch auch in Gnaden zu dir,
daß wir dich im Glauben mögen gegen=
wärtig sehen, und gegenwärtig behalten
in einem andächtigen und liebenden Her=
zensgrunde. O HErr, laß die ganze
Welt und alle Vorwürfe dieser Zeit je
länger je mehr aus unsern Herzen, Sin=
nen und Gedanken verschwinden; daß wir
von

von allen nichtigen Dingen mögen absehen,
und nicht viel dran denken, davon reden,
und uns damit beschäftigen. Deine gnä=
dige GOttes=Gegenwart nehme doch im=
mer mehr unser ganzes Herze ein; daß wir
mit dir uns beschäftigen, und diese deine
Gegenwart niemalen vermissen mögen, we=
der bey Tag noch bey Nacht. O liebster
Heiland JEsu, hast du doch darum dich
mit der Wolke der Menschheit wollen be=
kleiden, und bist ein Immanuel, ein GOtt=
mensch und GOtt mit uns, worden, da=
mit wir deiner Gnade und deiner Gemein=
schaft würklich und seliglich geniessen könn=
ten. O wie so wenige, auch unter de=
nen Erweckten, erkennen und erfahren ge=
bührend diese Seligkeit, diese große Gna=
de! O HErr JEsu, wir sind zu sehr aus=
gekehrt, wir gewöhnen uns nicht genug
an dich; unser Glaube wird zu sehr ver=
dunkelt durch die mannigfaltige Abwei=
chungen. O mache uns doch andächtiger;
laß unser Herz unverrückter bey dir blei=
ben, daß die Gedanken an deine Gegen=
wart, und das Gespräch unseres Herzens
mit dir, möge mit uns aufstehen und mit
uns zu Bette gehen; daß wir mögen je
länger je mehr in dich verliebet, und in

D 4 deiner

deiner Gegenwart ſo befeſtiget werden,
daß wir deiner weder lebend noch ſterbend
vergeſſen können.

O liebſter Heiland! zeuch und bringe
du mich und alle überzeugte Seelen doch
mehr zu der Beſchäftigung des wahren
Herzensgebets, zu der Zukehr des Her=
zens zu deiner innigen Liebes=Gegenwart.
Lehre uns mehr auf deine Hut warten in
unſerem Inwendigen in deiner Gegenwart,
und deines Geiſtes Wirkungen Raum ge=
ben; auf daß wir unſere Herzen dir be=
ſtändig aufopfern, und vor dir immer
mehr als ein recht Prieſterliches Geſchlecht
leben und ſchweben mögen Tag und Nacht.
Gib Gnade, o HErr JEſu, daß wir
unſer Liebſtes nirgend ſchonen, ſondern al=
les Unſerige dir unſerem Hohenprieſter
zum Opfer darbringen. O laß alles ver=
zehret und vernichtet werden in unſern
Herzen, was nicht von dir und deiner
Gnade herrühret; daß endlich nichts in
uns lebe, als du unſer JEſus alleine.
Iſt doch unſer Herz zu dem Ende von
dir erkauft, zu dem Ende berufen und er=
wählet aus der Welt, daß es dir ſollte
zum Tempel und Heiligthum werden. Nun
komm o JEſu! wir bringen dir dann un=
ſer

fer armes und elendes Herz, das allzu=
lange eine Wohnung der unreinen Geister
gewesen ist, zum Opfer dar. Komm her=
ein, du Gesegneter des HErrn, du Wol=
ken= und Feuersäule! erfülle du dein Hei=
ligthum, und laß ewiglich nichts Unrei=
nes hinein kommen.

Dir opfern wir zu dem Ende, nicht
nur unsere Herzen auf, sondern auch alle
unsere Wege. O die wenige Tritte, die
wir noch zu thun haben disseits der Ewig=
feit, müssen alleine Dir und zu deinen
Ehren gewidmet werden. Führe und re=
giere uns, befiehle du wie du willst; dein
Wink sey allein die Führung unsers gan=
zen Wandels; dein Wink habe das Ueber=
gewicht in allen unsern, so wohl äussern
als innern Thaten. O süsse Liebe, dein
göttlich Wesen ergiesse sich wie ein Strom
in unsere Seele; dein guter Geist führe
und leite uns auf ebener Bahn, daß wir in
dein Ebenbild und Wohlgefallen immer mehr
mögen eingeführet und vergestaltet werden,
bis wir dermaleinst auch das Glück haben,
durch einen seligen Tod mit dir überzugehen
in das verheissene und durch dein Blut er=
worbene Land der seligen Ewigkeit, in dein
himmlisches und ewiges Königreich.

D 5   O lieb=

O liebſter HErr JEſu! eile, eile uns
darzu zuzubereiten, damit wir auch dermaleinſt als durch deine Prieſterliche Hände, und durch dich geheiligte und vollen-
dete Kinder, deinem Vater mögen dargeſtellet werden. Nun Ehre und Lob ſey
deinem Blut und Namen, JEſus Immanuel! In demſelben alleine ſtehet der
Grund unſerer Hoffnung; du haſt uns
berufen und bey der Hand gefaſſet; führe
und leite uns auch nach deinem Rath,
bis du uns auch endlich wirſt
in Gnaden aufnehmen.
Amen.

Zweyte

Zweyte Rede.

Gehalten über

1 Petr. I. v. 13.

Gnade sey mit uns, und Friede von GOtt
dem Vater, und dem HErrn JEsu
Christo, der uns geliebet, und sich selbst
für uns dahin gegeben hat. Ihm sey
Ehre nun und in alle Ewigkeit. Amen.

Heute früh dachte ich wohl an nichts weniger liebste Freunde! als mich hier bey
euch nieder zu setzen. Indessen da verschiedene
auswärtige Freunde darauf gedacht hatten, und
mir auch die Vorstellung geschahe, daß es sich
am künftigen Mittwoch nicht gut schicken würde: so übergabe ich mich der göttlichen Vorsehung. Der HErr ist es demnach um so
viel mehr, der uns dieses Gnadenstündlein schenket; der uns hier durch seine göttliche Güte und
Freundlichkeit zusammen berufet.

Wann

Wann unſer liebſter Heiland JEſus Chriſtus Offenb. Joh. Cap. 2, 1. 2. zu dem Engel der Gemeine zu Epheſus ſpricht: So ſaget, der da hält die ſieben Sterne in ſeiner Rechten; der da wandelt mitten unter den ſieben goldenen Leuchtern, ich weiß deine Werke und deine Arbeit: ſo gibt er uns hier Anlaß (zu bemerken) wie wir alle und jede Verſammlungen und Gnadenmitteln anzuſehen, und uns zu denſelben anzuſchicken haben. JEſus iſt es, der ſeine ſieben Sterne in ſeiner rechten Hand hat. Alle wahre von GOtt geſandte Lehrer ſind ſolche Sterne. Alle Gnadenmittel, die uns auf unſerm Pilgerwege leuchten, ſind ſolche Sterne. Die hat JEſus in ſeiner rechten Hand; durch ihn werden ſie regieret; von ihm werden ſie geführet, durch ihn leuchten ſie, und durch ihn ſind ſie uns zum Heyl und Segen. Wir ſollen derowegen nicht auf die Menſchen, auf die Gebrechlichkeit des Werkzeuges, deſſen ſich GOtt bedienet, ſondern auf GOtt ſelbſt ſehen, und alles gerade zu von dem annehmen, der alles zu unſrer Seelen Erbauung, und zur Beförderung unſeres ewigen Heils, weiſlich regieret. Chriſtus, heiſſet es weiter, wandelt mitten unter den Leuchtern ſeiner Gläubigen. Wann nun irgendwo Herzen in einer rechten Gemüthsfaſſung beyſammen ſind, welche nach ihrer Seelen Erbauung hungern, und verlangen: da iſt der liebſte Heiland gewißlich nicht ferne. Wir ſollen uns dann, als vor dem Angeſichte des

JEſus,

JEsus, der auch hier in unsrer Mitte gegen=
wärtig wandelt, und auf den Seelenzustand
unsrer aller genaue Achtung gibt, niedersetzen.
Der Eindruck also seiner Segens=vollen Gegen=
wart soll unsern Seelen billig eine stille Andacht
und tiefe Ehrerbietung einflössen. Ich weiß
deine Werke und deine Arbeit; sagt der
Heiland ferner. Gewißlich, glauben wir nur,
daß JEsus in unsrer Mitte wandelt, der Hei=
land, welcher Augen hat, wie Feuerflammen;
so können wir ja gar leicht erachten, daß er
unsrer aller Werke und Arbeit wisse, daß er
wisse, wie ein jegliches Herz vor seinen Augen
aussiehet. Lasset uns derohalben mit einem ihm
ganz blos dargelegten Herzen in seiner heiligen
und Gnaden=vollen Gegenwart niedersitzen, mit
brünstigem und Glaubens=vollem Verlangen,
daß er uns doch in dieser Stunde einen reichen
Segen zufliessen lassen möge. Zu dem Ende
wollen wir uns, damit wir den künftigen Bet=
tag vorab nehmen mögen, zu dem gegenwärti=
gen Heiland wenden, und ihn herzlich bitten,
daß er sich mit seiner göttlichen Huld und Gna=
de zu uns nahen, und uns segnen wolle.

Gebet.

O HErr JEsu Christe! du gegenwär=
tiger, und zu der Rechten der Ma=
jestät GOttes hoch = verklärter Heiland!
du bist unser GOtt und unser Heiland,
unsre Hofnung und einzige Zuflucht, unsre
Selig=

Seligkeit und ewiges Heyl, worauf wir
warten. O HErr JEsu! mögten unsre
Herzen doch so vor deiner allerheiligsten
Gegenwart stehen, wie sie billig stehen
sollten! Mögten wir dich doch so erkennen,
wie du bist, und so verherrlichen, wie du
es verdienest! du willst im Geist und in
der Wahrheit, und nicht mit heuchleri-
schen Worten und Gebärden angebeten
seyn. O bewege mein und unsrer aller
Herzen, daß wir dich doch auf diese Art
und Weise verherrlichen und anbeten mögen! O HErr JEsu Christe! wie bist
du nicht den armen Sündern so nahe geworden! wie hast du dich unsrer Seelen
so treulich angenommen, ehe wir dich noch
sehen konnten, ja ehe wir noch waren! da
hast du dich selbst, aus Liebe zu uns, zu
einem Versöhnopfer für unsre Sünden
dahin gegeben. O liebster Heiland JE-
su! wir wissen zwar von dir, von deinen Wegen und Werken nach dem äussern Buchstaben (zu reden:) aber ach! wie
wenig wirst du durch deine gnädige Erleuchtung, nach der Größe deiner Liebe,
erkannt! ach wie wenig wissen und glauben unsre arme Herzen, was wir an dir
haben, und haben könnten, wenn wir uns
frey-

freymüthiger und kindlicher zu dir nahe=
ten, und uns inniger mit dir verbinden.
O HErr JEsu! deine ewige und unbe=
greifliche Menschenliebe hat uns hieher
gezogen, und will uns jetzo noch ein Gna=
denstündlein verleihen, da wir aufs neue
berufen, aufgeweckt und ermuntert wer=
den sollen, zu dir zu kommen, deiner himm=
lischen Gemeinschaft und Güter theilhaftig
zu werden.

Nun dir seye vor deine gnädige Vorse=
hung, kraft welcher du uns dieses Stünd=
lein hast schenken wollen, herzlich Dank
gesagt. O beweise dich an uns, als ein
gegenwärtiger, als ein mit Kraft und
Stärke gegenwärtiger Heiland, damit
wir, wer du bist, lebendig erkennen mö=
gen, und dein allerheiligster Name in un=
serm Innersten aufs neue verkläret werde.
O entzünde unsre so todte und kalte Her=
zen mit deiner reinen JEsusliebe! O
daß wir doch kein Herz, als nur für dich
haben, und alle unsre Liebestriebe in
Zeit und Ewigkeit dir aufs neue zuge=
wandt, gewidmet und geheiliget werden
mögten! O liebster Heiland JEsus! er=
muntre doch mein und unsrer aller Her=
zen kräftig, daß wir nicht immer bey ei=

ner

ner anfänglichen Erweckung stehen bleiben,
sondern forteilen, und zu deiner lebendi=
gen Erkänntniß, und innigen Gemeinschaft
gelangen mögen, um die hohen Güter, die
du uns durch dein Blut erworben, und
die unaussprechliche und unvergleichliche
Seligkeit, welche du uns durch deinen
Tod und Auferstehung zuwege gebracht
hast, immer mehr und mehr zu erkennen
und derselben theilhaftig zu werden.

O liebster Heiland JEsus! siehe doch
unsre unsterbliche Seelen, die du mit dei=
nem theuren Blut, aus Gnaden erkaufet
hast, gnädiglich an, und erwege, wie sie
dir so theuer zu stehen gekommen! O laß
sie noch immer in deinen allerheiligsten
Augen theuer und werth seyn, damit wir,
zur Beförderung unseres Heyls auf die
selige Ewigkeit, von dir noch ferner ge=
liebet, besuchet, aufgeweckt und gesegnet
werden mögen. Erbarme dich unser, o
JEsu! und vergib uns alle unsre Sün=
den, welche uns deines Segens und dei=
ner gnädigen Beywohnung unwürdig und
unfähig machen. Nimm unsrer aller Her=
zen in Gnaden hin! Regiere du mein
armes Herze, meine Gedanken und mei=
ne Zunge, daß ich nach deinem Herzen

und

und Wohlgefallen rede, und nicht Men=
schenworte, sondern deine GOttesworte
aus meinem Munde gehen mögen. Rede
du selber zu den Seelen; wecke sie alle
durch die Kraft deines heiligen Geistes
auf, daß wir alle mit einander ermuntert
werden, unsre Pilgerreise zu dem ewi=
gen Vaterlande deines Reichs, und deiner
seligsten Gemeinschaft, getrost fortzusetzen,
und dieses alles aus freyer Erbarmung,
durch deine theureste Verdienste und kräf=
tige Fürbitte, Amen.

Wir wollen dann, zu unsrer Seelen Aufer=
bauung und Erweckung, in Erwartung des gött=
lichen Beystandes verlesen, aus

1 Petr. I. v. 13.

folgende Worte:

Darum begürtet die Lenden eures Ge=
müths, seyd nüchtern und setzet eure
Hoffnung ganz auf die Gnade, die euch
angeboten wird, durch die Offenbarung
JEsu Christi.

Wir haben geliebte Freunde! heute den letzten
Tag des letzten Sommermonats, wes=
wegen auch künftigen Mittwoch Bußtag ge=
halten wird. Den letzten vom Frühling, Som=
mer, Herbst und Winter. So gehts von

Zweyt. B. IV. Th.   E   Schritt

Schritt zu Schritt zur großen Ewigkeit. So
unvermerkt ist uns der Sommer hingegangen,
und eben so unvermerkt wird uns auch der Herbst,
den wir anfangen sollen, vorüber gehen, wenn
wir nur so lang noch leben werden. Wie man=
cher ist in diesem Sommer sitzen blieben, der die
Gelegenheit und Gnadenstunde, welche · uns
GOtt noch anjetzo gönnet, nicht mehr hat und
wie bey manchem unter uns wird es auch viel=
leicht das letztemal seyn, daß er ein Viertel Jahr
endiget? Ein ganzes Viertel Jahr haben wir
mit einem einzigen Buß= und Bettage zu=
rückgeleget. Ein wichtiger Schritt näher zur
langen Ewigkeit. Ob aber auch zu der seligen
Ewigkeit, das weiß der nur, der alles weiß,
der unser aller Herzen durchschauet und kennet.
Wahrlich aufgeweckte, berufene, und GOtt er=
gebene Seelen die wandeln nach der Ewigkeit,
aber nach einer seligen Ewigkeit, sie kommen alle
Tage, alle Stunden, alle Sommer, alle Herbste
einen wichtigen und merklichen Schritt weiter zu
ihrem Heyl, zu ihrem ewigen Glück. O Jam=
mer und Elend! daß so viele in dem Todtes=
schlaf so ganz sicher liegende Menschenkinder
nach der Ewigkeit wandern, und an das höchst
wichtige Ende dieser ihrer Reise kaum einmal ge=
denken! Aber auch o Schande! daß Menschen,
die aufgeweckt, und zu einem glücklichen und höchst
vergnügten Ende, zu der Freuden=vollen und seli=
gen Ewigkeit berufen sind, Pfuy sage ich, daß auch
diese zum öftern nach dem so glücklichen Ziel und
Ende so träge, so lau und schläfrig wandeln!

daß

daß sie Ursach haben, sich ihrer vorigen Tage mit Schmerzen zu erinnern? Denken wir nur zurück, wie das verflossene Viertel Jahr zugebracht worden: o wer fühlet da nicht in seinem Herzen, daß er noch einen Bußtag vonnöthen habe, einen Bußtag, sich vor dem zu demüthigen, bey welchem Gnade und Vergebung zu finden ist; Gnade und Vergebung nicht nur der begangenen Sünden und Missethaten deren sich ein jeder bewußt seyn wird, sondern auch der so vielfältigen Versäumnissen, Trägheiten und Lauigkeiten in dem allerheiligsten und seligen Dienst, zu welchem uns GOttes ewige Liebe und Erbarmung berufen hat.

Deswegen nun schenket uns der HErr Buß- und Bettage, daß wir uns besinnen, unsre Rechnung einmal ins Reine zu bringen, und in Ansehung der noch rückständigen Zeit uns untereinander zu einem ernstlichen und rechtschaffenen Wandel aufs neue zu ermuntern suchen sollen. Darzu soll uns dann, unter dem Beystande seiner Gnade, dieser verlesene Text Anlaß geben: So begürtet die Lenden eures Gemüths, seyd nüchtern, und setzet eure Hofnung ganz auf die Gnade, und wie es weiter heisset.

In diesen Worten werden wir durch den heiligen Geist aufgefordert:

Zu einem recht aufgeweckten und ernstlichen Pilgerwandel nach der seligen Ewigkeit.

E 2   Wir

Wir betrachten dabey

I. Den ernstlichen und aufgeweckten Pilgerwandel an sich selbst, worzu wir allerseits mit diesen Worten aufgefordert werden: Umgürtet die Lenden eures Gemüths und seyd nüchtern.

II. Den Grund, worauf wir diesen Pilgerwandel gründen sollen nach Anleitung der Worte: Setzet eure Hoffnung ganz auf die Gnade, die euch angeboten wird 2c.

Du aber, o HErr JEsu Christe! begürte du dann auch die Lenden meines Gemüths mit der Wahrheit deines theuresten und allersüssesten Evangeliums, damit in dieser Stunde mein und unser aller Herzen durch den Geist der Kraft und der Liebe ermuntert und aufgeweckt werden mögen, den Pilgerweg zu deiner seligen und ewigen Gemeinschaft, ohne alle Trägheit und Schläfrigkeit, munter und hurtig fortzusetzen. Amen.

Erster Theil.

Der heilige Geist, wie gesaget worden, fordert die Gläubigen und also auch uns auf, zu einem aufgeweckten und ernstlichen Pilgerwandel, wenn es heißt: Begürtet die Lenden

..... eures Gemüths und seyd nüchtern. In
den Morgenländern tragen die Leute ganz
weite und bis auf die Füsse herab hangende
Oberkleider. Wann nun jemand eine Arbeit
verrichten, oder in den Streit gehen, oder auch
eine weite Reise vornehmen will; so schürzet er
seine lange Oberkleider auf, und umgürtet sei=
ne Lenden, damit ihn die Kleider an seinem Vor=
haben nicht hindern, sondern er, vermittelst, der
Umgürtung seiner Lenden, sein Werk desto mun=
terer und besser ausrichten und vollenden möge.
Christen haben auch eine Reise vor sich, worauf
ihnen viele Feinde, die sie zu bestreiten haben, be=
gegnen. Auf ihrem Pilgerwege kommt ihnen
auch mancherley schwere und wichtige Arbeit zu
verrichten vor. Da sollen sie sich nun einander
mit Ernst zurufen: Wohlan ihr Pilger! be=
gürtet die Lenden eures Gemüths und seyd
doch auf der Reise zur Ewigkeit nüchtern.
Wir werden in diesen Worten aufgefodert, erst=
lich zu einem ernstlichen und aufgeweckten Pilger=
wandel in Verläugnung der Welt, Ablegung
der Sünde, und alles Verderbens in der Welt.
In einem solchen Sinn und Verstand wird die=
ses Wort gebraucht 2 Buch Mos. 12. v. 11.
Da die Kinder Israel aus Egypten geführet wer=
den sollten: so mußten sie das Osterlamm essen,
begürtet um ihre Lenden und mit Stäben in ihren
Händen, als solche, die nun bereit und reisefer=
tig waren, Egypten zu verlassen. Wir treten
unsre Pilgerreise, unsre glückliche Pilgerreise
nach der frohen Ewigkeit an, so bald wir unsre

E 3   Be=

Bekehrung antreten. Ein Mensch der noch im
Todesschlafe der Sünden lieget, der ist noch
kein Pilger, sondern ein Mensch in der Natur,
und noch unaufgeweckt; er ist noch ein Kind
und Bürger dieser Welt, kein Fremdling, kein
Reisender. Ein der verderbten Natur noch über-
lassener Mensch; wohnet noch in der Welt; wenigstens will er hier wohnen. Er kann alle Eitelkeiten der Welt, ohne Bedenken, mitmachen;
er hat noch kein Gefühl seiner Sünden, und der
so großen Seelengefahr; er kann die ihn beun-
ruhigende Gedanken gar leicht abschütteln, und
aus dem Sinne schlagen. Hingegen so bald er
dem Ruf und der Stimme GOttes in seinem
Herzen Raum und Platz gibt; so bald wird er
über seinen Seelenzustand in eine heilige und
selige Unruhe versetzet. Da wird er gleichsam,
als aus einem Todesschlaf, aufgeweckt. Einer, der schläfet, träumet zum öftern, daß er die
herrlichsten Speisen und den köstlichsten Trank
geniesse, und wann er erwachet, so ist er gleichwohl noch hungrig und durstig. Er träumet von
allerhand Glück und Wohlseyn, indessen wann
ihm die Augen aufgehen: so befindet er sich höchst
unglückselig und merket, daß er geträumet habe. Auf gleiche Weise träumet ein natürlicher
Mensch, so lange er aus seinem Sündenschlafe
nicht aufgeweckt ist.

Ja ein schlafender Mensch kann gar bey der
höchsten Gefahr, wo ihm die Mörder das
Schwerdt schon würklich an die Kehle gesetzet
haben, träumen, es stehe alles wohl um ihn,

und

und er habe kein Uebel zu befürchten. Und ein im
Sündenschlafe liegender Mensch träumet zu
der Zeit, wo die Hölle ihren Rachen schon
aufgethan, ihn zu verschlingen, noch immer von
Herrlichkeiten und Glückseligkeiten. Gleichwie
nun aber der natürlich schlafende Mensch beym
Erwachen desto mehr erschrickt, je größer die Gefahr ist, worinnen er sich befindet: so gehet es
auch denen geistlicher Weise schlafenden Menschen, denen, die durch den Ruf der Gnade von
ihrem Sündenschlaf aufgeweckt werden. Sie
erschrecken über ihren Zustand, und über die Gefahr ihrer Seelen desto mehr, je weniger sie dieselbe vorher jemals erkannt haben. Da findet
der Mensch, daß er dem äussern, oder Körper
nach, in einem fremden Lande wohnet; in einem
Lande voller Gefahr und Betrüglichkeit, in einem Lande, wovon er weiß, daß er dasselbe bald
wieder verlassen, und daraus scheiden muß.
Nach dem Inwendigen aber, oder dem Gemüthe
nach, befindet er sich in dem Reiche der tiefsten
Finsterniß, in der Gewalt des Satans, mit eben
so vielen, als großen Sünden beladen, ja er
siehet sich in dem Schlamm derselben gleichsam
versunken. Da wird er dann durch einen heiligen Schrecken über seine Sünden, über seine
Seelengefahr, über seine eitele und verderbte Weltbegierden, mit welchen er sich dergestalt angefüllet findt, aufgeweckt und nüchtern
gemacht. Siehe! da wird er durch die Gnade
GOttes, die ihm gleichsam beständig zuruft,
daß er eilen, seine Seel erretten, und sich

E 4   von

von einem so verderblichen Geschlechte befreyen lassen möge, inwendig kräftigst aufgemuntert. Wann nun ein solcher Mensch anfängt,
dem Gnadenruf GOttes gehorsam zu werden,
so fängt er auch an ein Pilger zu werden. Die
ganze Welt kommt ihm, wie ein sündliches
Egypten, das er gänzlich verlassen muß, vor.
Er siehet den Zustand der Welt und seiner Seelen an, wie ein Sodom, das bald mit Feuer
vom Himmel wird verwüstet und verzehret werden. Da wird er dann durch die göttliche Gnade berufen, um seine Seele zu erretten, aus
Egypten und aus Sodom herauszugehen. Alsdann begiebt er sich auf den Pilgerweg und
gürtet seine Lenden, damit er den Gefahren glücklich entlaufen, der Welt und den Sünden aus
den Händen kommen, von dem großen Pack seiner Sünden entlediget werden, in Christo JE-
su und dessen theuren Blut, versöhnenden Gnade, und kräftig heiligenden Geiste Heyl und Errettung finden möge. Siehe! wenn sich der
Mensch dergestalt munter auf den Weg macht,
alsdann wird er ein Pilger. Und so sind wir,
geliebte Freunde! durch die vorkommende Gnade
GOttes vielfältig berufen. GOtt hat uns,
wenigstens den mehresten unter uns, die große
Gefahr, worinn wir schwebten, zu erkennen gegeben; er hat uns den Pack und die Last der
Sünden ein wenig fühlen, und die Eitelkeiten
alles sichtbaren Wesens dieser Welt, samt den
Gefahren derselben einsehen lassen. Dieses hat
uns nun bewogen, daß wir uns auf den Weg

gemacht

gemacht haben, unsre Seele, durch eine gläubige
Zuflucht zu Christo, als unsrer Freystadt, zu
retten, um in ihm Leben und Heyl zu finden.
Wir sind, zur Rettung unsrer Seele, mit Lot
gleichsam aus Sodom und dessen Thor geführet
worden. Nun sollen wir uns besinnen, wie es
von Anfang an gegangen, und wie es gegenwärtig mit uns stehet, da wir die Gefahr der Welt,
die Eitelkeit, das Verderben der Seelen mit
recht nüchtern Augen eingesehen und erkannt haben. O wie so ernstlich wandelt dann nicht eine
Seele! wie wird ihr die Welt, und das Wesen dieser Welt alsdann so stinkend! wie gering
und nichtig wird ihr doch alles dasjenige, was
andere in ihrer Eitelkeit hoch achten! Wann eine
Seele ihren innerlichen Zustand mit nüchtern Augen erweget, wenn sie bemerket, wie sie in der
Gewalt des Satans so ganz und gar gefangen
liegt, welche schwere Last der Sünden sie auf
sich habe, worunter sie nothwendig ewig zu
Grunde gehen müßte, wofern sie nicht in Christi
Blut Gnade und Versöhnung zu gewarten haben sollte: wie ist sie dann nicht so munter, so
aufgeweckt, so ernsthaft in ihrem Wesen und
Wandel. Wie achtet sie da alsdann die Welt und
alles Wesen dieser Welt so gering, und wie leicht
fället es ihr, dieselbe zu verlassen? Alles scheinet
ihr pur Eitelkeit und ein gänzliches Nichts zu
seyn. Alle und jede Gelegenheiten wodurch sie
in der Welt gar leicht verleitet und verführet werden kann, suchet sie auf das sorgfältigste zu fliehen;
die Sünde wird ihr, so bald sie nur derselben

Last

Last empfunden, zum Eckel und Abscheu, und ihre
gröste Sorgfalt ist, den liebsten Heiland auf kei-
nerley Weise zu beleidigen. Kaum hat sie nur die
große Gefahr, worin sie schwebet, und des bösen Feindes listige Anschläge wahrgenommen: o
da eilet sie voller Verlangen, daß sie doch errettet werden, ewiges Heyl und Gnade erlangen
möge. Sollte dann nicht eine Seele, um auch
nur ein einziges Tröpflein der Gnade in JEsu
zu finden, die ganze Welt verkaufen? Nun sind
auch unter uns manche bey der ersten Aufweckung
recht aufgeweckt gewesen, recht lebhaft, recht
ernstlich in dem Gefühl der Sünden, in der
Verläugnung, in dem Entfliehen der Welt und
ihres ganzen Verderbens. Wie stehet es demnach liebste Herzen! anjetzo mit uns? Ist es
vielleicht wieder ein laues, träges ja todtes Werk
mit uns geworden? Und wie hat es dann in
dem verflossenen Viertel Jahr gegangen? Haben
wir uns dann auch darinnen von der Welt noch
mehr entfernet? Ist uns die Welt fremder und
eckelhafter, und die Sünde wichtiger geworden?
Haben wir einen größern Eckel und Abscheu daran, als vorhin? Sind wir dem Satan weiter
aus den Klauen gekommen? Oder ist der erste
Ernst, die erste Aufgewecktheit lau und flau geworden, ja gar gestorben? Sollten wir dann nicht
an Lots Weib gedenken. Lots Weib war mit
Lot aus Sodom herausgegangen: aber was halfs
ihr, ausser dem Thor zu seyn, da sie doch mit ihrem Herzen wiederum dahin zurück kehrte? Wie
mancher, der bey seiner ersten Bekehrung an der
Welt

Welt den größten Eckel hatte, lässet sich gleich=
mahl hernach von derselben aufs neue wieder ein=
nehmen? Man glaubt, es gezieme sich nicht, so
gar abgesondert zu leben, sondern, weil man
doch mit Menschen umgehen müßte: so seye es
Pflichtmäßig, sich ein wenig in die Welt schi=
cken zu lernen. Ach liebe Seelen! wir sehen nicht
genug, die aus dem Umgang mit der Welt ent=
stehende Gefahr; wir bemerken nicht genug, wie
beflissen diese Delila ist, uns in ihrem Schoose
einzuschläfern uns aller Kraft und Gnade zu be=
rauben. In der ersten Zeit unsrer Bekehrung
da drückten uns die Sünden, und waren uns ei=
ne schwere Last. Allein wann das Gefühl der so
großen Seelengefahr ein wenig vorüber ist, so
gedünket uns, als ob die Sünde nicht ein so
großes Uebel seye. O wie mancher lässet sich
daher von der Sünde so heimlich beschleichen,
wieder einnehmen, verblenden, fesseln und bin=
den, indem sie sich so angenehm und lieblich dar=
stellet, daß man sie nicht mehr, für einen solchen
Greuel und Abscheu in den Augen GOttes ansie=
het, als sie doch würklich ist! Liebste Seelen! ha=
ben dann auch wir noch vor allen Sünden, vor
allen Banden und Stricken, womit uns der Sa=
tan im Reiche der Finsterniß gebunden zu halten
suchet, einen wahren und würklichen Abscheu?
O in der ersten Zeit, da meynet manche Seele,
sie seye würklich in den Klauen des Satans; da
rufet, schreyet, und winselt sie, da ist sie ihrer
Errettung wegen, in großer Angst. Aber ach!
nachher, wenn sie nicht nüchtern bleibet, schläfet

sie

sie wieder ein. Seyd nüchtern heisset es, wann
man nicht nüchtern bleibet, wann man nicht nahe bey seinem Herzen bleibet, und sich zu viel zerstreuet, sich wieder in die Welt, in die Sinnen
und in die Vernunft einflechtet lässet: so geschiehet es gar leicht, daß man alsdann dem Satan
aufs neue wieder in seine Stricke fällt. Da wir
also liebste Seelen! in dem verflossenen Viertel
Jahr so geringen Ernst in unserm Pilgerwandel bewiesen und daher einen so schlechten Fortgang gemacht: so haben wir einen Bußtag vonnöthen. Hats nicht mit manchem Pilger recht
schlecht gegangen? Wir stehen vielleicht noch eben
so nahe bey Sodom, als wir vor einem Viertel
Jahr gestanden haben? Oder (soll ichs sagen?)
wir sind wohl gar wieder zurück gegangen, und
in das Thor zurück getreten? Derowegen liebste
Herzen! lasset uns einen Bußtag halten, um
uns vor GOtt zu demüthigen, daß wir unsere
Tage und insonderheit dieses Viertel Jahr so
träge, lau und flau vorüber gehen lassen. Lasset
uns einen neuen Buß- und Bettag antreten,
um uns in dem Namen des HErrn zu ermuntern, die Lenden unseres Gemüths aufs neue zu
begürten, aufs neue nüchtern zu werden und die
Frage an uns ergehen zu lassen: wo bist du dann?
Ein Mensch, der trunken ist, weiß zum öftern
nicht, ob er auf einem Misthaufen oder auf
einem sanften Bette lieget. Er wird öfters vom
Schlaf ganz überfallen; wo er gehet und stehet,
da schläfet er: Eben so gehet es denen Seelen,
welche allzu sehr ausgekehret und zerstreuet leben;

da

da werden sie gleichsam wie trunken, und mey=
nen manchmal wie besonders gut es um sie stehe,
wiewohl sie noch eben in dem Jammer stecken,
worinnen sie vorhin gewesen. Begürtet demnach
liebste Seelen! als an einem Buß= und Bet=
tage, mit mir aufs neue die Lenden eures Ge=
müths, damit wir aufs neue mit einem wahren
und aufrichtigen Ernst, vor dem Angesicht unse=
res GOttes uns aus den Händen der Welt loß=
reissen, unsern Pilgerweg beschleunigen und
die Errettung von dem Verderben glücklich finden
mögen, als worzu wir durch die sich an unsern
Herzen legitimirende Gnade berufen werden.
Was soll uns doch immermehr diese Welt? Wer
weiß ob wir nicht gar in diesem Jahr noch sterben
und die Welt mit allem, was sie hat, verlassen
werden? Was wird sie uns dann nutzen können?
und welch einen Werth wird alsdann ihre ganze
Herrlichkeit bey uns haben? Begürtet dann doch
die Lenden eures Gemüths und reisset euch von
der Welt, und allem weltlichen Wesen loß. Ach
dencket und beherziget doch wohl, wie uns die
Gnade in der Todesstunde, so wichtig vor=
kommen werde! auch die allerkleinste, auch die=
jenige, woraus man anjetzo nichts machet; die
von der Welt und der Vernunft gebilliget wird.
Wie wichtig wird sie uns alsdann seyn, wenn
wir aus der Zeit in die Ewigkeit übergehen sollen?
Begürtet demnach die Lenden eures Gemüths,
und seyd nüchtern in eurem Wandel. Sehet
die Sachen mit nüchtern Augen, ja vielmehr
mit einem nüchtern Gemüthe an; sehet sie an,
wie

wie ihr sie in der Stunde des Todes ansehen wer-
det.   Lasset uns die Sünde für wichtig, den
Teufel für schrecklich, und alles Wesen dieser
Welt als eitel und vergänglich ansehen.

Zum andern wecket und fordert uns der heilige Geist in diesen Worten auf zu einem recht
aufgeweckten und muntern Wandel in der Liebe
und in einem recht Lieb=vollen Vertrauen zu unserm Heiland JEsu Christo. Wann sich eine
Seele der Welt und der Sünde mit einem wahren Ernst entziehet und sich im Glauben zu JE-
su wendet: so findet sie Gnade; und wer Gnade findet, der findet auch Liebe und Frieden.
Findet er nicht allemal eine empfindliche, eine
süsse und tröstliche Liebe in sich; so findet er doch
eine Liebe der Hochachtung, eine solche Liebe,
welche macht daß er alles andere verläugnet, und
sein Herz JEsu zu einem ewigen und unwieder-
ruflichen Eigenthum übergibt. Wie jene große
Sünderin Luc. 7. zu Christo mit weinenden Augen und gebrochenem Herzen kam; siehe! so erlangte sie nicht allein Vergebung der Sünden,
sondern sie erlangte auch zugleich die Liebe JEsu,
in ihrem Herzen. Ihr sind viele Sünden vergeben, sagte der Heiland, dann sie hat viel
geliebt. Das ist eben ein Beweiß, daß ein
Mensch bey GOtt Gnade gefunden hat, wenn
sein Herz auch von der Liebe des GOttes, bey
welchem er Gnade gefunden, entzündet ist. Ihr
sind viele Sünden vergeben, dann sie hat
viel geliebet. O wie war das arme Weib, die
große Sünderin so zerknirschet, und eines so
ganz

ganz zerbrochenes Herzens! die Liebe hatte ihr
Herz ganz zermalmet, ganz zerknirschet, ganz
zerbrochen; ihre Augen flossen von Thränen, und
ihr Herz blutete aus Erkänntlichkeit und Gegenliebe zu dem JEsus, der ihr so viele Gnade erwiesen hatte. So gehts auch andern armen
Sündern, die eine ernstliche und beharrliche Zuflucht zu JEsu nehmen und bey JEsu Gnade finden. O wie beuget sich da das Herze, wie wird
es zerknirschet, wenn ein armer, ein großer, ja
der größeste Sünder Gnade bey JEsu findet!
Ach ich armer Mensch, heisset es alsdann, soll
ich Gnade erlangen! will JEsus mir meine Sünden vergeben? Soll ich unter die Kinder GOttes aufgenommen werden? Sollte JEsus solch
ein Herz, solch ein Auge auf mich geworfen haben? Sollte er meiner noch wohl eingedenk seyn?
Ach noch eine Barmherzigkeit! soll dann nun
der meiner Sünden in Ewigkeit nicht mehr gedacht werden? Soll ich nun ein liebes Kind JE-
su werden? O da wird das Herz dergestalt zerbrochen, zerknirschet und gebeuget, dergestalt zur
innigsten Dankbarkeit bewogen, daß es sich
JEsu durch die Gnade ganz schenkt und übergiebt. Und wer sich dann inwendig so ganz durch
die Gnade belebt findet: der giebt, der schenkt sich
JEsu, der verbindet sich mit JEsu, wie eine
Braut mit ihrem Bräutigam, und schenkt ihm
sein völliges, gründliches, herzliches und wohl-
bedächtiges Jawort, und spricht: Nun
HErr JEsu, soll ich Gnade haben? Willst du
mir dein Herz geben? Wohlan! so gebe ich dir
auch

auch das meinigen! da hast du mich zum ewigen
Eigenthum! Solchergestalt also findet sich die
Seele innigst angetrieben, die ganze Neigung
ihres Herzens auf JEsum zu richten, und sich in
Liebe ihm also zu ergeben, daß weder die Welt,
noch die Sünde noch andere Dinge ihre Liebens-
triebe an sich zu ziehen im geringsten vermögend
sind.   Nur einer hat ihr Herz verwundet; nur
JEsum liebet, umfasset und herzet sie.

Aus solcher Verbindung mit JEsu entstehet
dann nun auch ein vertrauliches und Lieb-volles
Leben und Wandel in der Liebe JEsu Christi.
Eine Seele, welche in der Zerknirschung ihres
Herzens die Liebe geschmäcket hat, die höret gern
von JEsu, die lieset gern von JEsu und redet
gern von JEsu, so wie eine Braut gern etwas
von ihrem Bräutigam höret: das ist nur ihre
Sache. Zuvor hatte sie gern mit andern Dingen zu thun, war geneigt andere Dinge zu hören, andere Gespräche zu halten. Bald hielte
sie sich mit diesem, bald mit jenem auf: Aber
nun hat sich das Blätlein gewendet, nun ist JE-
sus der liebste Vorwurf ihrer Gespräche und Beschäftigungen geworden.   Nun ist ihr nichts angenehmer und erquickender als ein Wörtchen von
ihrem liebsten Heilande zu hören, und zu vernehmen, wie sie ihm näher kommen, näher mit
ihm verbunden und ihm in allen Dingen wohlgefällig werden könne. Kurz, voll von Liebe ist
das Herz immer bey JEsu. Dann was man
liebet, daran denket man auch öfters; mit demselben ist das Gemüth immerzu beschäftiget. Wo
                                                    der

_ _ _ Schatz ist; da ist auch das Herz. In
_ _ _ _ Liebe stehet man mit JEsu gleichsam
_ _ _ _ gehet auch mit ihm zu Bette. Mit
_ _ Wort, die Liebe ist in solchen Herzen recht
_ _ _ _, sie ist so zart und brünstig, daß sie
alle andre Liebe, so nicht auf JEsum geht, ver=
_ _ _ verschlinget. O alsdann ist eine Seele
_ _ _ aufgeweckt, und hat ihre Lenden mit einem
_ _ _ _ Lämpchen umgürtet, wie Luc. 12, 35.
_ _ _ _ liebsten Heyland gesagt wird: Lasset
_ _ _ Lenden umgürtet seyn, und eure Lich=
_ _ _ brennen, und seyd, wie die Knechte, die
_ _ _ _ Herrn warten. Siehe! das ist
_ _ _ _ Pilgerwandel, wann die Seelen
_ _ _ _ zu JEsu so recht aufgeweckt und feu=
_ _ _ _ wenn ihnen JEsus so recht ihr Eins
und ihr Alles geworden, also und dergestalt,
daß ihres ganzen Herzens einiges Sehnen und
Verlangen JEsus ist, und sie erfahren, daß sie
dem Heiland in der Liebe ganz eigen sind. Sie=
he! wenn eine Seele bey dem ersten Anfange,
so in dem Gefühl der Liebe wandelt, dann ge=
het es mit dem Pilgerwandel recht von stat=
ten. O wie manche Herzen, wie manche Sün=
der, ja auch selbst die allergröste Sünder, wenn
sie Gnade von GOtt erlanget haben, siehet man
alsdann nicht so recht munter, brünstig und leb=
haft in der Liebe JEsu wandeln? Dies haben
auch unter uns schon manche erfahren. O die
erste Liebe ist eine unaussprechlich süsse, angeneh=
me und zarte Liebe! Wie man nun aber JEsum
selbst auf das zärtlichste liebet, an JEsu und an

allem dem, was ihm zugehöret die angenehmsten
Geschmak findet: so liebet man auch diejenige auf
das innigste, die des Heilandes, und GOttes
Kinder sind, dann sie sind GOttes Lieblinge,
unsre Mitpilger, unsre Erquickung, und unser
einzige Freude.

Nun meine Freunde! wie stehet es dann mit
in diesem Stück mit uns? Haben dann auch wir
unsre Lenden umgürtet? Brennen dann auch bey
uns die Lampen der Liebe? Was wird der Bräutigam sagen, wenn er kommt? Wie hat es in
dem verflossenen Viertel Jahr gegangen? Haben
wir unsre Tage in der Liebe JEsu zugebracht?
Haben wir in der Liebe desselben auch recht aufgeweckt, recht munter und ernstlich gewandelt?
Können wir uns dessen wohl mit Freuden erinnern? Oder sehen wir uns genöthigt, das
Gegentheil zu bekennen? Bedenket derowegen
doch wohl ob wir nicht vielleicht einen Bußtag
höchst nöthig haben? Ach! ich meyne wohl ja.
Wie viele aufgeweckte Seelen findet man nicht,
von welchen JEsus eben das sagen mögte, was
er ehemals zu dem Engel der Gemeine zu Ephesus sagte: das habe ich wider dich, daß du
die erste Liebe verlässest. Ach liebste Herzen!
ist das nicht viel, daß JEsus was wider uns
hat? Und wenn es auch nur ein einziges wäre,
so wäre das schon Jammers genug. So thue
nun Buße, und thue die erste Werke, wo
aber nicht, so will ich dir bald kommen. O
lasset uns derowegen einen Bußtag halten,
lasset uns vor dem Angesichte JEsu beklagen und
bewei-

weinen, daß wir bisher so lau, so träge, und
unachtsam in der Liebe JEsu gewandelt haben.
Wie ist das Herz zum öftern so faul und träge
von JEsu etwas zu hören, an JEsum zu den=
ken, mit JEsu zu leben und zu wandeln! Wie
lässet es sich vielfältig von diesen und jenen andern
Sachen so ganz und gar wieder einnehmen! wie
sind unsre Herzen manchmal nicht so ganz tod
und gestorben. Drum sollen wir uns dann auch
nur durch den heiligen Geist recht nüchtern ma=
chen lassen. Seyd nüchtern, sagt der heilige
Geist. Lasset uns doch einmal JEsum mit recht
nüchtern Augen ansehen, und erwegen, wer er
sey, wie nöthig wir ihn haben, und was er uns
in der letzten Todtesstunde seyn werde! Sollten
wir den nicht lieben, in welchem ganz allein un=
ser Herz dasjenige findt, was es vergnügt? Soll=
ten wir den nicht lieben, welcher in Noth und
Tod der Seinigen Freund und Bräutigam blei=
bet? Ja sollten wir den nicht lieben, der uns hier
und dort selig machen kann? Liebste Herzen! sehet
doch die Sache einmal mit nüchtern Augen an!
Ist es nicht eine Schande, daß wir die edle
Gnadenzeit in der Liebe JEsu so lau und flau
zubringen? Betrachte doch nur die arme und
blinde Welt! Wie sind die Kinder der Welt in
der Liebe zur Welt nicht so brünstig? Wie begie=
rig, munter und eifrig laufen sie nicht den Eitelkei=
ten der Welt nach? Und wir, die wir von GOtt
zu dem grösten Heil berufen sind, die wir zur
Liebe GOttes und JEsu Christi berufen sind,
wir bezeigen uns hierbey so lau und flau?

F 2　　　　　　　Begür=

Begürtet dann mit mir aufs neue die Lenden
eures Gemüths; lasset uns unsre Lampen aufs
neue wieder anzünden; laßt uns wieder aufs neue
einen Bettag halten, und GOtt um seinen heiligen Geist bitten, durch welchen ganz allein die
Liebe GOttes in unsre Herzen ausgegossen werden
kann. Lasset uns die Lenden unseres Gemüths
umgürten, daß wir denjenigen, den wir lieben
sollen, nemlich JEsum das höchste Gut, recht
ansehen können. Auch ihr begnadigte Seelen,
die ihr euch als die ärmste Geschöpfe, als die
allerunwürdigste Sünder ansehet, die ihr manchmal denket, ihr dörfet es nicht wagen, auch ihr
sollt eure Lenden umgürten, um Christum recht
ansehen zu können. Dann das ist zum öftern
die Ursache, daß man in der Liebe lau und flau
wird. Ach! spricht man, sollte ich lieben, sollte
ich mich so nahe und so vertraulich zu GOtt und
Christo wenden? O dessen bin ich armer Wurm
ganz sicher nicht werth! Ach Seelen! ach kleingläubige Seelen! begürtet doch die Lenden eures
Gemüths, und liebet den, der euch zuerst geliebet, und gesuchet hat. Ihr dörft es allerdings
wagen. Ihr sollt ihn nur nüchtern ansehen.
Alles, was er uns verliehen hat, und auch noch
verleihen will, ist Gnade. Lasset uns demnach
in der ganzen Lebenszeit mit muntern Glau-
bens- und Liebesaugen vor dem Angesichte unseres JEsu leben und wandeln: so werden wir
durch die Liebe immer mehr und mehr Kraft und
Gnade erlangen, würdiglich vor dem zu wandeln, der uns so sehr geliebet hat.

Drit-

Drittens werden wir in diesen Worten durch den heiligen Geist aufgefordert zu einem recht aufgeweckten und ernstlichen Wandel in der Verläugnung unserer selbst und alles Eigenen. Wer JEsum lieben will, der muß sich selbst, das böse Selbst, das verkehrte Eigen hassen. Denn die Christo angehören, die creutzigen ihr Fleisch samt allen Lüsten und Begierden. Gal. 5, 24. Seelen, die der Liebe JEsu Christi auch nur dem Anfange nach gewürdiget werden, die bekommen einen Haß gegen sich selbst, gegen ihr verderbtes Fleisch und Blut, gegen ihre arge Natur und alle Unarten derselben, sie seyen nun in der Vernunft, oder in den Affecten und Leidenschaften, oder wo sie immer wohnen und ihren Aufenthalt haben mögen, sie hassen und bestreiten dieselbe, und so geht es dann bey dem ersten Anfange zum öftern recht munter und lebhaft; da die Seelen recht ernstlich wandeln in der Verläugnung ihrer selbst; da sie sich bemühen, das Fleisch dem Geist unterthänig zu machen, dasselbe zu creutzigen, dessen Lüsten Abbruch zu thun, sowohl allen groben Lüsten, als auch aller Lust der Sinnen im Essen und Trinken, im Schlafen und andern Gemächlichkeiten, in welchen sie ihrer zärtlichen und Gemächlichen Natur entgegen gehen, wie auch ihrem eigenen Willen, ihren Gemüthsbewegungen, Affecten und Leidenschaften, denen sie sonst gefolget. Gewiß auch solchen Dingen muß eine anfangende Seele, die von der Liebe JEsu gerühret ist, von Herzen feind werden, und es dünket ihr ganz

F 3   billig

billig höchst ungereimt und ungeziemend zu seyn,
noch etwas an sich zu tragen, das wider JE-
sum und dessen Liebe streitet. Sie findet sich
demnach zu einem ernstlichen Haß gegen sich selbst
und alles verderbte Wesen der Natur beständig
munter und aufgeweckt.

Aber seyd nüchtern, heisset es in unserm
Text, bleibet eine Seele nicht nüchtern, bleibet
sie in dem Licht der Gnade nicht nahe bey ihrem
Herzen, ist sie zu viel ausgekehret in die Sinnen,
in die Mannigfaltigkeit der Vernunft und Ueber-
legungen derselben: O da kann sie auch in diesem Stück so lau und träge werden, daß in ihrem ganzen Wandel zwischen ihr und einem blos
natürlichen Menschen ein sehr geringer Unterscheid
ist. Bald gibt man hier, bald dort dem verderbten Fleisch und Blut nach; bald vergeht man
sich in der Triftigkeit, in dem Eifer und Grimm
der Natur, bald in der Trägheit und Faulheit
derselben, und bildet sich dem ohnerachtet ein,
man stehe bey dem Heiland noch so gut. Liebste Herzen! der Natur folgen ist würklich ein
Tod des Lebens der Gnade, und der Liebe Christi in unsern Herzen. Wann wir in diesem
Stück lau und flau werden: so wird das Leben
der Gnade allgemach in uns ersticket, und wir
werden, wofern wir der Natur zu viel nachgeben, endlich alle Kraft verlieren.

Lasset uns, meine liebste Mitberufene! doch
nur einmal eine genaue Prüfung unsrer selbst
anstellen. Wie weit sind wir in diesem Stück
gekommen; und wie stehet es mit uns? Leben
wir

wir auch noch nach der Natur und geben unserm
Fleische zu viel Futter und Nahrung? Folgen
wir im Hören und Sehen, und andern Ge=
mächlichkeiten annoch unsern verderbten Lüsten?
Sind wir in der Verläugnung des eigenen Wil=
lens, unsrer Gemüthsbewegungen, Affecten
und Leidenschaften, und alles eignen Lebens recht
munter und aufgeweckt? Ach liebe Seelen! wie
läßt man nicht so leicht und gerne noch manches
von diesem Ungeziefer bey sich leben! Wie häget
man nicht so manches in seinem Herzen das
uns hernach zum Strick und zum Verderben
wird, und macht daß man in seinem Christen=
thum zu nichts Rechtes kommen kann. In dem
Buch der Richter im 1. und 2. Capitel lesen wir,
daß die Kinder Israel die Feinde in dem Lande
Canaan nicht alle ausgerottet, sondern noch
manche leben lassen, mit welchen sie einen Bund
gemacht, daß sie ihnen Zinsbar seyn sollten,
weswegen GOtt also zu ihnen geredet habe:
Nun ihr sie nicht umbringen wollet, so sol=
len sie euch zum Strick und zur Plage wer=
den euer Lebenlang. Eben also gehet es auch
aufgeweckten Seelen, wenn man nicht wider sich
selbst, wider sein Fleisch und Blut, wider seine
Eigenheiten und das ganze Verderben der Na=
tur mit allem Ernste streitet, kämpfet, und al=
les nach göttlicher Ordnung in den Tod zu brin=
gen suchet. Da werden uns diese Untugenden,
diese Seelenfeinde ganz sicher, unser ganzes
Lebenlang zum Strick und zur Plage werden;
bald werden sie uns hier, bald dort in Zerrüt=

F 4   tung

tung setzen, und wenn endlich die Seele in die
Ewigkeit übergehen soll: so ist man ein ungestor-
bener, ein von GOtt, von seinem Leben und von
seiner Liebe ganz und gar entfremdeter Mensch.
Lasset uns demnach in demüthiger Bekänntniß unserer Sünden, und daß wir unser Fleisch zu viel
gezärtelt, unsrer Natur zu viel nachgegeben, und
mit unsrem Verstande zu viel vernünftelt haben,
einen Bußtag halten. Ach Seelen! gürtet
doch die Lenden eures Gemüthes! lasset uns aufs
neue nüchtern werden! wie werden wir nüchtern
alsdann die Sachen ansehen, wann wir einmal
in die Ewigkeit übergehen sollen? Wie hoch werden wir alsdann das Fleisch wohl schätzen und
ästimiren, das nun, gleich einem Aaas, das auf
dem Schindacker liegt, eine Speise der Wür-
mer werden soll? Sollten wir dann nun dieses
nichtige Fleisch noch ästimiren, und uns von ihm
überwinden lassen? Sollten wir nicht vielmehr
unsrer Natur und unserm eignen Leben, welches
uns in der Stunde des Todes so erschrecklich vorkommen wird, und da wir alles, was von der
ganzen Natur, von Fleisch und Blut herkommt,
werden zurück lassen müssen; sollten wir, sage ich,
diesem unserm eignen Leben nicht beständig entgegen gehen? Lasset uns dann die Lenden unsers
Gemüths umgürten, und JEsum um eine neue
Ermunterung unseres Herzens inständigst anrufen, daß wir in denen noch übrigen Lebensta-
gen mit rechtem Ernst wider uns selbst streiten,
alles wohl ausrichten, und das Feld behalten
mögen. Je mehr man wider sich selbst lebet,
desto

desto mehr lebet man für GOtt; je mehr man von sich selbst ausgehet, desto näher kommt man GOtt, Christo und seiner seligsten Gemeinschaft. Ein jeglicher Tod in der Natur ist eine Stuffe zu dem Leben der Gnade in unsern Herzen, und eine Fortsetzung desselben.

Drittens werden wir durch diese Worte aufgefordert zu einem recht aufgeweckten, ernstlichen und muntern Wandel. Seelen, die von der Gnade GOttes aus der Welt herausberufen sind, die eilen, das Ziel ihrer Berufung, und das Kleinod, worzu sie berufen, welches ist die Heiligung des Geistes, und die Gemeinschaft mit GOtt, zu erreichen. Wann nun die Seelen im ersten Anfange der Gemeinschaft mit GOtt in der Erweckung stehen: so sind sie auch in diesem Stück zum öftern recht ernstlich und munter. Und eben das ist ein Beweiß, daß man Gnade erlanget hat. Die Welt, und alle diejenige, welche sich fälschlich auf die Gnade und auf Christi Verdienst verlassen, haben wenig Lust zur Heiligung, zur Treue in der Gnade, und zum Fortgange in derselben, sondern sind zu einem heiligen Wandel faul und träge, und sehen die Heiligung als eine schwere ja unerträgliche Last an. Sie meynen sogar, daß es ohnmöglich seye, dieselbe zu erreichen, so und so zu leben. Ganz anderst aber ist es mit denjenigen Seelen bewandt, die würklich Gnade gefunden. Diese sagen mit Paulo, Philip. 3, 13. Ich vergesse was dahinten ist, und strecke mich zu dem, das da vornen ist, und jage nach dem vor-

F 5

gesteckt=

gesteckten Ziel, welches vorhält die himmli=
sche Berufung GOttes in Christo JEsu.
Alsdann siehet die Seele den genauen Wandel,
die Eingezogenheit als etwas sehr anständiges,
erwünschtes und köstliches an. Je genauer und
heiliger sie leben und wandeln kann: desto anmu=
thiger, desto erwünschter und köstlicher ist es ihr.
Aber ist eine Seele nicht recht nüchtern, bleibet
sie nicht nahe bey ihrem Herzen, unter dem be=
ständigen Gefühl und Leitung des Geistes der
Gnaden, und vermenget sich zu viel mit der Ver=
nunft und mit den Sinnen: siehe! da kommt sie
wieder in ein ander Licht, und kann so confus
und verwirret werden, daß sie wohl gar von dem
schmalen Wege abweichet. Da verlieret sich
dann endlich der erste Ernst in der Heiligung,
weil die Seele auf die Führung des Geistes in
ihrem Herzen nicht merket. O Seelen! wie ist
es mit uns beschaffen? In der ersten Zeit ist man
öfters so munter in der Arbeit, so geschäftig alle
Tage weiter zu gehen, fester zu werden, nach
der Erkenntniß, die ein jeglicher hat, und wie er
es am besten zu seyn vermeynet. Man nimmt
alles zur Hand, es seye nun das Gebet, oder
was anderst, zu dem Ende, daß man nicht im=
mer an einem Orte stehen bleiben, sondern im=
mer weiter kommen möge. Wie verhält es sich
nun in diesem Stück mit uns? Sind auch wir
vielleicht von dem ersten Ernst in der Heiligung
abgewichen? Können wir uns wohl überreden,
daß wir den Weg schon zurück geleget haben?
Ach! wie weit sind wir leider! noch alle von dem

Ziel,

Ziel, auch die berufene Herzen! Es thut mir
zum Öftern in meinem Innersten recht weh, wenn
ich erwäge, daß in Christo und dessen seligsten
Gemeinschaft, auch noch in dem gegenwärtigen
Leben so wesentliche, so tröstliche und das Herz
so inniglich vergnügende Dinge zu finden sind,
daß man auch hier noch durch die Mitwürkung
des heiligen Geistes zu einem so hohen Grad der
Heiligung gelangen kann, und ich dem ohnerachtet sehen muß, daß so viele meiner Mitberufenen
so lau und flau auf halben Wege liegen bleiben.
O Seelen! lasset uns doch einen Bußtag halten, und vor dem Angesicht GOttes ganz beschämt niederfallen, daß wir von unserm ersten
Ernste so schändlich abgelassen, und nicht mehr
mit der vorigen Munterkeit nach dem Ziel eilen.
Lasset uns derowegen die Lenden unseres Gemüths
aufs neue umgürten, lasset uns aufs neue Hand
ans Werk legen, und einen Bettag halten,
daß uns GOtt mit neuer Kraft ausrüsten möge.

In dem ersten Buch der Könige Cap. 19. lesen wir, daß der Prophet Elia, nachdem er die
Baalspfaffen umgebracht hatte, in die Wüsten geflohen seye, sich daselbst unter einen Wach-
holdernbaum geleget und geschlafen habe, vom
Engel des HErrn aber mit diesen Worten aufgeweckt worden: Stehe auf! du hast noch
einen großen Weg vor dir bis zum Berge
GOttes. Eben also gehet es auch manchen
aufgeweckten Seelen. Nachdem sie Anfangs
mit allem Ernst wider die Gewalt des Teufes
gestür-

gestürmet, und ihren Eifer gar zu oft in blosen
Nebensachen allzuviel verschwendet haben: so
legen sie sich nieder, begeben sich zur Ruhe, und
meynen Wunder, was vor Heldenthaten sie aus=
gerichtet. Wir werden nun auch von dem En=
gel des HErrn mit diesen Worten aufgewecket:
Stehe auf! du hast noch einen großen Weg
vor dir. Ob du gleich diß und jenes verläugnet,
diß und das gethan, eines und das andere er=
fahren hast: so hast du dem ohnerachtet noch ein=
nen weiten Weg vor dir; es ist noch ein gar
weiter Weg bis an den Berg GOttes. Ach
liebste Seelen! der Berg der innigen, der süssen,
und der zarten Vereinigung mit Christo im Geist
und in der Wahrheit, ist noch nicht in dem hier
möglichen Grade erreichet, vielweniger erstiegen.
Lasset uns also aufs neue unsere Lenden umgür=
ten, und der Heiligung, ohne welche niemand
den HErrn sehen kann noch wird, von neuem
mit allem Ernste nachjagen. O wann wir
JEsum nur lieben, dann können wir nicht an=
derst, als alles dasjenige, was seinen allerheilig=
stes Augen mißfällig ist, verabscheuen. Nun
aber ist ihm alles unheilige Wesen höchst mißfäl=
lig. Wann wir recht nüchtern sind; so erken=
nen wir gar leicht, daß wir ohne Heiligung GOt=
tes Angesicht in der Ewigkeit nie sehen werden.
Sind wir dann nun heilig, und also geschickt,
GOttes Angesicht zu schauen? O lasset uns doch,
dieweil wir noch leben, und so lange es noch Zeit
es heisset, der Heiligung, mit mehrerem Ernst,
als wir bisher gethan, nachjagen, damit, wann
wir

wir einmal sterben sollen, unser Haupt im Frieden niederlegen und mit dem alten Simeon sagen können: Nun laß HErr! deinen Diener
im Frieden fahren, weil meine Augen dein
Heyl gesehen.   Es ist zwar der Fleiß in der Heiligung nicht der Grund eines seligen Sterbens;
gleichwohl aber ist gewiß, daß denen, die nicht
Fleiß anwenden in der Heiligung, der Eingang
in das ewige Reich unseres HErrn und Heilandes JEsu Christi, nie werde dargereichet
werden, wie Petrus sagt.

O laßt uns derowegen GOtt inständigst bitten, daß er uns durch seinen Geist recht nüchtern machen wolle.   Wir sollen mit GOtt umgehen.   Nun ist ja GOtt die wesentliche, die
selbständige Heiligkeit, wie Petrus in dem zweyten Vers nach unserm Text sagt, indem er
also schreibt: Nachdem der euch berufen
hat, heilig ist, so seyd auch ihr heilig in
allem eurem Wandel.   Lasset uns unsere Augen aufthun, und GOtt beständig, als gegenwärtig, ansehen, den Heiligen, der uns
berufen hat in seiner Gegenwart zu wandeln:
so wird uns die kleinste Sünde wichtig werden;
in seiner Gegenwart wird uns die Liebe eine heilige Begierde einflößen, ihm täglich wohlgefälli-
ger und angenehmer zu werden, täglich in Christum mehr und mehr einzudringen, dessen Tugenden theilhaftig und zu seinem Bilde gänzlich
erneuert zu werden, damit wir am Tage des
Gerichts Freudigkeit haben mögen, vor seinem
Angesichte zu erscheinen.

Vier-

Viertens werden wir durch diese Worte vom heiligen Geist aufgefordert zu einem recht muntern und aufgeweckten Pilgerwandel in einer treuen Uebung des Gebets. Seelen, die von der Gnade GOttes ergriffen, und von dem Todesschlafe aufgeweckt worden, die lernen beten. Dann also lesen wir vom Apostel Paulo, da er bekehret worden: Siehe! er betet. Apostelg. 9, 11. Das war sein Erstes in der Welt. So lange ein Mensch noch nicht bekehret ist, so lang kann er noch keinen Bettag halten. Man hat zwar so alle Viertel Jahr einen Tag, welchen man Bettag nennet; weiter aber weiß auch die Welt von keinem Bettag. Da verrichtet man Morgens und Abends sein Gebet, welches man in aller Eil, und ohne alle Herzensandacht daher plappert. Aber das heißt nicht Beten. Wann aber die Seele durch den Gnadenruf GOttes aufgewecket wird, da betet sie, wie von Paulo gesagt wird: Siehe! er betet. Das Gefühl der innern Noth lehret alsdann beten, weil man sich der Hülfe so sehr benöthigt findet, und die Liebe, welche hernach folget, uns ebenfalls zum Gebet antreibet. Ach wenn die Seele in der Bekehrung, und in dem Leben der Gnade recht aufgeweckt ist, dann ist sie auch recht aufgeweckt im Gebet. Da suchet man die Oertges, die Winkelgens aus, wo man nur einen Augenblick, ein Viertelstündgen allein seyn kann. Es seye nun auf dem Felde, in der Scheuren, in dem Keller, in der Kammer, oder wo es immer seyn mag. O wie danket sie alsdann dem lieben

ben

bey GOtt, daß sie ein wenig Zeit und Gelegen=
heit gefunden, ihm ihre Noth im Gebet vorzu=
tragen, sich mit ihm im Geheimen zu besprechen!
und da sie dann im Gebet immer mehr und mehr
Gnade, mehr und mehr Kraft und Liebe von
GOtt erlanget! so wird sie dadurch aufgemun=
tert, die Zeit recht auszukaufen. Hat man
des Tages keine Zeit: so bricht man sich des
Nachts etwas vom Schlaf ab; kann man von
seinen äussern Berufsgeschäften keine Zeit ab=
brechen: so bricht man sie von der Essenszeit
ab; denn das Leben der Gnade, der aufgeweckte
Sinn lässet nicht zu, daß die Seele ohne Gebet
leben könne. Nun liebste Herzen! wie steht es in
diesem Stück mit uns? Sind dann auch wir im
Gebet treu geblieben? Machen wir es dann auch
so, wie hier angeführet worden? Ach! wenn
man nicht beständig nah bey seinem Herzen blei=
bet, wenn man in der Verstreuung nachgiebt,
und sich von der Gnade abwendet: O da kann
man gar leicht wieder lau und träge zum Gebet
werden; da mag sich leicht eine Hinderniß und Ent=
schuldigung finden. Es schickt sich mir jetzo nicht,
heißt es alsdann, ich bin jetzo nicht im Stande zu
beten; ich bin allzusehr zerstreuet; ja ich bin anjetzo
gar nicht geschickt zum Gebet. Und so schiebet
man dasselbe immer auf, bis endlich das Herz
bey dem Aufschieben immer kälter, immer tod=
ter, und zum Gebet immer ungeneigter wird, ja
dasselbe zuletzt wohl gar unterbleibet. Ach lieb=
ste Seelen! ist es in der vorigen Zeit nicht man=
chem unter uns würklich also ergangen? Haben
wir

wir, die vorige Gebetsmunterkeit bis auf diese
Stunde noch? Sind wir in dem Gebet noch
eben so lebhaft und brünstig, wie vorhin? Oder
sind wir nicht vielmehr wohl manchmal wieder
eingeschlafen? Ja kommt nicht manchem wirklich der Schlaf beym Gebet? Wer aber recht
munter und aufgeweckt ist, dem vergeht der
Schlaf, und er betet also, daß man von ihm
sagen kann: Siehe! er betet. Wie ist es nun
hier mit uns in diesem Viertel Jahr gegangen?
Haben wir wohl nicht einen Bußtag nöthig,
um uns vor dem Angesicht GOttes zu demüthigen und anzuklagen? O mein GOtt! wie viele
Stunden habe ich versäumet, an welchen ich hätte
beten können! Wie viele Zeit habe ich ganz unnütz
zugebracht, da ich durch ein ernstliches Gebet viel
Gnade hätte erlangen können, die ich nunmehro
schändlich verscherzet! Liebste Seele! du bist
trunken, wenn du nicht betest; du bist nicht
nüchtern, wenn du bey dem Gefühl deines Herzens nicht beständig stehen bleibest: lasset uns
demnach den HErrn bitten, daß er uns durch
seinen Geist aufs neue aufwecken und ermuntern
wolle, die Lenden unsres Gemüths zu begürten,
und dem Gebet mit neuem Ernste obzuliegen,
nach dem Ausspruch des Apostels 1 Cor. 16, 13.
Wachet, stehet im Glauben, seyd männlich
und seyd stark. Lasset euch doch nicht so von
der ersten Liebe, von der Treue und Munterkeit
im Gebet abbringen und verleiten.

Sehet liebste Herzen! wir sollen uns aufs
neue aufmuntern, und auch aufmuntern lassen;

dem

das Gebet mit neuem Fleiß und Ernste obzuliegen, und die Zeit dazu wohl auszukaufen. O
wenn wir nicht beten, so kann es nicht anderst
seyn, als daß wir matt und kraftloß werden.
Tausend Seelen, auch selbst erweckte Seelen
sind, von denen man nichts höret, als Klagen
und Jammern, daß es so schlecht mit ihnen stehet, daß sie so faul und träge wären. Allein woher kommt solches? Das sagt Jacobus: darum, das ihr nicht betet. Weil wir nicht beten, darum sind wir arm, darum haben wir
nichts. Wir sollten uns mehr in dem Gebet
üben. GOtt hat uns durch den Mund seines
lieben Sohnes die Verheissung gegeben: Bittet, so wird euch gegeben werden, suchet, so
werdet ihr finden, klopfet an: so wird euch
aufgethan werden. Wir sollen also beten, es
seye zur rechten Zeit oder aber zur Unzeit, sowohl
wenn wir uns todt und erstorben, als wenn wir
uns munter und aufgeweckt finden; sowohl wann
wir im Finstern, als wenn wir im Lichte wandeln,
sowohl wenn wir zerstreuet, als wenn wir gesam-
melten Gemüthes sind, dann eben da haben
wirs am nöthigsten, wenn wir am dürresten sind.
Lasset uns also liebste Herzen! beten. Dann
durchs Beten, lernen wir beten. Durchs Beten bekommen wir einen Geschmack und ein Belieben am Gebet. Durchs Gebet erlangen wir
desto mehr Kraft und Gnade von GOtt und aus
der Fülle JEsu Christi, je mehr wir uns darinnen üben. Wir sollen aber nicht begehren, daß
unser Gebet gleich erhöret werde, sondern bestän-

Zweyt. B. IV. Th.　　G　　dig

dig die GOtt gefällige Zeit abwarten. Daher
kommt es eben, daß die Menschen im Gebet nachläßig, faul und träge werden, weil sie dasjenige, warum sie beten, nicht allezeit so schwind,
als sie wohl wünschten, erlangen. Das soll so
mit einem Stoß da seyn, und mit Ungedult er-
zwungen werden, und wenn es dann nicht so
gleich kommt: so lässet man wieder nach. Und
ob man zwar nachher auch wieder betet: so ist
solches doch ein Gebet des Unglaubens, wobey
man gleichwohl immer denkt, man erlange die
Sache nicht. GOtt könnte sie wohl geben, weil
man aber schon so lange Zeit darum gebeten: so
scheine es, er wolle nicht. Siehe! das ist dann
ein faules, ein ungläubiges, und nicht ein auf-
gewecktes, gläubiges Gebet. Wir sollten billig
also beten, wie die Knechte und Mägde, die auf
ihren Herrn warten: und immer denken: nun
wird er kommen, und uns eins und anderes
mitbringen, mit diesem und jenem beschenken.
Mit gleichem Vertrauen sollen wir jederzeit vor
den HErrn treten und unser Gebet verrichten.
Wir sollen, als solche, die ihn alle Stunde und
Augenblicke erwarten, unsere Lenden umgürtet
halten. O laßt es uns doch also machen! laßt
uns wachen, und mit nüchterm Herzen bedenken, was das Gebet vor eine nöthige, vor eine
nützliche und sehr herrliche Sache seye. Das
Gebet ist uns dergestalt nöthig, daß wir von
keiner einzigen Sünde, von keinem einigen
Feind erlöset werden können, als durch das Gebet. Vor dem Gebet erschrecket der Teufel,
und

und erzittern alle höllische Geister, und die Welt
fürchtet uns alsdann am meisten, wann wir beten. Aber wo wir das Gebet unterlassen, oder
wenigstens nicht fleißig beten, da fürchten wir
die Welt, da sind wir schüchterne und arme
Menschen, welche die Welt von allen Seiten
packen kann. Vor betenden Herzen hingegen
muß sich die Welt, samt allen Teufeln fürchten.
Durchs Gebet erlangen wir alle göttliche Tugenden, durchs Gebet wird uns, als Säuglingen,
das Leben der Gnade stets eingeflößet. Sollte
jemand einen noch so großen Heldenmuth an
Tag legen, einen noch so großen Schein haben,
und zu einem solchen Ernste und Fortgange gelanget seyn, daß er von jederman bewundert
würde: so würde ich ihm, wofern er nicht fleißig
betet, dannoch nicht trauen.

Wir müssen stets glauben, und von Herzen
glauben, daß wir alles Gute zu der Zeit und
Stunde von der Gnade GOttes erlangen werden, wo es uns am dienlichsten ist. Lasset uns
derowegen liebste Herzen, wofern wir etwas erlangen wollen, beten. GOtt hat uns die Erhö-
rung versprochen, und wird daher sein Wort erfüllen, dann durchs Gebet nahen wir uns zu ihm,
und zu JEsu Christo. Das Gebet ist gleichsam ein Einsaugen. Ein neugebohrnes Kindlein
wird durch Saugen unvermerkt ernähret, erquicket, und lebhaft gemacht. Es wächset und
nimmt täglich mehr und mehr zu. So auch ein
Kind der Gnade, eine Seele, die fleißig betet, die
nimmt immer mehr und mehr zu in der Gnade.

Die

Die Natur, und alles verderbte Wesen wird von
Zeit zu Zeit mehr und mehr bey ihr entkräftet.
Das Gute hingegen ihr eingeflösset, z. E. Sanft=
muth, Demuth, Keuschheit, Einfalt und alle
andere göttliche Tugenden und Vollkommenhei=
ten.   Wann demnach die Seele, als ein neuge=
bohrnes Kindlein, an der Gnadenbrust kleben
bleibet: Siehe! so wird sie durchs Gebet alles
Guten theilhaftig.

Das Beten ist weiter eine köstliche ja engli=
sche und göttliche Sache.   Dann das Beten
ist würklich nichts anders, als ein Hinzunahen
zu GOtt in das Heiligthum und in die stille
und selige Ewigkeit.   In dem alten Testament
durften allein die Priester in das Heilige, und
der Hohepriester allein in das Allerheiligste ge=
hen.   Nunmehro aber dörfen alle arme, dürf=
tige und bußfertige Sünder hineinkommen, und
sich durchs Gebet zu GOtt nahen in seinem hei=
ligen Tempel, in dem Tempel des Herzens, wor=
innen, als in dem Allerheiligsten, GOtt wohnet
und gegenwärtig ist.   Und wiewohl die Seele die=
ses in ihrem Inwendigen nicht sobald erfähret und
gewahr wird: so ist es in der That und Wahrheit
doch an dem.   Die Seele kommt durchs Gebet
im Grunde GOtt ganz nahe, und GOtt kommt
ihr nah, gibt ihr immer mehr und mehr zu er=
kennen, worin sein wahrer Dienst bestehe, nem=
lich in derjenigen Anbetung, so im Geist und in
der Wahrheit geschiehet, wo man ihn als seinen
GOtt und allerhöchstes Gut anbetet, lobet, ver=
herrlichet, sich mit ihm auf das genaueste verei=

niget,

niget, ja sich in ihm gänzlich verlieret. Mit einem Wort, die Seele gelanget durch das Gebet
dahin, daß sie dasjenige, was sie in der unendlichen seligen Ewigkeit zu ihrem Hauptwerk und
Geschäft zu machen gedenket, schon hier ihre
vornehmste Bemühung seyn lässet. Was thun
nun aber die vollendeten Gerechten in der seligen
Ewigkeit? Antwort: Sie schauen GOtt, sie lieben GOtt, sie loben und anbeten GOtt, sie vereinigen sich mit GOtt, und zwar dergestalt, daß sie
sich endlich ganz in ihm verlieren. Und eben dieses
liebste Herzen! wird in der Uebung des wahren
Herzensgebet gelehret und gelernet. Wann
wir uns demnach mit einem aufgeweckten und
muntern Ernste fleißiger darinnen üben sollten: o!
da würden wir zu der seligen Ewigkeit, zu einem
fröhlichen Uebergange in das ewige Reich unseres
GOttes ganz sicher allmählig geschickt und reisefertig gemacht werden. Dann was will der
Apostel, oder vielmehr der heilige Geist durch
die Redensarten: begürtet die Lenden eures
Gemüthes! Seyd nüchtern! anders sagen, alß
machet euch reisefertig! Ihr werdet bald, bald aus
der Zeit in die Ewigkeit gehen; darum begürtet
eure Lenden, und machet euch reisefertig.

Wie kann ich mich nun aber besser reisefertig
machen, als wenn ich durchs Gebet, in GOtt
einzukehren, mich bemühe? Wann ich mich mit
meinem GOtt und mit der seligen Ewigkeit recht
bekannt zu machen suche? Wann ich hier schon
das mein Hauptgeschäft seyn lasse, was ich
in der unendlichen Ewigkeit zu verrichten innigst

hoffe,

hoffe, und herzlich wünsche? So sollen wir
dann, als Reisefertige, von der Welt und allem
zeitlichen Wesen ganz abgeschiedene und nach der
seligen Ewigkeit sich sehnenden Pilger zu wan=
deln suchen. Das heißt dann dem Worte GOt=
tes recht gehorsam seyn. Wie Luc. 12, 35. ge=
schrieben stehet: Lasset eure Lenden umgürtet
seyn, und eure Lichter brennen, wie die
Knechte, die auf ihren Herrn warten. Wir
alle werden auch gar bald unsere Lenden umgür=
ten müssen, wir werden auch bald den Weg zu
der langen Ewigkeit antreten und wandern müs=
sen. Und wer weiß, ob nicht vielleicht in diesem
Viertel Jahr das wir nun antreten? O darum
lasset uns nüchtern werden! dann alle Menschen,
die nicht ihre Augen auf GOtt und die Ewigkeit
gerichtet haben, sind nicht nüchtern, sondern
trunken. Aber wenn der Tod kommt, alsdann
werden sie nüchtern. Da sehen und erkennen sie,
was die Welt und was die Sünde seye. Was
Tugend und Gottseligkeit, was JEsus, und
was die Ewigkeit. Wollen wir demnach vom
Todte nicht als Trunkene überfallen werden:
Ach, so lasset uns doch recht nüchtern werden!
lasset uns unsere Lenden umgürten, dann bald,
bald werden wir von hinnen müssen.

Ihr aber meine liebe Mitberufene! lasset euch
doch diese Ermahnung recht wichtig werden. Der
GOtt, der uns durch seinen Geist zurufet: Be=
gürtet die Lenden eures Gemüths, und
seyd nüchtern: der GOtt will uns auch eben
die Erweckung, welche uns nöthig ist, geben.

Lasset

Lasset uns nur einen wahren und rechten Bet=
tag halten; lasset uns ihm in wahrer Herzens=
andacht, mit innigster Beschämung über unsere
bisherige Trägheit, Lauigkeit, und Versäumnis=
sen in seinem Dienst und in seiner Liebe, zu Füs=
sen fallen. Lasset uns doch von nun an die Au=
gen vor allem dem schliessen, wovor wir sie im
Todte schliessen müssen. Lasset uns unsern Weg,
worauf wir wandel, mit nüchtern Augen anse=
hen. Es ist doch nur ein Pilgerweg, dann
wir haben hier keine bleibende Stätte, sondern
müssen von hinnen. Lasset uns derowegen den
Ort und den Stand, worinnen wir uns bald, in
der langen Ewigkeit befinden werden, vor dem
Angesichte eines heiligen GOttes, vor dem GOtt,
der jetzo unsern Herzen zurufet: Begürtet die
Lenden eures Gemüths, mit nüchtern Augen
ansehen. Lasset uns das Gewicht der Ewigkeit,
und die Nichtigkeit dieses Lebens also betrachten,
daß wir nüchtern werden und nicht im Schlaf
der Trunkenheit vom Todte übereilet werden
mögen.

Wir wissen, was im 25. Capitel Matth.
von den fünf klugen und thörichten Jungfrauen
erzählet wird. Diese geriethen alle mit einander in
den Schlaf. Nur daß die klugen Jungfrauen
Oel des Glaubens in ihren Lampen hatten: O
wie kläglich sahe es nicht mit den Thörichten aus,
als sie so lange geschlafen hatten, bis der Bräu=
tigam kam und die Stimme erschallete: Siehe!
der Bräutigam kommt, gehet heraus ihm
entgehen! Da stunde man da, und den Thörich=

G 4   ten

ten wurde die Thüre verschlossen. O wie mancher wird vom Tod also übereilet, daß, ob er wohl die Lenden seines Gemüths, bey dessen Herannahung, noch wohl gern begürten wollte, ihm doch dazu keine Zeit mehr vergönnet wird, und er die Gnadenthür bereits verschlossen findet. Aber auch wie mancher Pilger wird von dem Tode überfallen, da er noch völlig im Schlaf lieget, und der in seinen vorigen Tagen recht munter und aufgeweckt gewandelt, und sich recht ernstlich geübet hat! so gehet es. Anfangs beweiset man zum öftern einen noch so großen Ernst, eine noch so große Treue und Aufrichtigkeit, endlich fällt man in eine Lauigkeit, und Trägheit, und ehe mans im geringsten vermuthet, so kommt der Tod, erschreckt und erhascht uns mitten im Schlaf. Kinder! laßt uns doch munter wandeln, und wenigstens die letzte Tage unseres Pilgerwandels mit einem aufgeweckten und muntern Sinn zurück legen, damit wir unsere Seele dermaleins mit Freymüthigkeit in die Hände unseres GOttes übergeben können.

Ich breche ab, und verspare das übrige bis zu einer andern Gelegenheit. Lasset uns trösten vor dem HErrn unserm GOtt uns demüthigen, ihm herzlich danken für seine Gnade, womit er uns in dieser Stunde besuchet hat, und für alles Gute, so wir darinnen gehöret haben, nebst dem ihn auch um die kräftige Versieglung alles dessen anrufen. Ach liebste Herzen! lasset uns nicht aus Gewohnheit, nicht träge und schläfrig beten, sondern denken, daß das Gebet das al-

ler-

lerwichtigste ist, so ein Mensch unternehmen kann.
Wir reden, wenn wir beten, mit GOtt, der
uns immer schauet. Lasset uns also vor ihm re=
den, daß wir nicht beschämt gemacht werden

Gebet.

O du großer, heiliger, majestätischer
und Anbetungs=würdiger GOtt, un=
ser GOtt in Christo deinem eingebohrnen
Sohne! vor dir wollen wir uns im Gei=
ste niederlegen, dich begehren wir anzube=
ten, und dir denjenigen Dienst, der dir
gebühret, in tiefster Ehrfurcht abzustatten.
O bewege du doch durch deinen heiligen
und werthen Gnadengeist dazu unsre
Herzen. Großer GOtt! in dem wir alle
leben, weben und sind! unser Schöpfer
und Töpfer, der uns unser Leben gege=
ben und bisher erhalten hast: dich beten
wir an, dich erkennen wir als den Urhe=
ber unseres Lebens, und unseres Wohl=
lebens; du kannst uns tödten und wieder
lebendig machen; du kannst in die Hölle
führen und auch wieder heraus helfen. Du
bist der große, der gewaltige GOtt, der
GOtt, der zu fürchten ist, den alle Welt
fürchtet, und den auch unser Herz anbeten
muß. O beuge doch mein und alle diese

G 5   Herzen

Herzen, daß wir uns in dieser Stunde in Wahrheit vor dir demüthigen. HErr! wir sind dein, deine Güte ist über uns, und wir warten auf deine Gnade. Dank und Lob sey deiner freyen Güte, Langmuth und Geduld, wodurch du uns bisher getragen, und bis auf diese Stunde gebracht hast. Dank seye dir für deine große Barmherzigkeit, wodurch du uns abermal ein Viertel Jahr hast zu Ende bringen, und auch des Sommers Ende erleben lassen. O Dank sey dir, daß du uns das Leben dieser Zeit bisher noch hast fristen wollen, der Zeit der Gnade, worinnen so manche aus der Zeit in die Ewigkeit übergegangen, und vielleicht in eine unglückselige Ewigkeit. O wie müssen wir nicht mit Demuth, mit Schaam und mit Wehmuth an unsern vorigen Wandel, auch an die Zeit, die wir in diesem Viertel Jahr zugebracht haben, zurück denken! O wie lau, wie träge, wie nachläßig und wie unbesonnen haben wir nicht gelebet! Wie wenig haben wir mit einem recht nüchtern Herzen erwogen, was wir hätten erwegen müssen; gesehen, was wir hätten sehen müssen! Wie haben wir uns durch den leidigen Betrug unsrer Sinnen

und

und der Vernunft von unserm Herzen zum
öftern so ganz und gar abbringen laßen?
Wie sind wir nicht manchmal dir, o GOtt!
so ferne geworden? Wie wenig Eindruck
hat deine Gnade, dein Geist und deine
Liebe auf unsre Herzen gehabt; und zwar
daher, weil wir so ferne von dir, so trunken und berauscht waren, daß wir auf
dich, den GOtt der Liebe und Gnade,
der du uns gleichwohl eitel Gutes zugedacht hast, nicht aufmerkten? Nun wir
demüthigen uns vor dir, gib, daß es in
Wahrheit geschehe. Wir haben uns ach
leider! zuviel von der Sünde und von der
Welt bezaubern, hinreissen, träge machen
und aufhalten lassen. O liebster Vater!
laß doch um JEsu Blut und Verdienst
willen diese unsre schändliche Sünden aus-
getilget und in Gnaden vergeben werden.
O laß unsere Herzen von nun an, und
zur rechten Zeit, ihrer Sünden wegen
in wahrer Buße zerknirscht und gebeuget
werden. O wie wenig haben wir dich,
unsern GOtt, geliebet! wie lau, wie unachtsam, wie träge sind wir in Ausübung
der Liebe, in dem Leben der Liebe, in
dem zarten Anhangen und Uebergeben der
Liebe gewesen! Manche haben zwar bey
dem

dem erſten Anfange der Liebe ſich und ihr
Herz dir geſchenket. Aber ach! ſie ha=
ben dieſen Liebesbund gar bald und gar
öfters wieder gebrochen.   Ach GOtt! laß
dieſe unſre Bundbrüchige Sünden, als die
gröſte Schandthaten, durch Chriſti Blut
in Gnaden ausgeſöhnet werden! Erneuere
uns HErr! an unſerm Bußtage, in wah=
rer Buſſe, daß durch deinen werthen hei=
ligen Geiſt die erſte Liebe wieder in unſe=
re Herzen ausgegoſſen werden möge.   Er=
muntre du mein Herz, und die Herzen
meiner Mitpilger zu einem recht kindlichen
und vertraulichen Wandel in der Liebe, und
in der Liebe unſeres ſüſſen Heilandes JE=
ſu Chriſti.   O laß doch deine Liebe unſere
Herzen entzünden, daß wir uns dir mit
allem, was wir ſind, haben und vermö=
gen, in Liebe aufopfern, und aus Liebe
zu dir, unſerm GOtt, die Welt, und
alles, was in der Welt iſt, verläugnen,
und dir ganz allein anhangen mögen. Daß
wir mit dir aufſtehen und Schlafen gehen,
am liebſten an dich denken, mit dir re=
den, dich hören, und einen beſtändigen
Umgang mit dir, das Hauptgeſchäfte
unſeres Lebens ſeyn laſſen mögen.   O lieb=
ſter Heiland JEſu! der du deine erſte
                                Jünger

Inniger so brünstig in der Liebe gemacht,
daß sie gleichsam lichterlohe geflammet, daß
sie aus Liebe zu dir, Gut und Blut, Leib
und Leben, und alles gewaget haben. Ach,
laß deine Liebe doch aufs neue, als ein
himmlisches Feuer auf den Altar unseres
Herzens niederfallen, ach lehre uns eben=
mäßig, mit dieser Perle behutsam umzuge=
hen, daß wir in steter Herzens=Andacht,
Innigkeit und Eingekehrtheit diese deine
Liebe bewahren, und alle Fünklein dersel=
ben, wodurch dein guter Geist uns anzu=
feuren und zu beleben suchet, mehr und
mehr anzublasen, uns bemühen, mithin
von Tage zu Tage in deiner Liebe brünsti=
ger, ernstlicher, und aufgeweckter werden
mögen, also daß weder Hohes, noch Tie=
fes, weder Gegenwärtiges, noch Zukünf=
tiges uns von deiner Liebe scheiden könne.

O liebster Heiland! erbarme dich über
unsere arme Seelen, die nun bald, bald
in die Ewigkeit übergehen werden. O
wie wenig sind wir noch reisefertig! Wie
so schlecht brennen unsere Lampen der
Liebe! Wie wenig sind unsre Lenden noch
mit gründlicher Verläugnung alles Irrdi=
schen, und sehnlicher Begierde nach dir
und deinem Heyl umgürtet. Gürte du
selbst

selbst die Lenden unseres Gemüths, mache
uns recht munter und aufgeweckt, damit
wir nicht mit den thörichten Jungfern der=
maleins ausgeschlossen, sondern mit den
klugen in dein ewiges himmlisches König=
reich eingenommen werden mögen. Dazu
liebster GOtt und Heiland! begehren
wir auch diesen Buß= und Bettag an=
zuwenden, uns dir aufs neue zu verpflich=
ten, zu verschreiben, zu übergeben, den
mit dir gemachten Liebesbund zu erneuern,
um hinfort nicht mehr faul, träge und
schlafrig, sondern als umgürtete Pilger
munter zur frohen und seligen Ewigkeit zu
wandern.

O liebster Vater! gönne uns doch al=
len die Gnade, daß wir uns hier nicht
allein zu einem ernstlichen und aufgeweck=
ten Pilgerwandel mit einander ermun=
tern, sondern auch als solche Pilger in
dein ewiges und unvergängliches König=
reich dereinst eingeführet werden mögen,
damit wir uns da vor deinem Angesichte
einander begegnen und mit deinen beruf=
nen, erwählten und vollendeten Heiligen
vor deinem Throne ohne Ende erfreuen
mögen.

Segne

Segne o HErr! uns mit einander.
Segne das Gute, das etwan in dieser
Stunde mögte vorgetragen worden seyn.
O mache es in unsern Herzen recht kräf=
tig und lebendig. Laß durch den Geist
der Gnade ein beständiges Echo und Wie=
derschall in unsern Herzen ertönen. Be=
gürte, begürte o Seele! deine Lenden und
sey nüchtern, daß du nicht schlafend er=
funden werdest. O daß doch keiner von
uns allen dieses vergeblich gehöret haben
mögte!

Segne uns, o HErr! und erbarme
dich über alle, die noch bis dahin in dem
sichern Todtesschlafe der Sünden und
der Eitelkeit gelegen haben. Ach die arge
Welt, die unglückliche Menschenkinder,
die es weder wissen noch bedenken, die,
wie die Trunkene auf dem Rande der
Höllen, auf dem Rande der ewigen Ver=
dammniß stehen! O mache doch diese trun=
kene Leute einmal recht nüchtern; stelle
ihnen doch ihre Sünden und Seelenge=
fahr lebendig vor Augen, damit sie sich
doch mit uns aufmachen, ihre Lenden um=
gürten, der Gefahr entfliehen mögen, weil
es noch Zeit ist. Erbarme dich, o HErr!
über alle Hohe und Niedrige, über alle
Lehrende

Lehrende und Lernende, über alle Reiche
und Arme, über die Jüngere und über
die Alten. Ach HErr! es sind in allen
unsterbliche Seelen die du hervorgebracht
hast, nicht zwar vor diese Welt, sondern
für dich und die ewige Seligkeit. O laß
sie nicht verlohren werden; laß sie nicht
ins Verderben gerathen, sondern laß deine
anklopfende, Herz = veränderende und er-
neuernde Gnade bey ihnen allen kräftig
werden, damit sie zu deines Namens ewigen Ruhm und Verherrlichung samt uns
errettet werden mögen. Uns aber, die
wir durch deine Barmherzigkeit aufgeweckte Menschen heissen, laß nun auch als
Aufgeweckte wandeln, damit nicht unser
träge Wandel auch andere träge mache;
vielmehr laß durch unsern nüchtern und
Geist = vollen Wandel noch viele zu der
überschwenglich großen Seligkeit, die du
uns unwürdigen Sündern zugedacht und
geschenket hast, aufgemuntert werden.
Erhöre, HErr! unser gebrechliches Gebet und Seufzen. Gib uns den Geist
des Gebets, daß wir nicht nur einen Tag,
sondern alle Tage beten; daß wir beten
ohne Unterlaß; daß wir beym Gebet
einschlafen und aufwachen; daß wir betend

tend. arbeiten, essen und trinken, betend
leben, und endlich auch betend sterben,
und betend in dein ewiges Königreich ein-
gehen. Alles aus freyer Gnade und Barmherzigkeit, durch die theureste Verdienste
unseres hochgelobten Heilandes, deines
eingebohrnen Sohnes JEsu
Christi. Amen.

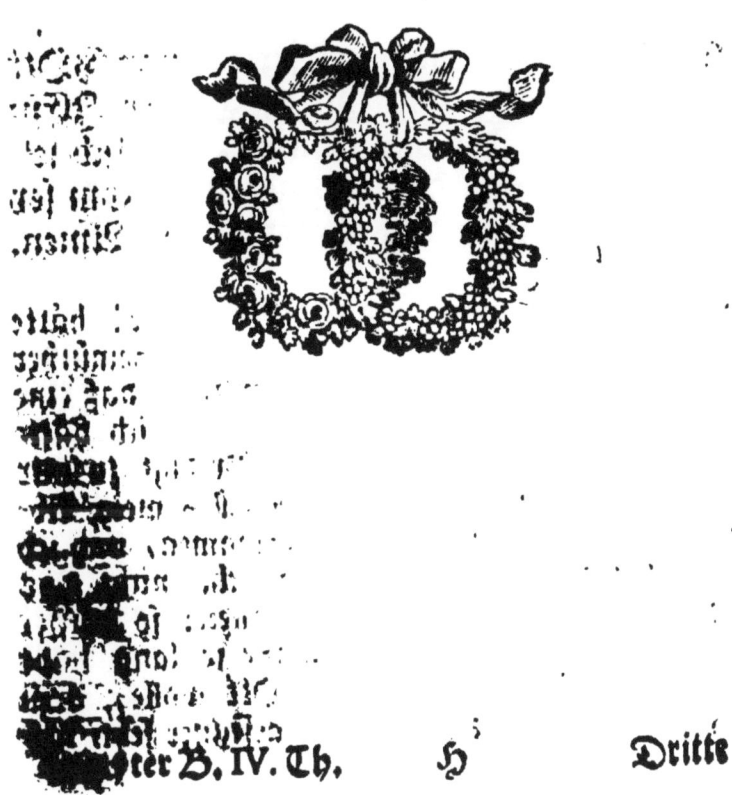

Dritte Rede.

Gehalten über

Ap. Geſch. II. v. 1-4.

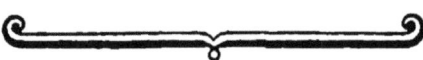

Gnade ſey mit uns, und Friede von GOtt
dem Vater und unſerm HErrn JEſu
Chriſto, der uns geliebet, und ſich ſel=
ber für uns dahin gegeben! Ihm ſey
Ehre nun und in alle Ewigkeit. Amen.

An nichts weniger, geliebte Freunde! hätte
ich wohl gedacht, als ſo viele Gemüther
heute vor mir zu ſehen. Ich wußte, daß eine
Anzahl Freunde hier waren, welche ich hätte
können und wollen unter der Predigt zu mir
kommen laſſen; da aber wider alles mein Ab=
lehnen ſo viele andere hinzugekommen, und ich
dem GOttesdienſte in der Kirche nicht das
geringſte in den Weg legen wollen: ſo müſſet
ihr nicht übel nehmen, daß ihr ſo lang habt
warten müſſen. Der liebe GOtt wolle, dem
ohnerachtet, dieſes Stündlein geſegnet ſeyn laſſen.

sen. Zu dem Ende wollen wir ihn ganz innigst um den Beystand und die Mittheilung
des heiligen Geistes anflehen, daß derselbe sich
sowohl an dem, der da redet, als an denen,
die da zuhören, gegenwärtig beweisen möge.

Gebet.

O du hochverklärter Heiland JEsu
Christe! der du nunmehro zu der
Rechten deines himmlischen Vaters sitzest,
und bey deiner Auffahrt uns die ganz gewisse Versicherung gegeben hast, daß du
bis zum Ende der Welt bey uns seyn und
bleiben wollest; der du auch da, wo zwey
oder drey in deinem Namen versammlet
sind, gegenwärtig, mitten unter ihnen, seyn
willst: Ach! so beweise dich auch in dieser Stunde unter uns gegenwärtig! Lasse
mein und unserer aller Herzen deine gegenwärtige Majestät glauben, verehren und
anbeten. Ach HErr JEsu! mögten wir
doch mit eben der Einmüthigkeit allhier
beysammen seyn, und mit eben dem brennenden Verlangen auf die Kraft aus der
Höhe, auf die Mittheilung deines werthen heiligen Geistes, den du ja auch uns
armen Kindern verheissen hast, warten,
womit deine liebe Jünger und die ersten

H 2   Gläu-

Gläubige am erſten Pfingſttage beyſam=
men waren, und auf die Erfüllung deiner
ihnen gegebenen Verheiſſung warteten!
Wie du uns alſo dem Leibe nach allhier
verſammlet haſt, ſo verſammle und ver=
einige auch unſere Gemüther, daß wir
dich gemeinſchaftlich und in einem Geiſte
ſuchen, verlangen, und nach dir ſeufzen.
Sammle unſere Herzen von aller Zer=
ſtreuung und Mannigfaltigkeit, von allem
dem, was uns nicht zu dir führet, damit
wir nur ganz allein auf diß einige denken,
und, gleich deinen lieben Jüngern, einen
ſeligen Pfingſttag halten mögen. O
HErr JEſu! was ſind wir doch ohne
deines Geiſtes Brunſt? Ohne deines Gei=
ſtes Licht und Leben in unſern Herzen?
Wahrlich nichts, als todte Scheinchri=
ſten, die dich weder kennen, noch lieben,
noch verherrlichen. Komm dann, du wer=
ther Tröſter! Komm herab auch in dieſe
unſere Verſammlung, komm in unſerer
aller Herzen! Und ſollten wir auch nicht
alle voll von dir werden; ſo laſſe uns
doch wenigſtens einige Tröpflein deiner
Gnade in dieſer Stunde zuflieſſen, damit
durch dieſes Lebenswaſſer unſere Herzen
miteinander erfriſchet und angetrieben wer=
den

den mögen, sich dir gänzlich zu ergeben
und aufzuopfern; sich deinen Leitungen
und Führungen ganz und gar zu überlassen; den Weg der Verläugnung und des
beständigen Absterbens treulich zu wandeln, und allem dem, was auſſer dir iſt,
rein zu entſagen, auf daß wir je länger
je mehr zu recht geiſtlichen Menſchen gemacht werden, die nicht mehr dem Geiſt
der Welt und dem Geiſt der Finſterniß
folgen, ſondern von dir, als dem Geiſt
des Lichts, der Wahrheit und des Lebens
getrieben und zum göttlichen Ebenbilde
mehr und mehr erneuert werden. O HErr
JEſu! vergib uns, wenn wir je deinen
heiligen Geiſt betrübet, deſſen Wirkungen widerſtanden, und uns demſelben entzogen haben. O laſſe dein allerheiligſtes Blut
dieſe und alle andere Sünden zudecken und
ausſöhnen! Seye du mitten unter uns und
beweiſe dich gnädig und barmherzig an unſern Seelen, damit wir gleich jenen Jüngern deine große Thaten und Wunderwer-
ke an uns erfahren, und im Stande ſeyn
mögen, dieſelbe auch andern fruchtbarlich
zu verkündigen, und anzupreiſen. Thue
dieſes und erhöre diß unſer Gebet um deines theuren und blutigen Verdienſtes willen.

$\mathfrak{H}$ 3　　　Nun

Nun du Geiſt der Kraft und Liebe!

Rühr mein Herze, Sinn und Mund,

Daß ich auch, mit reinem Triebe,

Deine Thaten mache kund. Amen.

Wir wollen dann von der Ausgieſſung des heiligen Geiſtes auf die erſte Gläubige am heiligen Pfingſttage, etwas weniges vorleſen aus

Apoſtel Geſch. II. v. 1‒4.

Und als der Tag der Pfingſten erfüllet war, waren ſie alle einmüthig bey einander; und es geſchahe ſchnell ein Brauſen vom Himmel, als eines gewaltigen Windes: und erfüllete das ganze Haus, da ſie ſaſſen. Und man ſahe an ihnen die Zungen zertheilet, als wären ſie feurig: und er ſaßte ſich auf einen jeglichen unter ihnen. Und wurden alle voll des heiligen Geiſtes: und fingen an zu predigen mit andern Zungen, nach dem der Geiſt ihnen gab auszuſprechen.

Wann wir die heilige Schrift näher einſehen, ſo finden wir, daß in derſelben von dreyen ganz beſondern Offenbarungen der göttlichen Majeſtät und Herrlichkeit geſprochen werde, und daß ſich GOtt mehr, als auf eine allgemeine Weiſe

Weise geoffenbaret habe. Die erste dieser Of=
fenbarungen, die dem Volk Israel kund wur=
de, geschahe an dem ersten Pfingsttage des al=
ten Testaments, am 50ten Tage nach dem Aus=
gang der Kinder Israel aus Egypten, da der
HErr auf dem Berge Sinai herab fuhr, und
sich in einer sehr großen Majestät vom Berge so
vielen tausend Menschenkindern offenbarete,
mit dem Schall einer starken Posaune, mit
Donnern und Blitzen, und mit Erdbeben, der=
gestalt, daß der ganze Berg zitterte, und alles
rauchete, wie wir davon nachschlagen können
das 19. Cap. des 2. B. Mos. Die andere
majestätische und herrliche Offenbarung GOt=
tes geschahe ebenfalls auf eine allgemeine Art an
vielen tausend Menschen am Pfingsttage des
neuen Testaments, gerade 50 Tage nach der
Auferstehung Christi. Da kam, wie wir eben
gehöret haben, ein gewaltiges Brausen vom
Himmel herab, und GOttes majestätische Herr=
lichkeit offenbarete sich über die Jünger, nicht
allein über die zwölf Aposteln, sondern über die
ganze Menge der Gläubigen, und zwar ganz
offenbar, und in dem Angesicht so vieler tausend
Juden und anderer Völker, welche von allen
Orten und Enden der Erde gegenwärtig waren,
wie wir in dem folgenden 9. 10. und 14. Vers
verschiedene Nationen benannt finden.

Die dritte große und allgemeine majestäti=
sche Offenbarung der Herrlichkeit GOttes, wo=
von die Schrift spricht, wird an jenem großen
Gerichtstage seyn, da nemlich des Menschen

Sohn

Sohn wird erscheinen in seiner Herrlichkeit in
den Wolken des Himmels, und alle seine heilige Engel mit ihm, um zu richten alle Geschlechte der Erden.

Diese Offenbarungen haben alle drey die
genaueste Beziehungen auf einander, und die eine weiset immer auf die andere. An dem ersten
Pfingsttage der Juden im alten Testament
wurde ihnen vom Berge Sinai das Gesetz der
Furcht gegeben, geschrieben mit dem Finger
GOttes in steinerne Tafeln. In der zweyten
Offenbarung an dem zweyten Pfingsttage des
neuen Testaments, ward das Gesetz der Gnade
und der Liebe gegeben, eingeschrieben in die Herzen der Gläubigen durch den heiligen Geist, als
der GOttheit Gnadenfinger. Der letzte große
Tag der Offenbarung der göttlichen Majestät
und Herrlichkeit wird dann zeigen, wenn der
HErr richten wird nach dem Gesetz, das ein jeder wird gehabt haben, ob, und wie er nach
demselben wird gelebt und gehandelt haben. Dieses lehret Paulus in dem 2. Cap. des Briefs an
die Römer deutlich, wenn er in dem 9. 10. und
folgenden Versen also schreibet: Trübsal und
Angst über alle Seelen der Menschen, die
da Böses thun, vornemlich der Juden und
auch der Griechen; Preiß aber, und Ehre,
und Friede, allen denen, die da Gutes thun,
vornemlich den Juden und auch den Griechen.
Denn es ist kein Ansehen der Person vor
GOtt. Welche ohne Gesetz gesündiget haben, die werden auch ohne Gesetz verlohren
werden;

werden; und welche am Gesetz gesündiget
haben, die werden durchs Gesetz verurthei-
let werden an dem Tage, da GOtt das Verborgene der Menschen durch JEsum Christum richten wird, laut meines Evangelii.
Nun mögte man sagen: was gehet uns der
erste Pfingsttag an, da nemlich GOtt das
Gesetz vom Berge Sinai gegeben hat? Das ist
ja ein abgeschafftes Gesetz! Es ist wahr, in so-
weit es blosse Ceremonien betrift, ist es ein abgeschafftes Gesetz, und gehet uns, als Glieder
des neuen Testaments, nicht an; dann Christus
hat die Handschrift, so wider uns war, am
Creutz zerrissen: Aber das Wesentliche des Si-
naitischen Gesetzes wird durch Christum und seinen Geist sogar nicht abgeschafft; daß es vielmehr durch den Glauben an Christum in unsern
Herzen aufgerichtet werden soll. Das Wesentliche dieses Gesetzes bestehet nun darinnen, daß
wir den HErrn unsern GOtt fürchten, in
allen seinen Wegen wandeln, und ihn lieben
sollen von ganzem Herzen, von ganzer Seele, und aus allen Kräften, 5 Mos. 10, 12.
Dieses Gebot, als die Hauptsumma des Gesetzes und der Propheten, wird, samt allen übrigen göttlichen Geboten, welche in den zehn Geboten enthalten sind, auch uns gegeben. Der
HErr muß auch bey uns, bey einer jeglichen
Seele besondere das Gesetz der Furcht am
Herzen schärfen. Dieses geschiehet gewöhnlicher
Weise im Anfange der Bekehrung, wenn nemlich der HErr das Gesetz in unserm Gewissen

H 5   und

und Herzen lebendig und rege machet; uns auf
der einen Seite deſſen gerechte und ſtrenge Anforderung klar vor Augen ſtellet; auf der andern
aber unſere Abweichung davon und gänzliche
Ohnmacht, demſelben nachzukommen, deutlich
zu erkennen gibt, mithin uns von unſerm ver-
dammlichen Zuſtande, wie wir nemlich nach der
ſtrengen und untadelhaften Anforderung des Ge-
ſetzes ſchlechterdings und ohne Barmherzigkeit
verdammt werden müßten, nachdrücklich über-
führet. Wann nun der Menſch ſolchergeſtalt in
einen heilſamen Schrecken über ſeinen Seelenzuſtand und vorhin begangenen Sünden geſetzet
wird; wenn er einzuſehen beginnet, daß das Geſetz geiſtlich, er aber fleiſchlich und unter die
Sünde gleichſam verkaufet iſt, und das Geſetz
mit ſeinem ganzen Anſpruch, mit ſeinem völligen
Recht auf ihn andringet: ſiehe! da prediget der
HErr das Geſetz von Sinai, das Geſetz der
Furcht. Da gehet es dann ſolchen Herzen,
eben ſo, wie den Kindern Iſrael; ſie konnten die
Stimme des HErrn nicht hören, es war nur
Schrecken, Zittern und Beben vor der Majeſtät GOttes in ihnen, welches dann machte,
daß ſie die gröſten Verſprechungen thaten. Alles, ſprachen ſie, was uns der HErr geſaget,
wollen wir thun. So gehet es auch bey denen Herzen, die von GOtt durch das Geſetz inwendig gerühret, überzeuget und beſtrafet werden. Ach! da machet man die allerſchönſte
Vorſätze; nun will man es beſſer machen; nun
will man ganz gewiß ein anderes Leben, einen

beſſern

bessern Wandel führen: Aber nimmermehr geschiehet es. Die heiligsten Vorsätze werden
nie ins Werk gerichtet, mithin wird auch
das Gemüth nie beruhiget, und das Gewissen
niemals befriediget. Es muß also ein neuer
Pfingsttag kommen, wann dem Menschen geholfen werden soll, nemlich der Pfingsttag des
neuen Testaments, wo der heilige Geist und mit
demselben die Liebe GOttes über ihn ausgegossen; das Gesetz in sein Herz gegeben und in seinen Sinn geschrieben, und er also ganz von
neuem gebohren werde. Darum sagt Paulus:
Was dem Gesetz unmöglich war, sintemal
es durch das Fleisch geschwächet ward, das
thäte GOtt und sandte seinen Sohn in der
Gestalt des sündlichen Fleisches, und ver-
dammte die Sünde im Fleisch durch Sünde, auf daß die Gerechtigkeit, vom Gesetz
erfordert, in uns erfüllet würde, die wir
nicht mehr wandeln nach dem Fleisch, sondern nach dem Geist, Röm. 8, 3-5. Hiermit will Paulus so viel sagen, daß dem Menschen, der ein unruhiges Gewissen hat, dem sein
Herz saget, er seye verdammt, er könne vor
GOtt an jenem Gerichtstage nicht bestehen;
das Gesetz könne nichts helfen, er möge auch tausend guter Vorsätze machen, und noch so vieles
versprechen und angeloben, um sein Gewissen zu
beruhigen: so seye GOtt gleichwohl mit allem
dem nicht zufrieden, noch werde das unruhige
Gewissen dadurch beruhiget und gestillet; sondern der einzige Trost sey, daß GOtt seinen
Sohn

Sohn gesandt habe. Das theure Blut Chri=
sti, geschlachtet am Stamm des Creutzes, sey gantz
allein vermögend, das unruhige Gewiffen zu be=
friedigen, alle unsere Sünden zu tilgen und aus=
zusöhnen. Es ist aber dieses nicht allein in den
angeführten Worten enthalten, sondern das nach=
folgende gehöret nothwendig mit darzu: Auf
daß die Gerechtigkeit vom Gesetz erfordert,
in uns erfüllet werde, die wir nicht wan=
deln nach dem Fleisch, sondern nach dem
Geist. Es ist demnach ein Betrug, und schänd=
licher Irrthum, wenn man bey den ersten Rüh=
rungen zur Busse stehen bleibet, und meynet,
nun sey es schon gut; GOtt habe die Sünden
bereits vergeben, Christi Blut und Gerechtigkeit
mache alles gut; ja, wenn man sogar in einem
solchen falschen auf das Blut Christi gesetzten
Vertrauen aufs neue zu sündigen fortfähret.
Eben dadurch tritt man das theure Blut Chri=
sti mit Füssen, achtet es unrein, und machet
Christum zum Sündendiener. O es ist bey
weitem nicht genug, daß Christus mit seinem
Blute unsere Sündenschuld bezahlet; er muß
auch die Sünden selbst von uns hinweg nehmen,
dieselbe als Werke des Teufels in unsern Herzen
gänzlich zerstöhren, und uns, von aller Unge=
rechtigkeit, von aller Untugend erlösen; er muß
uns einen Pfingsttag erleben laffen, und sei=
nen heiligen Geist in uns senden, durch denſel=
ben, als den Finger GOttes, sein Gesetz in un=
sere Herzen schreiben, uns eine wahre Liebe zu
demselben einflößen, und solche Leute aus uns
                                        machen,

machen, die aus eigenem und freywilligem Lie=
bestriebe in seinen Geboten wandeln, seine
Rechte halten und darnach thun. Mit einem
Wort, er muß, wofern wir seiner Verdienste
theilhaftig werden sollen, uns auch seiner gött=
lichen Natur theilhaftig machen, und die Ge=
rechtigkeit von dem Gesetz erfordert, durch seinen
Geist auch in uns erfüllen, wie er sie ausser uns
erfüllet hat.

Wann wir nun nicht dergestalt durch seinen
heiligen Geist geheiliget, zu seinem allerheiligsten
Ebenbilde erneuert und seiner göttlichen Natur
theilhaftig geworden, mithin den Pfingsttag
des neuen Testaments nicht im Geist und in der
Wahrheit gefeyret haben: wie werden wir als=
dann an jenem großen Tage der dritten allgemei=
nen Offenbarung vor ihm bestehen können, wo
er uns nach dem Gesetze, welches er uns gegeben
hat, auch richten wird, und wo es ihm gewiß nicht
eben viel seyn wird, ob er schwarze oder weisse
Leute vor sich bekommen werde; sondern die Bö=
cke ganz sicher von den Schaafen werden geschie=
den, und jene zur Linken, diese aber zur Rech=
ten werden gestellet werden? Hier wird es erst
recht heissen: Wes ist das Bild und die Ue=
berschrift? Hieraus nun werden wir klärlich ab=
nehmen können, wie unumgänglich nöthig es
auch einem jeden unter uns sey, einen Pfingst=
tag zu halten. Nicht, daß wir nur äusserlich
das Gedächtniß der großen Wunder, so sich da=
mals mit den Aposteln und den übrigen Gläubi=
gen zugetragen, begehen, sondern daß wir eben=
falls

falls einen solchen Tag erwarten und erlangen
müssen, da der heilige Geist über uns kommen,
wie er vormals über die Apostel und andere
Jünger des HErrn gekommen; wo er uns mit
seinem Licht erleuchtet, in alle Wahrheit leitet,
von aller Ungerechtigkeit uns erlöset, das Gesetz
der Liebe in unser Herz schreibet, und uns zu ei=
nem auserwählten Geschlecht, zu einem königlichen
Priesterthum, und zu einem heiligen Volk ma=
chet. Dann diese Verheissungen sind nicht nur
etlichen wenigen, sondern allen und jeden wah=
ren Christgläubigen geschehen. Diese Ver=
heissung, sagt Petrus in seiner Pfingstpredigt,
ist euer, und eurer Kindern, und aller derer die
ferne sind, welche der HErr unser GOtt,
herzu rufen wird, Apost. Gesch. 2, 39. Es
gilt nicht nur einem und dem andern, sondern
der Apostel sagt ausdrücklich, die Verheissung
sey ihnen und ihren Kindern, und allen denen,
welche durch die Kraft dieses Worts an ihn glau=
ben würden, geschehen.

Dieses kann uns allen nun, wofern wir den
geringsten Funken göttlicher Liebe in unsern Her=
zen haben, sonderlich aber bekümmerten Seelen,
erstlich zu einem nicht geringen Troste dienen,
da wir hören, daß es nicht immer eine so küm=
merliche, eine so gebrechliche Sache mit unserer
Frömmigkeit und Gottseligkeit bleiben, sondern
uns hierzu die Kraft aus der Höhe mitgetheilet
werden, und dieselbe dasjenige bey uns ausrich=
ten solle, was menschliche Kräfte zu bewürken
ganz unvermögend sind. Zum andern aber sol=
len

fen wir uns hierdurch auch kräftigst antreiben
lassen, zur Begehung des Pfingsttages, und
Empfangung des heiligen Geistes, uns würdiglich zuzubereiten, damit derselbe in einem eben so
vollen Maaß sich über uns ergiessen könne, als
er sich ehemals über die erste Gläubigen ergossen,
und man von uns, wie von jenen sagen könne:
Sie wurden alle voll des heiligen Geistes.
Wir wollen demnach unter göttlichem Beystande, nach Anleitung der oben verlesenen Geschichte
von dem Pfingsttage miteinander erwegen und
betrachten:

Die zur Feurung des Pfingsttages
und Empfangung des heiligen Geistes höchst nöthige Vorbereitungs-
stücke.

I. Man muß den ersten Rührungen des
heiligen Geistes zur Busse Raum und
Platz bey sich geben, und denselben
von Herzen nachzukommen suchen.

II. Man muß bey diesen ersten Rührungen nicht immer stehen bleiben, sondern beständig weiter geben.

III. Man muß mit andern Kindern GOttes einen vertrauten und beständigen
Umgang pflegen, und mit denselben
genau vereiniget leben.

IV. Man

IV. Man muß sein Herz äusserlich und innerlich zum Gebet sammlen.

V. Man muß treulich ausharren und die würkliche Mittheilung des heiligen Geistes unermüdet abwarten.

Erſter Theil.

Wann wir uns auf die Empfangung des heiligen Pfingſtgeiſtes würdiglich zubereiten wollen: ſo müſſen wir den erſten Rührungen und Bewegungen des heiligen Geiſtes zur Buſſe und Beſſerung unſeres Lebens Raum und Platz bey uns geben, und uns von Herzen angelegen ſeyn laſſen, unter dem kräftigen Beyſtand dieſes bey uns anklopfenden Geiſtes, den ſo heilſamen Einſprechungen deſſelben alſo gleich, und ohne allen Aufſchub nachzukommen, und ſolche beſt=möglichſt ins Werk zu richten. Wir haben davon ein Beyſpiel an den erſten Blutzeugen des HErrn. Als der Tag der Pfingſten erfüllet war, waren ſie alle einmüthig bey einander: Und in dem vorigen Capitel $\dot{v}$. 14. ſtehet noch nachdrücklicher: Sie waren ſtets bey einander mit Beten und Flehen. Sie waren alſo der Stimme des lieben Heilandes ſo gleich gehorſam, verſammleten ſich einmüthig und ſuchten ſich durch Gebet und Flehen zur Empfangung des heiligen Geiſtes vorzubereiten. Wann es demnach GOtt gefällt, uns durch die

Wir=

Wirkungen seines Geistes zu sich zu berufen: so müssen wir alsobald zufahren, und uns nicht lange mit Fleisch und Blut darüber besprechen, sondern bereit seyn, sowohl den göttlichen Willen zu vernehmen, als zu erfüllen.

Die erste Wirkungen des heiligen Geistes sind Wirkungen der Furcht und der Bestrafung. Dieses lehret Christus selbst, wann er in dem 16ten Capitel Johannis also spricht: Wann aber der Tröster, der heilige Geist kommen wird, der wird die Welt strafen. ✝. 8. Das ist sein erstes Werk in den Herzen derjenigen, welche auf die Empfangung des heiligen Pfingstgeistes zubereitet werden sollen. Es gehet demnach, liebste Menschen! nicht an, daß wir den heiligen Geist mit einem unveränderten Herzen empfangen wollen. Die Gabe des heiligen Geistes, um Busse zu thun, muß vorabgehen, ehe ein Mensch fähig werden kann den werthen heiligen Geist zu empfangen. In dem ersten Cap. des Buchs der Weisheit stehet sehr nachdrücklich, daß der heilige Geist, welcher recht lehret, weiche von den Ruchlosen; daß die Weisheit so fromm sey, daß sie den Lästerer nicht ungestraft lassen könne. Vergebens hoffen wir demnach, den heiligen Geist dermaleinst auf unserm Todtenbette, als einen Tröster, zu haben, wann wir ihn nicht vorher als einen Züchtiger, als einen Bestrafer, und als einen Bußprediger in unsern Herzen auf= und angenommen werden haben. Siehe! die liebe Jünger unsers Heilandes und die Gläubigen kamen ge-

Zweyt. B. IV. Th.   J   wißlich

wißlich nicht gleichſam mit ungewaſchenen Händen zum Pfingſttage. Sie hatten ſchon manchmal die Regungen und Wirkungen des heiligen
Geiſtes in ihren Herzen empfunden; ſie waren
gleich von Anfange der Stimme des lieben Heilandes und deſſen Geiſtesruf gehorſam, da er
im Anfange ihrer Bekehrung zu ihnen ſprach:
Folget mir nach; Sie verließen alles, und
folgten ihm. Auf ſolche Weiſe hatten die liebe
Gläubige ihre Lection ſchon aufgeſagt, ehe ſie an
den Pfingſttag kamen. So muß es auch mit
uns gehen. Wir müſſen uns allerdings erſt dem
Strafamt des heiligen Geiſtes unterwerfen;
wir müſſen uns die Wahrheit unter die Augen
ſagen, unſer Elend und tiefes Verderben uns
gründlich von ihm aufdecken laſſen, wofern wir
ſeines ſüßen Einfluſſes, ſeines Troſtes und ein-
wohnenden Lebens in unſern Herzen theilhaftig
werden wollen. Dann Licht und Finſterniß
können nicht Gemeinſchaft mit einander haben.
Weswegen es dann höchſt nöthig iſt, daß der
heilige Geiſt, als ein Geiſt des Gerichts, und
des Ausbrennens, wie er beym Jeſaia genennet
wir, und als eine ſcharf beiſſende Lauge das
Herz zuvor angreife, reinige, und daſſelbe zu
deſſen ſeligen Einwohnung fähig und tüchtig mache. Aus welchem Grunde denn die Seelen auf
die erſte Rührungen des heiligen Geiſtes fleißig
Acht haben, deſſen heilſamen Einſprechungen bey-
pflichten, und denſelben genau nachzukömmen,
ſich ernſtlich angelegen ſeyn laſſen ſollen. Es ſey
nun, daß der heilige Geiſt uns im Kleinen oder im

Großen

Großen bestrafet: so müssen wir sogleich von
Herzen bereit seyn, diese Züchtigung anzunehmen, und uns derselben kindlich zu unterwerfen.
Will er, daß wir uns verläugnen, und unsern
fleischlichen Sinn, samt aller Eigenheit, Lust und
Liebe zur Welt, sollen fahren lassen: siehe! da
müssen wir dieses nicht überhüpfen und denken, das wird zu seiner Zeit schon von selbst
kommen; wir wollen dieses so abwarten, bis wir
einmal den Pfingsttag erleben werden, dann
wollen wir uns zu dergleichen Tugendübungen
schon anschicken.   Nein, liebste Seelen! so ist es
nicht gemeynet, und so geht es auch nicht an.
Wir müssen, und sonderlich im Anfange, uns
bemühen, unter göttlichem Beystande mitzuwirken.   Wirket, weil es Tag ist, sagt der Heiland, dann es kommt die Nacht, wo niemand mehr wirken kann. Wann der Mensch
die erste Gnadenrührungen des heiligen Geistes
entweder aus Unachtsamkeit und Trägheit nicht
wahrnimmt, oder dieselbe unter mancherley schein-
barem Vorwande vorbey streichen lässet, ohne
dabey im geringsten mitzuwirken: so ist das die
einzige Ursache, warum er zum öftern in seinem
ganzen Leben ein ungetödteter und eigenwilliger
Mensch bleibet, und zur Empfangung des heiligen Geistes ganz ungeschickt ist.   Es lässet sich
aber manche Seele von dieser Mitwirkung durch
den scheinbaren Vorwand abhalten, als ob sie
auf solche Weise ihre eigene Gerechtigkeit aufzu-
richten trachte und GOtt dem HErrn gleichsam
in sein Recht greife; allein, ob es wohl an dem

J 2   ist,

ist, daß der Mensch bey seinem eigenen Wirken
gar leicht auf Irrwege geräth, und die erste
Wirksamkeiten mit vieler Gebrechlichkeit verpaa-
ret gehen: so müssen wir doch darum die Hände
nicht in den Schooß legen, sondern wir müssen
durch die uns zuvorkommende Gnade treulich,
und so viel wir nur können, mitwirken, und die
Göttliche Anforderungen ins Werk zu setzen suchen. Wer nicht eher anfangen will Gutes zu
thun, bis er dazu vollkommen geschickt und tüchtig
ist, der wird nimmermehr dazu gelangen. Wir
müssen zuerst das A. B. C. lernen, ehe wir lesen
wollen. Eben also müssen wir auch in der Schule
des heiligen Geistes erst Kinder abgeben, ehe wir
zum männlichen Alter gelangen und Väter vorstellen können. Lasset uns derowegen in kindlichem Vertrauen auf den Göttlichen Beystand,
als schwache Kinder einfältig thun, was wir
können, und GOtt dabey ernstlich anflehen, daß
er in, und durch uns thun wolle, was wir nicht
können, können wir unsre Lection nicht fertig her-
sagen, so lasset sie uns wenigstens herstammeln;
so öfters wir, als schwache Kinder, fallen und
straucheln, so öfters lasset uns unsere schwache
Knie auch wieder aufrichten und den Lauf von
neuem anheben: so wird uns der HErr ganz sicher seine hülfreichende Hand darbieten, und uns
zum Ziel bringen.

Wann wir nun dergestalt treulich mitwirken,
und dabey unser gänzliches Unvermögen aller Orten und Enden gewahr werden, so daß, wann
wir gleich unser Bestes thun, wir es dennoch

nicht

nicht weit bringen können: so ist das schon eine
preißwürdige Gnade, indem uns hierdurch unse=
re große Gebrechlichkeit recht aufgedeckt wird,
und wir durch das lebhafte Gefühl unsers Unver=
mögens desto nachdrücklicher angetrieben werden,
herzlich und ängstlich zu seufzen: HErr, hilf mei=
ner Schwachheit, meiner Gebrechlichkeit, in
meiner völligen Ohnmacht zum Guten! O! so
lasset uns dann nun mit der Göttlichen Gnade
treulich, und in kindlicher Einfalt mitwirken,
und nicht zweifeln, er werde, wofern er uns nur
rechtschaffen erfinden wird, uns beystehen und
in den Stand setzen, ihn in allen Stücken zu
vergnügen.

Zwenter Theil.

Das zweyte zur Empfangung des heiligen
Geistes höchst nöthige Vorbereitungs=
stück ist dieses: Daß wir bey den ersten Rüh=
rungen des heiligen Geistes zur Buße nicht
stehen bleiben, und uns damit begnü=
gen lassen, sondern beständig weiter gehen
sollen. So nöthig es ist, daß wir den ersten
Rührungen und Wirkungen des heiligen Geistes
zur Buße und Besserung unseres Lebens ein ge=
hör geben: eben so nöthig ist es auch
ohne bey denselben immerzu stehen zu
bleiben und uns damit zu befriedigen, beständig
weiter gehen, und stuffenweise bis zur Voll=
kommenheit hinan zu steigen suchen. Hier bege=
hen auch sonst gute Seelen den Fehler, daß
sie

J 3

sie den Anfang ihrer Bekehrung schon für die
ganze Bekehrung halten, und weil sie buchsta-
biren gelernet, auch wirklich schon lesen zu können vermeynen; wiewohl sie noch ganz schwache
Kinder sind, die kaum die ersten Buchstaben
der Göttlichen Heilsordnung verstehen. Dieses ist ein eben so schändlicher als schädlicher
Betrug. Die Jünger des Heilandes, welche
am Tage der Pfingsten gemeinschaftlich versammlet waren, und auf die ihnen versprochene
Kraft aus der Höhe warteten, hatten bereits
manche Gnadenbezeugung erhalten, und Kraft
derselben auch treulich mitgewirket; sie hatten
den allerbesten Prediger so lange selbst gehöret, und mit ihm einen genauen Umgang gehabt; man hätte sagen sollen, daß sie nothwendig vollkommen geschickt seyn müßten, andere wieder zu belehren und zu bekehren: gleichwohl aber wurde ihnen dieses mit großem Nachdruck von ihrem HErrn und Meister verbo-
ten, und hingegen mehr, dann einmal, einge-
bunden, daß sie nicht von Jerusalem weichen,
sondern auf die Verheissung des Vaters warten
sollten, durch deren Erfüllung ihnen dasjenige
würde mitgetheilet werden, was ihnen bisher noch
abgehe. Eben dieses gilt auch noch heut zu Tage
allen mit mir berufenen Herzen. Haben wir zwar
den Anfang von der Busse und von der Bekehrung gemacht, und bemühen wir uns gleich die
groben Ausbrüche der Sünden sorgfältigst zu
vermeiden; haben wir auch schon einige Treue bey
dieser oder jener Verläugnung unsrer selbst zu beweisen

weisen gesucht; ja sogar schon etwas von der
Freundlichkeit und Leutseligkeit unseres GOttes
geschmecket und gekostet: O! so laßt uns darum
nicht denken, daß wir bereits zum Ziel gekom=
men, und dasjenige, worzu uns der HErr be=
rufen, auch wirklich schon ergriffen haben; son=
dern lasset uns ihm vielmehr nachjagen, daß wirs
ergreifen mögen! Lasset uns nicht dafür halten,
daß wir um eines oder andern guten Werks,
um einer oder andern guten Rührung, um eines
oder andern Bußkampfes willen schon wahre
Christen sind! Hierzu wird wahrlich ein weit meh=
reres erfordert. Es sey dann, daß jemand von
neuem gebohren werde, so kann er nicht in
das Reich GOttes kommen. Es ist uns zwar
ein Großes von GOtt versprochen, daß wir
nemlich durch die Mittheilung seines Gei=
stes theilhaftig werden sollen der Göttlichen
Natur; hingegen aber verlanget er auch ein
Großes von uns. Er will, daß, wofern diese
theure Verheissung an uns erfüllet werden soll,
wir dasjenige fliehen sollen, was uns gleichwohl
am liebsten ist, nemlich die vergänglichen Lü=
ste der Welt; Er will, daß wir mit Christo
zu gleichem Tode gepflanzet werden, die Welt
und was darinnen ist unter die Füsse treten, für
eitel Schaden achten und ihn ganz allein unserer
Liebe würdigen sollen, damit er unser Herz ganz
besitzen, und dasselbe mit seinen Gnadenschä=
zen desto reichlicher erfüllen, und desto mehr be=
seligen könne. Dieses hat etwas mehr zu sagen,
als ein und anderes gute Werk verrichten, eine

J 4   und

und andere gute Rührung empfinden, wider eine
und die andere Sünde streiten. Viele Seelen,
wann sie in dem ersten Bußkampf etwas ausgestanden, und sie empfinden hernach einige Gna-
denblicke, oder bekommen auch so gar die
Versicherung von der Vergebung ihrer Sünden: so meinen sie, der Durchbruch sey nun
würklich geschehen, das Werk ihrer Bekehrung
sey vollendet, und begeben sich daher zur Ruhe.
Dieses ist eine große Versuchung, wodurch der
Satan die Seelen einzuschläfern, und das Werk
ihrer Bekehrung weiter fortzusetzen, abzuhalten
suchet. Wann nun solche Seelen bey ihrem
Herzen blieben, wann sie auf ihr Innerstes genau Achtung hätten: so würden sie nie auf dergleichen Abwege verleitet werden. Eben derjenige Geist, der ihnen die erste Gnade geschenket,
der ihnen ihren verderbten Zustand zu erkennen
gegeben, und also die Sünde in ihnen bestrafet, eben dieser Geist, sage ich, würde diß sein
Strafamt weiter fortsetzen, und ihnen klärlich
zu erkennen geben, wie weit sie in dem Werk
ihrer Bekehrung noch zurück wären, mithin ein
noch größerer Fortgang erfordert werde. Aber
da dergleichen Gemüther nicht genug auf ihrer
Hut stehen: so lassen sie sich in die irrdische und
sinnliche Dinge allzusehr einflechten, kommen daher von ihrem Herzen ab, und kennen sich selbst
nicht. Sie bilden sich ein, sie wären was, da
sie doch nichts sind. Sie sind würklich noch
arm, nackt, blind und bloß, und meynen, sie
seyen reich und haben gar satt. Und es kann würklich

lich die erste empfangene Gnade des heiligen Gei=
stes so schwach werden, daß alles wieder verwel=
ket, was vorher grün gewesen. Wann dann
nun solche Seelen noch zum öftern eine Unruhe
in ihrem Gewissen verspühren, welches ihnen
heimlich sagt, daß es noch nicht recht mit ihnen
stehe; daß sie noch nicht bis auf das Blut wi=
der die Sünde gekämpfet, und ihnen daher ob=
liege, den Bußkampf von neuem anzuheben:
so berufen sie sich durch Betrug des Feindes auf
dasjenige, was sie schon einmal würklich erfah=
ren zu haben, vermeynen. Da und da, sprechen
sie, bist du doch einmal, deiner Sünden wegen,
so traurig und bekümmert gewesen, hast dieselbe
so nachdrücklich gefühlet, so herzlich beweinet;
zu der und der Zeit hast du diese und jene Gna=
denerquickungen, diese und jene Glaubens=
kraft empfunden, diese und jene Versicherung
von der Vergebung der Sünden erhalten, und
auf solche Weise suchen sie ihr unruhiges und sie
anklagendes Gewissen wieder zu besänftigen und
einzuschläfern. Aber liebste Seelen! ihr betrüget
euch, ihr machet euch nur einen falschen und ver=
geblichen Trost. Alles dieses sind nichtige Fei=
genblätter, mit welchen der nackt da stehende
Mensch, seine Blöße zu bedecken suchet; gesetzt
auch, daß wir die Gnaden würklich erfahren und
empfangen hätten; dann was ich vor einem Jahr
genossen habe, kann mich heute nicht mehr sätti=
gen. Wir müssen die Kraft aus der Höhe täg=
lich an uns wahrnehmen, und vermittelst dersel=
ben auf dem Wege der Buße und Bekehrung

J 5   nie

nie ſtille ſtehen, ſondern immer mehr und mehr
fortgehen; in dem Worte der Gerechtigkeit täglich erfahrner, und in dem HErrn völliger werden, weil uns im Gegentheil das vorige ſonſt
nichts helfen kann. Und in der That, wäre es
wirklich an dem, daß wir jemals Barmherzigkeit erlanget hätten, und die Gnade uns auch
nur dem Anfange nach, mitgetheilet worden wäre;
ſo würde eben derjenige Geiſt, der ſolche in uns
gewirket, uns auch weiter bringen, und nicht
geſtatten, bey dem Anfange immer ſtehen zu bleiben, und uns damit zu befrieden. Wie es
denn allerdings die Haupteigenſchaft des heiligen Geiſtes iſt, daß er die Seele immer mehr
und mehr anzuflammen, und in dem Guten immer weiter zu bringen ſuchet. O hätten wir das
gütige Wort GOttes, welches Chriſtus iſt, auch
nur dem Anfange nach, einmal geſchmecket;
hätten wir auch nur im geringſten erfahren, was
das auf ſich habe, Chriſtum durch den Glauben
in ſeinem Herzen wohnend haben, und deſſen lebendiger Tempel geworden zu ſeyn: wie wäre es
möglich, daß wir ſeiner ſo auf einmal ſollten ſatt
werden, und uns gleichſam mit den kleinſten
Bröcklein ſeiner Gnaden begnügen laſſen können?
Wer von mir iſſet, ſagt Sirach ſehr weislich,
der hungert immer nach mir, und wer von
mir trinket, der dürſtet immer nach mir,
Cap. 24, 28. 29. Hätten wir das Waſſer des
Lebens nur im mindeſten gekoſtet, ſo würden wir
die Wahrheit deſſen, was hier Sirach ſagt,
auf die thätigſte Weiſe erfahren; es würde dadurch

durch in unserm Innern ganz sicher ein unaus-
löschlicher Durst nach demselben entstehen, ein
solcher Durst, der uns mit nichten bey der Welt
und den vergänglichen Lüsten derselben uns auf-
zuhalten, vielweniger stille zu stehen, gestatten,
sondern vielmehr antreiben würde, diese heilsame,
selige und ins ewige Leben fliessende Quelle, um
uns mehr und mehr daraus laben und erquicken
zu können, ohne Unterlaß zu suchen, und eben
heilsbegierig daraus zu schöpfen.

Da uns demnach wertheste Seelen! so große
Gnaden verheissen worden; so ist es ja höchst billig, daß wir uns mit einem Wenigen nicht begnügen, sondern ernstlich angelegen seyn lassen,
den überschwenglichen Reichthum, welchen uns
GOtt ganz anbietet, auch ganz zu erlangen.
Welcher von uns würde wohl so thöricht seyn,
wenn ihm ein großer Herr einen Schatz von einigen tausenden anbieten sollte, daß er sich mit
der Halbscheid, oder wohl gar mit einem ganz
geringen Theil begnügen lassen sollte, zumal
wenn er des ganzen Schatzes bedürftig wäre?
Würden wir nicht herzlich gern alle zur Erlangung des ganzen Schatzes nöthige Mühe und
Arbeit auf uns nehmen? Wie viel mehr also liebste Seelen! sollen wir demjenigen Schatz zu Lieb,
welchen uns vorhält die himmlische Berufung
GOttes in Christo JEsu, alle Kräfte wagen?
In dem 47. Capitel des Propheten Ezechiels,
wo uns der heilige Geist unter dem Sinnbild
eines crystallenen Stroms vorgebildet wird, lesen wir, wie nemlich der Engel eine Meßschnur

in der Hand gehabt, und das Waffer gemeffen
habe, das Waffer wär der heilige Geift, und
deffen Ausflüffe gegen die arme, hungrige, und
durftige Herzen. Er führete mich, heiffet es,
v. 3=5. durchs Waffer, bis mirs an die Knö=
chel ginge, und maß tausend Ellen, und aber=
mal maß er tausend Ellen, und führte mich
durchs Waffer, bis mirs an die Knie ginge;
und maß noch tausend Ellen, und ließ mich da=
durch gehen, bis es mir an die Lenden ginge.
Da maß er noch tausend Ellen, und es ward so
tief, daß ichs nicht mehr ergründen konnte; dann
das Waffer war zu hoch, daß man darüber
schwimmen mußte, und konnte es nicht ergrün=
den. Was will das sagen? Dieses nemlich, daß
wir uns nicht damit begnügen laffen sollen, wann
wir nur etwan die Lippen mit dem Gnadenwaf=
fer des heiligen Geiftes benetzet, oder nur auch
die Füffe darinnen naß gemacht haben, sondern
daß wir uns immer weiter führen laffen, und in
das unergründliche Gnadenmeer unseres GOt=
tes so tief eindringen sollen, als wir nur immer
kommen können; denn es ift eine unergründliche
Tiefe und ein ganz unergründlicher Abgrund in
unferm GOtt zu finden; ein unergründlich tiefer
Strom des heiligen Geiftes, um unser ganzes
Herz zu erfüllen, zu beseligen und zu heiligen.

Die lieben Jünger des HErrn waren nicht
nur mit den erften Ausflüffen des heiligen Geiftes
begnadiget worden, sondern hatten auch schon
von Zeit zu Zeit einen ziemlichen Zuwachs der=
selben erhalten; und dannoch sagte der Heiland
　　　　　　　　　　　　　　　　　　nach

nach seiner Auferstehung mehr, dann einmal, zu
ihnen: Nehmet hin den heiligen Geist, wiewohl sie schon wirklich bekehrte Leute waren.
Allein er wußte wohl, daß ihnen das rechte Maaß
noch abgienge: er wußte, daß sie noch nicht voll
waren des heiligen Geistes, und daß sie daher
nöthig hätten, einen Pfingsttag zu halten.
Da uns also, liebe Herzen! GOtt eine solche
Fülle verheisset, da er uns eine solche reiche Gnade durch unsern HErrn JEsum Christum erworben hat; da er unser ganzes Herz erfüllen, und
was Ganzes aus uns machen will: wie sollten
wir uns dann mit Wenigem begnügen lassen?
Ja mit einem dermassen Wenigen, daß wir
kaum zu sagen wissen, ob ein heiliger Geist sey?
O laßt uns darum doch nicht ruhen, sondern
immer forthungern, bis wir die Fülle erlanget
haben! denket nicht, weil wir die Verheissung
empfangen, so werde dieselbe auch zu seiner Zeit
schon erfüllet werden: Dann eben darum, daß
uns die Verheissung geschehen, sollen wir desto
ernstlicher beten, desto begieriger wünschen und
verlangen, daß sie an uns erfüllet werden möge.

Wann ich daran gedenke, daß ein an Gnade und Erbarmung so reicher GOtt ist; daß uns
dieselbe durch das Blut Christi so theuer erworben worden, daß eine so überschwengliche Gna-
denfülle und Stuffe in der Heiligung durch die
Mittheilung des heiligen Geistes auch noch in
diesem Leben erlanget werden kann; ach! so wird
mir recht weh darüber, so bricht mir mein Herz
wenn ich mich so mancher theuer berufener Herzen

zen, erinnere, die im Anfange zum öftern einen
so großen Ernst beweisen, und nachmals plötzlich satt, ja so lau werden, als wenn man schon
die Hülle und die Fülle hätte. Wann ich daran
gedenke, daß viele einen so edlen Zug und Ruf
haben, daß sie die gröste Fähigkeit besitzen, recht
gute Seelen und geistliche Menschen zu werden,
gleichwohl aber, sobald sie nur ein kleines Biß-
gen von der Gnade erlanget, sich schon damit
begnügen lassen, und gleichsam auf dem halben
Wege liegen bleiben: so mögte mir solches Wunden in mein Herz schneiden. Wie würde es
uns, liebste Seelen! nicht schmerzen, wenn wir
in jener Ewigkeit sehen sollten, daß wir das Wasser der Gnaden bis an unsern Lippen gehabt, und
es in der grösten Fülle hätten geniessen können,
und hätten solches gleichwohl schändlich versäumet? Es ist deswegen eine falsche und höchst
sündliche Demuth, wenn man saget, man wolle
als gerne der Geringste im Himmel seyn; man
wolle sich herzlich gern mit den Brosämlein, so
von dem Gnadentische unsers HErrn herunter
fielen, begnügen lassen; es sey alles eine unverdiente Gnade, und müßte ein jeder mit dem zufrieden seyn, was ihm zugetheilet werde. Dann
wer nicht nach dem Besten, so auf dem Gnadentische unseres GOttes aufgesetzet ist, dürstet,
der ist auch der Brosämlein nicht einmal werth.
Wer den obersten Staffel im Himmelreich erreichen kann, und verlangt ihn nicht, der ist auch
des Untersten unwürdig. Aus Verdienst bekommen wir auch das Wenige nicht einmal, ich will
                                    geschwei-

geschweigen die Fülle: aber weil es uns aus
Gnaden verheissen und erworben worden, eben
darum sollen wir auch darnach hungern, und
mit allem Ernste darnach streben.

Dritter Theil.

Das dritte zur Empfangung des heiligen Geistes höchst = nöthige Vorbereitungsstück
bestehet darin: Daß man mit andern Kindern
GOttes einen lautern, einfältigen und herzlichen Umgang pflege, und mit ihnen genau
vereiniget sey, nach dem Beyspiel der Aposteln und Jüngern des HErrn. Sie waren
alle einmüthig beyeinander. O wie klingt
das so anmuthig, sie waren alle einmüthig
beyeinander. Hernach stehet: sie waren ein
Herz und eine Seele. Der heilige Geist ist ein
GOtt der Liebe und des Friedens. Wann wir
demnach seiner fähig und theilhaftig werden wollen: so müssen wir uns zu solchen halten, die
entweder von diesem Geist schon würklich belebt
und getrieben werden, oder wenigstens nach demselben hungern und dürsten, und den guten Willen haben sich seiner Regierung zu unterwerfen.
Wann wir viel mit den Kindern der Welt umgehen, so werden wir auch ganz sicher von dem
Geist der Welt angestecket, und eingenommen
werden. Werden wir uns aber von den Todten
zu den Lebendigen, von den Kindern der Finsterniß zu den Kindern des Lichts wenden, und uns
zu ihnen halten: so wird das in ihnen brennende
Liebes-

Liebesfeuer des heiligen Geiſtes auch uns er=
greifen und entzünden, wofern es nur den ge=
ringſten Funken einer ähnlichen Glut bey uns
antreffen wird. Dieſer einfältige und lautere
Umgang mit den begnadigten Kindern GOttes iſt
demnach zur Empfangung des heiligen Geiſtes
ein ebenfals ſehr heilſames, bewährtes, gewöhn=
liches, ja nöthiges Vorbereitungsſtück. Die
Jünger des HErrn hätten leicht denken können:
wir wollen zu Hauſe bleiben, und in unſer Käm=
merchen gehen, wo ein jeder vor ſich beten, und
die verſprochene Kraft aus der Höhe erwarten
kann; der heilige Geiſt wird ſchon einen jeden von
uns zu finden wiſſen, er iſt ja ein allgegenwärti=
ger, und allwiſſender Geiſt. Aber nein! ſie
dachten nicht alſo, ſondern ſie verſammleten ſich
gemeinſchaftlich, und blieben einmüthig bey ein=
ander. Sie erinnerten ſich deſſen, was ihnen
ihr HErr und Meiſter hinterlaſſen hatte, daß er
nemlich da, wo zwey oder drey in ſeinem
Namen verſammlet wären, mitten unter ih=
nen ſeyn wolle, daher blieben ſie ſtets bey einan=
der einmüthig mit Beten und Flehen. Daß der
heilige Geiſt aller Orten und Enden gegenwärtig
und allwiſſend ſey, und daher auf einem Orte
eben ſowohl als am andern angerufen werden
könne, wußte der Heiland beſſer denn wir; und
gleichwohl ſagt er, daß er da vornemlich und auf
eine nähere Weiſe gegenwärtig ſeyn wolle, wo
zwey oder drey in ſeinem Namen verſammlet
wären. Eins ſchlieſſet alſo das andere nicht aus.
Man kann vor ſich allein erhörlich beten, und kann

ſolches

solches auch in Gemeinschaft anderer thun. Das gemeinschaftliche Gebet aber vieler in einem Geist versammleten Seelen hat einen vorzüglichen Werth, und auch eine vorzügliche Verheissung des Segens und des Lebens. Es kommt zwar nicht auf das äusserliche Zusammenkommen, viel weniger auf vieles Reden, sondern darauf an, daß die Herzen in einer stillen und rechtschaffenen Andacht, und mit vereinigter Begierde, ein Tröpflein von dem Gnadenwasser des heiligen Geistes zu erhalten, vor GOttes Angesicht einmüthig beysammen, und voll kindlicher Zuversicht mit Gebet und Flehen beschäfftiget sind. Kann man aber die Gelegenheit, mit andern Kindern GOttes einen gesegneten Umgang zu pflegen, und sich äusserlich mit denselben zu vereinigen, nicht jederzeit haben: so soll man dieselbe nicht begieriger ergreifen und annehmen, wenn sie sich durch göttliche Fügung uns darbietet, und solche aus Geringschätzung mit nichten fahren lassen und verabsäumen. Findet sich aber solche Gelegenheit gar nicht: so sollen wir dem ohnerachtet in einer kindlichen und herzlichen Gemeinsvereinigung mit allen Kindern GOttes, mögen sie seyn, wo sie wollen, stehen, unsere ..... unsere Begierden und unser Gebet mit den ihrigen vereinigen.

Wollen wir uns demnach weder äusserlich, ... erlich, weder leiblicher noch geistlicher ... den Kindern GOttes vereinigen möchten wir an statt der Liebe, Haß, Neid ... keit; an statt der Einmüthigkeit und

des Friedens Zank und Zwietracht im Herzen
nähren: werden wir da wohl fähig seyn, den
heiligen Geist zu empfangen? Werden wir ihm
nicht vielmehr den Eingang zu uns gänzlich ver-
riegeln? O! so lasset uns doch auf die Einmüthigkeit studiren! Lasset uns unaufhörlich und unermüdet nach ihr ringen! Und können wir uns
dem Leibe nach nicht mit ihnen vereinigen: so lasset uns solches wenigstens dem Geiste nach thun!
Ich bin gewiß, daß nach der Weissagung des
Propheten Zephanja Cap. 3, 10. in diesen letzten
Tagen der HErr die Seelen aus allen Orten
und Enden der Erden, aus allen sogenannten
Religionen mehr und mehr zusammen bringen,
und sie alle auf das einzige Nothwendige,
nemlich auf die Geistestaufe und himmlische
Salbung, auf die von derselben gänzlich abhan-
gende Sinnesänderung und Erneuerung zum
Bilde GOttes; auf das große Geheimniß,
das von der Welt her, und von allen Zeiten
her verborgen gewesen; nun aber den Heiligen GOttes geoffenbaret worden, so da ist
Christus in uns, leiten und führen werde. Und
dieses wird die Zubereitung auf den großen
Pfingsttag seyn, der in den letzten Tagen noch
zu erwarten stehet. Derowegen prüfet euch liebe Seelen! vor dem Angesicht GOttes, ob eure
Liebe gegen die Brüder nicht vielleicht erkaltet sey?
Ob ihr nicht aus diesem Grunde dem Verkläger
der Brüder zu viel Raum und Platz bey euch
gebet? Ob ihr auch ein einfältiges Auge gegen
die Geringste habt? Gewiß ihr würdet hierdurch
den

den heiligen Geist, der in den Kindern GOt=
tes, auf allerley Weise, wirket, sehr betrüben.

Vierter Theil.

Das vierte, zur Erlangung des heiligen Gei=
stes nöthige Zubereitungsstück ist die äus=
serliche und innerliche Sammlung des Ge=
müths zum Gebet. Sie (die liebe Jünger
des HErrn) waren stets bey einander einmü=
thig mit Beten und Flehen. Zum ernstlichen
Bitten und Flehen um die Mittheilung der ver=
sprochenen Kraft aus der Höhe, sollten uns billig
die wichtige und güldene Worte unseres Heilan=
des, welche wir Matth. 7. und Luc. 11. lesen,
besonders bewegen. In dem 13ten Vers spricht
der liebe Heiland: So denn ihr, die ihr arg
seyd, könnet euren Kindern gute Gaben
geben, wie viel mehr wird der Vater im
Himmel den heiligen Geist geben, denen,
die ihn darum bitten.

Nun sehet! hier wird kein einziger ausge=
schlossen. Alle, die den himmlischen Vater um
seinen heiligen Geist in wahrer Herzensandacht
bitten werden, sollen denselben auch erlangen.
Sollten wir dann nicht um die Mittheilung des=
selben den himmlischen Vater desto eifriger bit=
ten, je unumgänglicher wir seiner bedürfen?
Wir sollen hier nicht vernünftlen und sprechen:
GOtt weiß es ja schon, daß ich des heiligen Gei=
stes bedarf; was ists also nöthig, um ihn dessen
zu erinnern, so viele Worte zu machen? Dieses

K 2   sind

sind arglistige Eingebungen des Feindes, der
uns vom Gebet abzuhalten suchet. Allerdings
weiß GOtt unsere Bedürfnissen; er will aber
auch haben, daß wir sie wissen, und dabey zugleich erkennen sollen, daß er einzig und allein
derjenige sey, der uns dieselbe geben und darrei-
chen könne, und der daher auch darum ange-
sprochen seyn wolle.

Wir sollen ferner auch nicht also denken: da
uns GOtt seinen heiligen Geist verheissen hat,
so wird er ihn auch schon zur rechten Zeit zu senden wissen. Die Gnade muß gleichwohl doch
alles thun. Wenn demnach der heilige Geist
einmal kommen wird, alsdenn werde ich schon
fromm und tugendhaft werden. Dieses ist abermal ein schändlicher Betrug des Feindes. Denen Jüngern ward am heiligen Pfingsttage,
desgleichen am Himmelfahrtstage der heilige
Geist durch den Mund Christi selbst verheissen,
gleichwohl aber dachten sie darum gar nicht so,
wie jetzt gemeldet worden. Nein, sondern die
Verheissung Christi machte, daß sie einmüthig
beysammen blieben, und so viel ernstlicher mit
Beten und Flehen anhielten. Die Verheissung
Gottes soll uns demnach nicht vom Gebet abhalten, sondern vielmehr zu demselben antreiben.
Wann Christus sagt, daß der himmlische Vater
seinen Geist geben wolle allen, die ihn darum
bitten, so verknüpfet er mit der Verheissung auch
das Gebet, und lehret, daß die Verheissung
nur an denen erfüllet werden sollte, die ihn darum
bitten würden. Wann also GOtt etwas geben
soll,

soll, so will er auch darum gebeten sey, damit
wir lernen, daß er allein der Geber aller guten
und vollkommenen Gaben sey, dem daher auch
ganz allein Ehr und Danksagung gebühre.

Wie sollen wir nun aber beten? Es kommt
hier nicht auf äussere Formuln und Worte an, und
daß wir GOtt dem HErrn so etwas vorschwä-
tzen; O nein! sondern das Gebet bestehet in
einem aufrichtigen Hunger und Durst, in
einem brennenden, mit kindlicher Zuversicht
verknüpften Verlangen nach der göttlichen Gnade, und nach der gnädigen Erfüllung seiner
Verheissungen; es ist ein Bitten und Flehen
im Geist. Ich habe aber gesagt, daß zum Gebet eine äussere und innere Sammlung erfordert werde. Die äussere bestehet darinnen, daß
man sich den weltlichen Geschäfften, wie auch
des Umganges mit der Welt entschläget, und
sich an stille und einsame Oerter begiebt, um
so viel ungehinderter sein Gemüth zu GOtt erheben zu können, und alle Zerstreuungen desto
glücklicher zu vermeiden. So machten es die
liebe Jünger und erste Gläubige. Nachdem
Christus von ihnen geschieden und gen Himmel
gefahren war, kehreten sie nach Jerusalem zurück, und stiegen auf einen Söller, und blieben
allda vom Himmelfahrtstage bis auf Pfingsten. Nun könnte man denken, worzu ist es
nöthig, daß ich eben auf den Söller gehe?
Was thut dieses zur Sache? Der Söller macht
es nicht aus; die Einsamkeit thut es auch nicht.
Allein liebe Seelen! wollen wir dann klüger seyn,

K 3   als

als der Heiland selbst? Sagt er nicht ausdrücklich: wann du beten willst, so gehe in dein
Kämmerlein, rc. Befiehlt er hier nicht, daß
wir um desto besser beten zu können, das Geräusch der Welt fliehen, und die Einsamkeit
suchen sollen? Die äussere Sammlung ist demnach ein nützliches, ja nöthiges und hochzuschä-
tzendes Werk, daß wir, wofern wir es nur
haben können, nicht gering achten, noch unter
dem Vorwande, daß es ein gesetzliches Werk
sey, und daß man ohne Unterlaß beten müßte,
nicht verabsäumen sollen. Wir sollen freylich
ohne Unterlaß beten; aber dieses hebt die äussere
Sammlung nicht auf. Das eine sollen wir
thun, und das andere nicht unterlassen. Wir
sollen auch mitten in den weltlichen Geschäften
unsere Gemüther zu GOtt zu erheben suchen,
das ist unstreitig; allein da gehet es leider! so
fein nicht her, sonderlich wenn man eine Haushaltung hat, und sich mit vielen und mancherley
äussern Geschäften schleppen und abgeben muß.
Ach! da sind wir würklich nicht immer solche
Leute, die beten können! Wir haben es demnach als eine große Wohlthat GOttes anzusehen, wenn er uns zuweilen ein Stündgen vergönnet, wo wir auf den Söller steigen, in unser Kämmerlein gehen, oder uns sonst an einen
stillen und einsamen Ort verfügen, und allda
GOtt dem HErrn unser Anliegen, ohne alle
Gemüthszerstreuung vortragen können. Viele
Seelen verscherzen eben dadurch die Gnaden-
wirkung des heiligen Geistes, daß sie zu klug,

ja

ja wohl gar klüger seyn wollen, denn GOtt
selbst. Unter dem scheinbaren Vorwande, daß
es etwas gesetzliches und unnöthiges sey, oder
daß man zu viele Geschäfften habe, um sich
solchergestalt sammlen zu können, verabsäumen
sie alle und jede Gelegenheit, die ihnen GOtt
gleichwohl zum öftern dazu anbietet. Nun ist es
zwar an dem, daß der eine viel bessere und beque-
mere Gelegenheit dazu hat, als der andere, und
daß es sich bey ihrer vielen, wegen gar zu über-
häuften Geschäfften nicht immer thun läßt. Allein liebste Seelen! denkt der Sachen doch nur
einmal recht nach! dreymal des Tages setzet ihr
euch gleichwohl ordentlich zu Tische, um eurem
Cörper Nahrung zu geben: Sollen wir nun aber
für den vergänglichen Cörper mehr, dann für
den unsterblichen Geist sorgen? Können wir dem
Cörper zu Lieb so viele Zeit abbrechen, warum
denn nicht auch ein kleines Stündlein zum Besten der Seelen? Wir liegen ferner manchmal
sieben bis acht Stunden im Bette, und verstat-
ten dem Leibe seine Ruhe: sollen wir denn auch
der Seele nicht ein wenig Ruhe gönnen, um sich
aus ihren so mancherley Zerstreuungen erhohlen,
und an die Hauptsache ihres Hierseyns, denken zu können; gesetzt auch, daß wir dieselbe
der Essens= und Schlafenszeit, und der Pfle-
gung die wir dem Leibe schuldig sind, abziehen
müßten? Ja sollten wir nicht alles, was sich auf
den sterblichen Leichnam beziehet, vielmehr ganz
fahren, als uns durch die Sorgfalt für denselben von dem Hauptgeschäffte unseres Lebens

K 4 abbrin=

abbringen laſſen? Was könnte es uns doch
nützen, wenn wir die ganze Welt gewön=
nen, und litten Schaden an unſrer Seelen?
Wir müſſen uns alſo dergeſtalt mit der Welt
beſchäfftigen, daß uns auch noch Zeit übrig blei=
bet, dann und wann auf den Söller zu ſteigen.
Dann in ſolcher von aller arbeitſamen Eitelkeit
dieſes vergänglichen und augenblicklichen Lebens
entfernten heiligen Stille und Einſamkeit, kann
der heilige Geiſt, der ein ſtiller Geiſt iſt, am
beſten und fruchtbarlichſten mit uns reden, und
wir ſind alsdann auch geſchickter ihn zu verneh=
men, da können wir mit dem Knaben Samuel
ſagen: Rede HErr! denn dein Knecht höret.
1 Sam. 3, 9.
    Doch aber ſollen wir es bey der äuſſerlichen
Sammlung allein nicht bewenden laſſen. Die
Hauptſache, worauf es ankommt, iſt die in=
nere Sammlung. Die äuſſerliche kann man
nicht jederzeit haben, zu der innern aber, und
die am nöthigſten iſt, kann man durch GOttes
Geiſt und Gnade immerhin gelangen. Worin
beſtehet nun aber die innere Sammlung zum
Gebet? Ich antworte darinnen, daß wir nicht
nur beten, um zu beten, ſondern daß wir beten,
um was zu haben, und zu überkommen; daß
alle unſere Neigungen und Begierden auf die
Sache, warum wir beten, dergeſtalt gerichtet
ſtehen, daß wir dieſelbe ſehnlichſt wünſchen und
verlangen; daß wir ſie mit eben der brennenden
Begierde ſuchen, mit welcher die Liebhaber der
Welt die irrdiſche Schätze ſuchen und ſammlen.
                                            Mit

Mit einem Worte, sie bestehet darinnen, daß
die Herzen von der Erden ganz zu GOtt
gezogen werden. Es ist also hier nicht genug,
daß man sich dem Leibe nach von andern Men=
schen und von den Geschäfften der Welt trennet
und entfernet: man muß sich auch dem Gemüthe
und dem Geiste nach, gänzlich davon trennen
und entfernen. Man muß derselben dergestalt
vergessen, als ob sie gar nicht wären, als ob
auffer GOtt und uns gar nichts mehr vorhan=
den sey. Alle andere Bilder und Anhänglichkei=
ten müssen hier ganz verschwinden und die maje=
stätische Herrlichkeit GOttes und seines Reichs
muß uns ganz allein vor Augen schweben, unse=
re Herzen beschäfftigen und einnehmen, und also
muß der ganze Mensch beym Gebet seyn. Was
mit den Worten ausgedruckt wird, muß sich
im Herzen würklich so befinden. Wie eine Hen=
ne die ihre Küchlein unter ihre Flügeln sammlet:
so müssen wir uns durch die Gnade des heiligen
Geistes aus der Welt, aus allen Gemüthszer=
streuungen wieder herbey auf unser Herz bringen,
ins Innere zurück führen, und in die Gegen=
wart GOttes stellen lassen, um denselben im
Geist und in der Wahrheit anbeten, und unser
Herz in kindlicher Ehrfurcht und Zuversicht vor
ihm ausschütten zu können. O was für ein
Segen, was für eine reiche Gnade dabey zu er=
langen sey, wünschte ich, daß alle und jede
Seelen aus lebendiger Erfahrung zu sagen wis=
sen mögten! indem es mit Worten nicht genug
ausgesprochen werden kann. Siehe! es ist der

K 5   hei=

heiligen Geist nicht ein in die äussere Sinnen fal=
lendes Wesen, das man hören, sehen, und mit
Händen betasten kann; es ist eine innere, geisti=
ge und verborgene Kraft, so sich nur in dem
Herzen äussert, und daher auch nur von dem
Herzen empfunden wird. Wann wir dann nur
immerzu in die vergängliche Dinge dieser Welt
eingekehret, nie zu Hause sind; wenn wir nie zu
uns selber kommen, sondern beständig aussenher
von einem zum andern herumflattern; wie kann
dann da der heilige Geist seine Wohnung bey
uns nehmen? Wie kann er in unsern, mit so
vielen irdischen Sorgen beschwerten und ganz
ausgekehrten Herzen sein Werk haben? Hier=
aus liebe Seelen! erkennet also, wie nöthig
nebst der äussern auch die innere Sammlung des
Herzens sey, und daß die Verabsäumung der=
selben die alleinige Ursache sey, daß die alleredel=
sten Gnaden zum öftern verscherzet, und die
kräftigste Züge und Wirkungen des heiligen Gei=
stes vereitelt und unkräftig gemacht werden. Es
kommt mir eben so vor, als wenn jemand, der
einen werthen und lieben Freund bey sich hat,
der gekommen, ihn zu besuchen, sich anstatt
demselben einen angenehmen Zeitvertreib zu
machen, beständig in dem Fenster aufhalten woll=
te, um zu sehen, was die Kinder auf der Straße
machen. Wie sträflich würde nun dieses seyn?
Zumal wann man annehmen wollte, daß der
gute Freund zugleich eine vorzüglich hohe Per=
son, ein Prinz, Fürst oder König sey. Wür=
de nicht ein solcher Freund, ein solcher Herr,

mit

mit allem Recht sagen können: Ich sehe wohl, du achtest mich nicht, und daß mein Besuch dir nicht angenehm sey? Nun sehet! der heilige Geist, der weit mehr, als ein Fürst oder König ist, ja welcher der König aller Könige ist, und der uns wesentliche und ewig bleibende Güter mittheilen kann und will, der kommt, uns zu besuchen; der verlanget in unser Herzkämmerlein eingelassen zu werden; der will, daß wir ihm zu Lieb uns der zeitlichen Geschäften ein wenig entschlagen, ihm Gehör geben, und uns mit ihm besprechen sollen. Sollten wir uns nun nicht ein wenig setzen? Sollten wir uns nicht sammlen? Sollten wir nicht mit unsrer ganzen Andacht dabey seyn, und auf diese Sache alle unsere Gedanken gerichtet seyn lassen? O da würden wir bey einem solchen Stilleseyn, bey einer solchen Ehrerbietigkeit in der Gegenwart GOttes manche Kräfte der zukünftigen Welt erfahren, ja manchmal in einem Viertel Stündgen, in einem einzigen Augenblicke mehr Segen, Leben, Kraft und Seligkeit erfahren, als wir bey unserm eigenen Wirken und Treiben in unserm ganzen Leben nicht erlangen werden. Allein, wir schlagen ihm dieses ab, mit dem Vorgeben, daß die weltliche Angelegenheiten uns hiezu keine Zeit liessen. Thun wir nun nicht eben das, was obgemeldter sehr unfreundliche Hausherr thate, den die kindische Spielwerke mehr vergnügten, als die Gegenwart des besten Freundes? Was sind unsere weltliche Angelegenheiten und Beschäftigungen in Ansehung

sehung der himmlischen Güter und der seligen
Ewigkeit anders, als kindische Bemühungen
und Zeitvertreibe? Was sind sie in Ansehung
unseres unsterbliches Geistes, der nicht den geringsten Antheil daran hat, dem sie nicht den
mindesten Nutzen schaffen, wohl aber vieles schaden können, anders als ein mühsamer Müßiggang, und ernsthafte Kindereyen? Ist es denn
wohl möglich, daß wir um dieser Kleinigkeiten,
ja um dieser Nichtigkeiten willen, unserm besten
Freunde, unserm allerliebsten himmlischen Vater, Erlöser und Seligmacher, ja dem Könige
aller Königen, den Rücken zukehren können?
Daß wir uns auch nicht einmal einige wenige
Stunden abbrechen mögen um zu hören, was
dieser unser bester Freund, der HErr redet? Hat
er dann nicht ebenfalls das gröste Recht, uns
obigen Vorwurf zu machen und zu sagen: Ich
sehe wohl, ihr achtet mich nicht; mein Gna-
denbesuch ist euch nicht angenehm? O gewiß, wertheste Seelen! dergleichen Kaltsinnig-
keit, dergleichen schlechtes Betragen beweiset
klar, daß bey uns eintreffe, was von Samuel,
dem Knaben, geschrieben stehet: Samuel kannte
den HErrn noch nicht, und des HErrn
Wort war ihm noch nicht offenbaret, 1
Sam. 3, 7. Wann wir von der Schätzbar-
keit dieses unsers Freundes auch nur den geringsten Begriff hätten; wenn wir die aus seinem
Umgange fliessende Seligkeit auch nur im mindesten gekostet haben sollten, würden wir uns
dann wohl so kaltsinnig gegen ihn betragen, und

dem

dem Umgange mit ihm, den Umgang mit der
Welt vorziehen können? Würden wir denselben
auch sogar den geringsten Kleinigkeiten wohl
jemals aufopfern, und ihn, gleich dem Esau,
für ein schlechtes Linsenmuß dahin geben? Weil
wir demnach, wertheste Herzen, den HErrn
noch nicht gnug kennen, und die Schuld hiervon einzig und allein diese ist, daß wir von
unserm Herzen und dem Hauptzweck unseres
Hierseyns allzusehr abgekommen, und in die
Dinge dieser Welt eingekehret sind, und uns
aus diesen Zerstreuungen nie genug herausgerissen
haben: O! so lasset uns doch, da es noch Heute
heisset, einmal mit Ernst anfangen, unser Gemüth zu sammlen, es von den Nebensachen
dieses Lebens abzuziehen, und auf das Haupt-
geschäfte zu lenken. Lasset uns vergessen, was
dahinten ist, und uns strecken nach dem, was
davornen ist: so wird uns die Freundlichkeit und
Leutseligkeit GOttes unsers Heilandes erscheinen; wir werden schmäcken die himmlischen Gaben, das gütige Wort GOttes, die Kräften
der zukünftigen Welt; wir werden theilhaftig
werden des heiligen Geistes, und, wie bereits
gesaget worden, zum öftern in einem Viertel
Stündgen, ja in einem Augenblick mehr Leben,
Segen, Kraft und Seligkeit, erfahren, als wir
bey dem Umgange mit der Welt, bey unserm
eigenen Treiben und Wirken in unserm ganzen
Leben nicht erlangen werden; Siehe! der heilige
Geist will in uns kommen. Hat sich nun aber
die Welt unseres Herzens bemeistert, und dasselbe

be eingenommen: so kann er ja in daſſelbe nicht
einkehren, noch ſeine Herberge darinnen nehmen.
Soll er demnach Wohnung bey uns machen:
ſo iſt es ſchlechterdings nöthig, daß unſer Herz
von allem, was nicht GOtt iſt, und zu demſelben führet, rein ausgeleeret, und dem heiligen
Geiſt allein zur Wohnung eingeräumet, und
Preiß gegeben werde. Wann wir uns dergeſtalt durch den heiligen Geiſt inwendig ſammlen
laſſen: o da werden wir bald Pfingſttag haben; da werden wir bald des heiligen Geiſtes
voll werden.

Fünfter Theil.

Das fünfte und letzte zur Empfangung des
heiligen Geiſtes nöthige Zubereitungs-
ſtück iſt: das in der ſeligen Uebung des Gebets unermüdete Ausharren und Warten
auf die wirkliche Ankunft des heilgen Geiſtes. Die erſten Jünger und Gläubige hatten
zwar die Verheiſſung, daß ihnen der heilige Geiſt
geſandt und mitgetheilet werden ſollte, wie wir
dieſelbe, GOtt ſey ewig Lob und Dank! auch
haben: aber zu welcher Zeit und Stunde er kommen ſollte, ward ihnen nicht geſagt, Zweifels
ohn zu dem Ende, damit ſie ſich alle Tage, ja
alle Stund und Augenblick auf deſſen Ankunft
bereit halten ſollten. Sie warteten demnach
zwey Tage, ſie warteten drey Tage, ja gar zehn
ganzer Tage nacheinander auf ſeine Zukunft.
Da hätte die Vernunft denken, und den
Schluß

Schluß machen können: Wir haben bereits so
viele Tage gewartet, und dannoch ist nichts erfolget. Nun wollen wir nach Hause gehen, und
über einige Zeit einst wieder zusammen kommen.
Nein, wertheste Herzen! also machten es die
erstgebohrne Gläubige nicht, sondern sie hielten
Fuß beym Mahl; sie blieben einmüthig beysammen, und hielten mit Beten und Flehen beständ-
dig an, und ich halte mich versichert, daß sie
nicht müde geworden seyn würden, wenn sie auch
noch einmal zehen Tage, und noch länger hätten
warten müssen. Eben diese Gemüthsfassung
wird nun auch von uns erfordert, liebste Seelen!
GOtt hat so lang auf uns, auf mich und dich
gewartet, zehen, zwanzig und mehrere Jahren;
und wir wollten nicht eine kleine Zeit auf ihn warten? Er wird uns ganz sicher nicht so lange auf
ihn warten lassen, als er auf uns warten müssen. Soll nun aber diß unser Warten und Har-
ren rechter Art und gesegnet seyn: so müssen wir
uns von allen erschaffenen Dingen gänzlich abwenden, und mit einem ganz ausgeleerten, nach
Gnade hungrigen und durstigen Herzen vor dem
Angesicht GOttes erscheinen, so daß wir kühn
sagen können: HErr! hier hab ich mein Gefäß;
hier warte ich; hier bleibe ich liegen bey meinem
Brünnlein; hier will ich mein GOtt! die mir
versprochene Kraft aus der Höhe ganz gelassen
und in kindlicher Zuversicht, daß du deine Verheissung zur rechten Zeit erfüllen werdest, erwarten. Du hast sie mir zugesagt, so wirst du sie
mir auch senden. Siehe nicht an, daß ich so
arm

arm und elend, so nacket und blos bin! Dann
eben darum bedarf ich deiner Gnade am meisten;
eben darum bin ich Erbarmungs=würdig.   Sie=
he! eine dergestalt von der Welt ganz ab= und
zu GOtt gekehrte, nach GOtt hungrige und
durstige Seele wartet auf die rechte Art und
Weise, und wird daher mit den Gütern des
Heyls erfüllet, und des heiligen Geistes ganz
sicher theilhaftig werden. Wann der Bettler
an der Thür gesagt hat, gebt mir ein Stücklein
Brod! dann geht er nicht sogleich davon, son=
dern er wartet; läßt man ihn was lange stehen:
so wiederholt er seine Bitte, und dieses so lange,
bis er das Begehrte würklich erhalten hat.
Wird es ihm auch gar abgeschlagen: so setzet er
seine Bitte dannoch fort, und weichet nicht, bis
er erhöret worden.   Eben also sollen wir es auch
machen. Wir sollen vor der Gnadenthür un=
seres GOttes so lange stehen bleiben, und war=
ten, bis wir das Gebetene erlanget haben. Und
hat es gleich zum öftern das Ansehen, als ob er
uns nicht erhören wolle: so sollen wir gleichwohl
unsere Bitte fortsetzen, und nicht weichen, bis
er uns würklich begnadiget, bis er seine Verheis=
sung an uns erfüllet. Will es uns zuweilen ein
wenig lange fallen, so daß wir seufzen müssen:
HErr! wie lang willst du meiner so gar ver=
gessen? Wie lange verbirgest du dein Ant=
litz? Meine Seele ist erschrocken, ach du
HErr! wie so lang? So sollen wir dennoch
guten Muth behalten, und fest glauben, daß die
Hülfe zu einer Stunde kommen werde, wo wirs
                                                  am

am wenigsten denken; daß er plötzlich und auf
einmal herzu eilen, uns laben und erquicken wer=
de, wie er es bey seinen lieben Jüngern machte,
denen er nach langem Warten endlich schnell und
auf einmal erschiene. Und es geschahe schnell
ein Brausen vom Himmel, als eines gewal=
tigen Windes, und erfüllete das ganze
Haus, worinnen sie saßen. Siehe! so schnell
geschiehet es auch noch heutiges Tages bey man=
chen Seelen. O viele, die mit aller Aufrich=
tigkeit ihres Herzens zum öftern viele Jahren
geseufzet, gebetet und gewartet, werden zuwei=
len schnell und unvermuthet mit Kraft aus der
Höhe angethan; und wenn sie es am meisten
verlohren gegeben haben, und denken, es ist aus
mit uns, der HErr ist unser vergessen: so kommt
er zur Beschämung ihrer Kleingläubigkeit auf
einmal plötzlich und läßt sein Gnadenlicht über
sie leuchten. Drum liebste Seelen! sollten wir
auch noch so lange warten müssen, ja sollten wir
gar bis auf unser Todtesbette warten müssen:
so würde es sich dannoch der Mühe verlohnen;
Es würde auch alsdann noch eine unschätzbare
Gnade seyn, den heiligen Geist, als einen Trö=
ster in aller Noth zu empfangen. Derowegen
wertheste Seelen! die ihr mit mir lange gewar=
tet, lange gehungert und gedürstet, lange mit
Gebet und Flehen vor dem HErrn gestanden;
lange die Gefässe eurer Herzen offen gehalten;
lasset uns nicht müde werden. Es verdienet ja
wohl ein hundert, ja tausendjähriges Warten.
Alle, die mit mir durch GOttes Erbarmung die

geringste Erfahrung davon haben, müssen es sa=
gen und bekennen, daß ein solcher Augenblick ein
hundertjähriges Warten gnugsam erseze und be=
lohne.   O! wie wird uns dann zu Muthe seyn,
wenn wir den Pfingsttag einmal erleben wer=
den! Was vor süsse Freuden, was vor Selig=
keiten werden wir alsdann empfinden, wenn wir
merken und erfahren werden, daß GOttes Geist,
der Geist JEsu Christi in unsern Herzen wohne,
und sich in unserm Innern offenbare.   Nun,
was werden wir dann erfahren? Ich will es euch
sagen.   Wir werden alsdann erfahren, daß
der heiligmachende Geist GOtt, und dessen
Reich in uns erhöhen; hingegen uns und alles
Erschaffene, in uns zu Boden werfen, und in
die gröste Verachtung bringen werde.

Wir werden erfahren, daß alles ausser GOtt
nichts; GOtt aber alles in allem sey: daß er
der verborgene Schatz im Acker sey, um welches
willen jener alles verkaufte, und daß die Ursache,
warum er uns bisher so schwer gefallen, es ihm
hierinnen nachzuthun, und um dieses Schazes
willen die geringfähige Dinge dieser Sterblich=
keit dahin zu geben, einzig und allein diese sey,
weil er uns noch ein verborgener und unbekannter
GOtt gewesen, wiewohl wir uns betrüglicher
Weise eingebildet, ihn schon gefunden und er=
kannt zu haben.

Ich habe gesagt, daß der heilige Geist GOtt
und dessen Reich in uns erhöhen; hingegen alles
Erschaffene in uns zu Boden werfen, und in
Verachtung bringen werde.   Dieses wird in dem

                              zweyten

zweyten Vers der verlesenen Worte ausgedrückt,
wenn es daselbst heißt: Und es geschahe schnell
vom Himmel ein Brausen eines gewaltigen
Windes, und erfüllte das ganze Haus, da
sie sassen. Dieses ist eine Hauptwirkung,
und recht merkliche Eigenschaft des Pfingstgeistes. Je mehr der Geist JEsu Christi in das
Herz kommt, destomehr wird durch dessen Kraft,
als durch einen gewaltigen Wind, die Welt und
Creatur darinnen zu Boden geschlagen. So
groß und geachtet dieselbe vorher in unsern Augen war, so klein und verächtlich wird sie uns
nun. So sehr wir uns vorher selbst gefielen: so
elend sind wir nun in unsern Augen, und wir
sehen uns nunmehro für die Allerelendesten und
Verwerflichsten an. Wir erkennen anjetzo die
gänzliche Blöße und Nichtigkeit alles dessen, was
wir bisher bewundert, geschätzet, gesuchet und
geliebet, weil diejenige Zeit, derjenige Pfingsttag, bey uns herangekommen, wovon geweissaget ist, daß die prächtige Crone der Trun-
kenen von Ephraim mit Füssen werde zer-
treten werden, und der HErr Zebaoth allein
eine liebliche Crone, und ein herrlicher Cranz
den Uebrigen seines Volks seyn solle. Jes. 28.
Daß der Tag des HErrn Zebaoth werde gehen über alles Hoffärtige und Hohe, und
über alles Erhabene, daß es erniedriget
werde, daß sich bücken müssen alle Höhen der
Menschen, und demüthigen, was hohe Leute sind, und der HErr allein hoch seyn werde zu selbiger Zeit, Cap. 2, 12. 18. An diesem

L 2

sem Pfingsttage wird also in dem Menschen
alles, was irrdisch und vergänglich ist, gedemü=
thiget und zernichtet. O wie nichtig, ja wie
überaus nichtig werden alle erschaffene Dinge,
welche die Menschen so hoch erheben, und für so
wichtig ansehen, alsdann werden, wenn sich das
unerschaffene ewige Gut in ihren Herzen offen=
baren wird! Da werden sie ihre vorige Blind=
heit nicht genug bewundern, noch begreifen kön=
nen, wie es möglich gewesen, daß sie sich so ha=
ben vergehen, den Schatten dem Wesen selbst
vorziehen, die lebendige Quelle verlassen, und
sich hier und da ausgehauene Brunnen machen
können, die doch löcherict sind und kein Wasser
geben mögen. Die Geringschätzung also der irr=
dischen Dinge und unserer selbst ist die erste und
wesentliche Wirkung des heiligen Pfingstgei=
stes. Zum andern entzündet dieser Geist auch
in unsern Herzen die Liebe GOttes und JEsu
Christi. Man sahe an ihnen die Zungen zer=
theilet, als wären sie feurig, und er satzte
sich auf einen jeglichen unter ihnen. Dieser
Geist wird in den Herzen, die vorher kalt waren,
ein Feuer, so sie gegen GOtt und Christum mit
heiliger Liebe entzündet; das Herz wird durch
denselben glüend und brünstig gemacht. Denn
wenn der feurige Wind, das göttliche Liebes=
feuer, in das Herze kommt; so wird alles,
was irrdisch und vergänglich ist, zu Boden ge=
schlagen; GOtt aber allein hoch und werth ge=
schätzet. Man spüret in seinem Inwendigen die
zarteste Neigungen zu seinem GOtt und Hei=
lande.

lande. Daher sagt Christus von dem heiligen
Geist: Wann derselbe kommen wird, so
wird er mich verkläten. Joh. 16. Was ist
das gesagt? Dieses heißt so viel: er wird
mich der Welt als ihren GOtt und HErrn,
als ihren Erlöser und Seligmacher offenbaren und zu erkennen geben; mithin machen,
daß sich vor mir, als dem eingebohrnen Sohn
GOttes, alle Knie beugen werden, weil ohne
den heiligen Geist mich niemand einen HErrn nennen kann. Bey einer Seele also, worinnen der
heilige Geist eine stete Wohnung findet, und in
welcher er sich recht fest setzen kann, bey solcher
Seele wird Christus in dem Inwendigen ihres
Herzens verkläret, über alles geachtet, geehret
und geliebet. Vorhin konnte sie mit kaltem
Blute, und obenhin die theure Worte sagen:
JEsus! liebster GOtt! Nunmehro aber beuget sich ihr Allerinnerstes, so oft sie an GOtt,
und welchen er gesandt hat, JEsum Christum,
auch nur gedenket. Diese Erkänntniß GOttes
macht, daß alles, was nur in ihr ist, sich freuet,
und selig schätzet. Je mehr wir nun die Welt,
und alles, was darinnen ist, verachten, ja je
mehr wir von uns selbst ausgehen, je mehr
GOtt und Christus unser Theil und Gut ist:
desto reichlicher haben wir den heiligen Pfingstgeist empfangen, desto völler sind wir davon
geworden. Und sie wurden alle voll des heiligen Geistes, und fingen an zu predigen,
nachdem ihnen der Geist gab auszusprechen.

L 3   Dieses

Dieſes iſt nun die dritte Wirkung des heiligen Pfingſtgeiſtes, daß, wo er in das Herz
kommt, er daſſelbe ganz voll machet, alſo, daß
die Welt darinnen keinen Raum und Platz mehr
findet, weil dieſer Gaſt ſich ganz allein HErr
und Meiſter davon machet. Die erſte Jünger
und Gläubige waren von der ſeligen Oberherrſchaft dieſes Pfingſtgeiſtes ſogar eingenommen,
daß ſie weder ihrer Zungen noch eines andern
Gliedes mehr mächtig waren, ſondern gleichſam
gezwungen waren, ſo zu reden, wie der Geiſt
ihnen gab auszuſprechen. Sie konnten nicht mehr
reden, wie ſie nach ihrem Kopf, nach ihrer Ge-
lehrſamkeit und Wiſſenſchaft wollten, nein! ſondern ſie mußten reden und thun, wie der heilige
Geiſt wollte. Eben alſo gehet es mit einem jeden
Menſchen, bey welchem der heilige Geiſt ſeine
Wohnung machet, da erfähret man die ſelige
Oberherrſchaft unſers HErrn JEſu Chriſti in dem Herzen. Dann der heilige Geiſt iſt
der Scepter, ſo aus Zion in unſere Herzen
geſandt wird, der ſich alles unſeres Willens und
Verlangens, alles unſeres Thuns und Unterlaſ-
ſens, und aller unſerer Neigungen und Begierden, bemächtiget, und uns ſich ganz unterthänig machet. Er wohnet in unſern Herzen, wie
ein Landesfürſt in ſeinem Pallaſt; er ordnet
und bewerkſtelliget in uns, was ihm angenehm
und wohlgefällig; er ſchaffet in uns einen andern
Grund und Anfang unſeres Lebens; er wird der
Seele gleichſam das Leben ihres Lebens; er erneuert ſie täglich mehr und mehr zu dem Bilde
deß,

deß, der sie erschaffen, und machet sie zu einem Tempel der Wahrheit und Gerechtigkeit, ja zu einem lebendigen Tempel GOttes und JEsu Christi. Alle Herrlichkeit der Könige und Fürsten der Erden sind nur eitele Schattenwerke und Kinderspiele in Vergleichung eines einzigen Pfingstherzens, das gewürdiget worden, den Geist JEsu Christi in einer solchen Fülle zu empfangen.

Nun sehet liebste Herzen! damit ich es kurz mache, so große Sachen hat der HErr unser GOtt mit uns vor. Warum halten wir uns dann nun noch bey so niedrigen und geringfügigen Dingen, ja bey würklichen Schattenwerken und Kinderspielen auf? Warum kleben wir dann, gleich dem vernunftlosen Vieh, noch immer an der Erden? Warum wühlen wir, wie die Maulwürfe, nach solchen Dingen, welche unsern unsterblichen Geist nie sättigen, nie befriedigen, nie zur Ruhe bringen können? GOtt hat uns dazu erschaffen und erlöset, daß wir seiner göttlichen Natur theilhaftig werden, und lebendige Tempeln des heiligen Geistes seyn sollen. Wie stimmet nun mit dieser allerheiligsten Absicht GOttes unser Thun zusammen, das nur nach Erde schmäckt, und klar zu erkennen gibt, daß wir nicht himmlisch, sondern irrdisch und fleischlich gesinnet sind? Ein jegliches Herz hat die Natur dessen, von wessen Geist und Gesinnung es besessen und beherrschet wird. Beherrschet uns der Geist und Sinn der Welt: so haben wir eine irrdische und fleischliche Natur, und eben

L 4   so

so viele Laster an uns, als ein fleischlich gesinntes,
und vom Weltgeist schwangeres Herz auszu=
brüten pfleget, und können folglich mit GOtt
so wenig Gemeinschaft haben, als wenig wir
seiner Natur theilhaftig sind. Besitzt oder trei=
bet uns aber der Geist GOttes und JEsu Chri=
sti: so haben wir eine göttliche Natur, und
sind also auch fähig einen Tempel des heiligen
Geistes abzugeben, und aufs innigste mit GOtt
vereiniget zu werden.

Nun dann auf meine liebe Mitberufene Brü=
der! lasset uns dem vorgesteckten Ziel, dem Klei=
nod, welches uns vorhält die himmlische Beru=
fung GOttes in Christo JEsu, unter gött=
lichem Beystande mit allem möglichen Ernste
nachjagen! Lasset uns in den Schranken der
uns von GOtt angewiesenen Laufbahn also
laufen, daß wirs ergreifen, und zu dem Ende
uns aller andern Dingen, so viel nur möglich
ist, enthalten! Ja wahrlich, da uns eine so
große Fülle verheissen ist: so lasset uns doch be=
gierigst zugreifen! lasset uns jederzeit wachen und
nüchtern seyn, und uns selbst unter einander
wahrnehmen mit Reitzen. Und sollte es auch ge=
schehen, daß wir, als ein verachtetes Häuflein
mit Christo verhöhnet und verfolget würden: so
lasset uns aufsehen auf JEsum Christum, den
Anfänger und Vollender des Glaubens, welcher,
da er wohl hätte mögen Freude haben, erduldete
er das Creutz, und achtete der Schande nicht,
Ebr. 12, 2. Da uns also unser Haupt auf dem
Creutzeswege vorgegangen: wie sollten wir,
als

als seine Glieder, ihm nicht gerne und willig
folgen? Welche Schande würde es für einen
Kriegsmann seyn, wann er im Streit seinem
ihm vorgehenden obersten Befehlshaber nicht
nachfolgen, sondern zurück weichen wollte? Wie
also ein tapferer Kriegsmann sich nicht nur
eine Pflicht, sondern auch die gröste Ehre draus
machet, seinem Feldherrn Schritt auf Schritt zu
folgen, und alles Ungemach mit ihm zu theilen:
also sollen auch wir, wofern wir ächte Glieder
und Streiter Christi seyn wollen, es nicht nur
für unsere Pflicht, sondern auch für eitel Freude
und für die gröste Ehre halten, wann wir, um
Christus willen zu leiden, gewürdiget werden.
O! wohl uns, wenn wir sagen können: Um
deinetwillen werden wir den ganzen Tag getödtet; wir sind geachtet, wie die Schlachtscha-
fe. Dann so wir mit ihm leiden werden, so
werden wir auch mit ihm zur Herrlichkeit erha-
ben werden. Unsere Trübsal, die zeitlich und
leicht ist, wird uns eine ewige und über alle
massen wichtige Herrlichkeit zuwege bringen.
Die Welt mag unser immerhin spotten und
lachen, weil wir nicht mit ihr in dasselbe wüste
und unordentliche Wesen laufen mögen: so wissen wir doch daß der Geist, der ein Geist der
Herrlichkeit und GOttes ist, auf uns ruhet.
Bey der Welt ist er gelästert, bey uns aber gepriesen, 1 Petr. 4, 4. 14. Wir wissen, daß
der Schmuck der Kinder GOttes nicht auswen-
dig sey, sondern der verborgene Mensch des Herzens unverrückt mit sanftem und stillem Geiste

L 5   Ja

Ja wir wissen, daß unser Leben mit Christo ver=
borgen ist, in GOtt, und daß, wenn Christus
unser Leben sich an jenem großen Tage der drit=
ten allgemeinen Offenbarung in der Herrlichkeit
offenbaren wird, wir mit ihm werden offenbar
werden in der Herrlichkeit, Coloss. 3, 3. 4. Amen,
es werde wahr! es geschehe uns also.

Nun wir haben schwache und gebrechliche
Worte gehöret. Geist müssen wir haben, Kraft
müssen wir haben von oben, um das angehörte
Wort zum Heyl unserer Seelen anwenden zu
können. Beuget euch dann mit mir demüthig
vor dem gegenwärtigen Heiland. Lasset uns
einmüthig mit gläubigem Herzen und brennen=
dem Verlangen, ihn um die Ausflüsse seiner
Gnaden und seines Segens anrufen, und also
zu ihm seufzen.

Gebet.

HErr JEsu, JEsu, JE=
su! der du gesalbet bist mit Bal=
sam des Geistes ohne Maaß, der du vor
uns erworben hast Gaben, unschätzbare
Gaben, unendliche Gaben. Ach, ach!
wir begehren dich zu verehren, als die
einzige Quelle alles Guten, so wir in
der Zeit und in der Ewigkeit erlangen
können. Dich, unseren großen Wieder=
bringer müssen unsere Herzen anbeten,

loben

loben und lieben, daß du dich so tief herunter gelassen haft vor uns arme Kinder, zu uns armen Menschenkindern, daß du unsern Leib, Seel und Geist hast wollen annehmen, um durch diese allergenaueste Vereinigung ein solcher zu werden, wodurch das Leben GOttes wiederum in uns armen Menschenkindern eingeflößet werde. Süßester Heiland JEsu, wir haben dich betrachtet als einen Erhabenen zur rechten Hand des Vaters auf dem Thron deiner Herrlichkeit; o wir begehren dich als einen solchen auch zu verehren und anzubeten durch deinen heiligen Geist. O laß deinen heiligen Geist, der uns in dieser Stunde die angenehme und unvermuthete Gelegenheit gegeben hat, ein Wort von dir zu zeugen, ach laß diesen Geist dich selbst, deine Wahrheit verklären in unser aller Herzen; ach daß es nicht nur Worte: ach daß es nicht, wie ein vorüber fliegender Schall seyn möge, sondern eine Kraft in mein und in unser aller Herzen, überbleiben möge. O HErr JEsu, ersetze du durch deines Geistes Kraft, die Gebrechlichkeit aller unserer Reden; laß deinen heiligen Geist mehr und mehr den Meister unserer Zungen wer-

werden, der uns lehre ausſprechen die
große Thaten unſeres GOttes, daß wir
in unſerm Inwendigen mit dieſem Geiſt
beſeelet, je länger je mehr dich, unſern
Heiland, mögen erkennen, lieben, und
als das Leben in unſern Herzen erfahren.
Du theurer JEſu, du kenneſt nun alle
die Seelen, wie ſie vor deinem Angeſicht
hier ſitzen. Ach liebſter Heiland! haben
wir deinen Geiſt oder iſt noch der Welt=
geiſt HErr und Meiſter in manchen oder
einigen Herzen. Nun, du allprüfender
Geiſt, und du einiges Licht, gehe doch
von Herzen zu Herzen, prüfe du uns,
erforſche du uns, erfahre uns doch wie
wirs meynen, ob wir in unſeren Herzen
deinem Geiſt oder dem Weltgeiſt Raum
geben, wer in uns zu befehlen hat, wer
in uns zu herrſchen hat. Theureſter Hei=
land! ſind hier noch Seelen, die bis dahin
Sclaven des Satans geweſen ſind; die bis
dahin ſich haben laſſen anfüllen mit ſolchen
finſtern Kräften, und ſich unglücklicher Wei=
ſe treiben laſſen, durch einen Herrn, den
ſie wohl ſelber nicht mögen erkennen; o
mache ſie doch heilig bange; o laß deinen
Geiſt mit ſeinem Strafamte ihre Her=
zen heiliglich beunruhigen, damit ſie ſich
nun

nun noch mögen dem Gnadenscepter un=
terwerfen. Ja prüfe uns, HErr, un=
tersuche uns alle mit einander, ob dein
Geist auch noch in uns etwas zu bestra=
fen findet, ob nicht irgendwo noch etwas
Weltliches, etwas Eiteles, etwas Unlau=
teres in uns ist, das vor deinen reinen,
das vor deinen klaren Augen nicht beste=
hen kann. O HErr JEsu, laß es in die=
sem Augenblick, von deinem heiligen Geist
entdecket, von deinem Geist bestrafet, von
deinem Geist weggenommen werden durch
dein Gnadengericht! Rufe mir, rufe uns
allen zu Herzen: Nun speye aus, wo
du noch etwas im Munde, das nach
den bittern Wassern schmäckt, damit der
Crystalfluß in dem Grund zum klaren
Brunn werden, den GOttes Brünnlein
dir geben kann. O du Brunnquell der
ewigen Liebe und Gnade, lehre uns doch
mit unermüdetem Verlangen nach dir hun=
gern, lehre uns vor aller Sicherheit, vor
aller falschen Freyheit uns hüten in dem
angefangenen Lauf und Kampf. O lieb=
ster JEsu! der du deine Jünger so manch=
mal hast angestossen, wann sie wollten
schläferig werden. O erwecke uns zu
einer Munterkeit, und zu einem neuen
Ernst

Ernſt und Lebhaftigkeit, daß wir auch
mögen einmal anfangen, deinem Geiſt
Raum zu geben in unſern Herzen, daß
wir uns aufs neue zu deinen Füſſen legen, um den Bund mit dir, unſerm
Heiland, zu erneueren; du wolleſt auch
je länger je mehr HErr JEſu, unter deinen gerufenen Seelen wegräumen
alle Anſtöſſe und Aergerniſſen, und ſie in
die Liebe und brüderliche Einmüthigkeit
einführen. Laß uns doch einfältiger, laß
uns doch kindlicher durch deinen Liebes-
geiſt gemacht werden; o wannehe werden die einmal ein Herz und eine Seele
ſeyn, die in dir, dem Ewigen, zu einem
ewigen Gut und Vaterland berufen ſind.
O entzünde doch die Herzen in der Liebe
zu dir, entzünde die Herzen in reiner
Liebe zu dir, und untereinander, verbinde
und vereinige uns in der Einmüthigkeit,
damit wir als Vereinigte mit unſerm Hunger deinen Geiſt auf uns herabziehen mögen; ſonderlich begnadige uns mit einer
neuen Andacht zum Gebet. O HErr
JEſu! lehre du uns durch deinen Geiſt,
mich und alle dieſe Herzen, was es geſaget ſey; was recht beten ſey, wie wir
von aller Zerſtreuung uns ſammlen laſſen,

fen, und vor dir stille seyn sollen; wie
wir dich sollen gegenwärtig glauben, ge=
genwärtig verehren, gegenwärtig auf dich
warten und nicht müde werden. O HErr
JEsu, du hast deine Jünger gesegnet,
wie du bist gen Himmel gefahren, und
kraft deines Segens wurden sie gesegnet,
daß sie konnten stille sitzen und warten, und
beten, und nicht müde werden; segne uns
dann auch, HErr JEsu, mit dieser
Gnade, daß wir mögen gesammlete Her=
zen bekommen, daß wir dich mögen im=
mer mehr und deinen heiligen Geist in
unsern Herzen betende finden. O HErr
JEsu, stärke uns im Muth und im
Glauben, daß wir nicht mögen Muth=
loß werden und verzagen, wann wir gleich
warten und lange warten müssen, so be=
wege dich endlich mit Kraft aus der Hö=
he in diesen letzten Tagen, da du schon,
als ein Wind, so manche Herzen nieder=
geworfen, und sie dem Scepter deiner
Gnade unterworfen; so bewege dich auch
noch auf eine allgemeinere Weise; laß
noch viele tausend herzu gerufen werden.
O laß die Verheissung in den Propheten
völliger werden, daß dein Geist ausge=
gossen werde über alles Fleisch, daß Alte
und

und Junge, Kinder und Jünglinge und
Mägde mögen weissagen, und die ganze
Erde, voll deines Geistes werden. O
HErr JEsu! laß zufördersam dann
nun von deinem Geist ganz und aufs
neue gesagt werden: Sie wurden alle
voll des heiligen Geistes. Hier sind
Gefäße, fülle du in meinem und in aller
Herzen alle ledige Gefäße die du erfüllen
könnest. O gib uns doch wenigstens ein
Tröpflein; laß uns nicht kalt, laß uns
nicht mager von hinnen gehen; laß uns
nicht Pfingsttage halten, ohne etwas
von deinem Geist zu erfahren. O ewiger Geist der Kraft und der Liebe, komm
aus der Höhe, und werde HErr und
Meister in meinem und in aller Herzen,
damit wir je länger je mehr aus dem
Bilde des Satans und dessen Reich über-
gesetzet werden mögen in das Reich des
Lichts, und verkläret in das Ebenbild unseres GOttes, von einer Klarheit zu der
andern. Werther heiliger Geist der Gnaden, bleibe du beständig unser Gast; bleibe beständig unser Führer auf dem schmalen Wege zur Ewigkeit; und wann wir
dermaleinst alle unser Haupt niederlegen
auf unser Todbette; wann wir sollen den

letzten

letzten Kampf und Strauß ausstehen. O
HErr JEsu! alsdann laß diesen deinen
werthen Geist der Tröster seyn in aller
Noth, der unsere Seelen inniglich beruhigen kann; der unserm Geist Zeugniß gibt,
daß wir deine Kinder sind, der uns das
Siegel auf unser Herz drücken kann, daß
wir ewiglich dein Angesicht schauen werden. Nun Ehre sey dir, unserm GOtt,
und heiligen Geist, dem dreymal höchsten Gut, nun und in alle Ewigkeiten der Ewigkeiten.
Amen.

Vierte Rede.

Gehalten

bey Gelegenheit,

da eine

liebe Freundin, Maria N.
beerdiget worden. 1755. den 21 Junii.

Gegenwärtiger GOtt, GOtt der grossen Ewigkeit, der du alleine die Unsterblichkeit besitzest, und auch alleine Unsterblichkeit und ewiges Leben mittheilest denen, die an deinen Namen glauben; dir geben wir sterbliche und hinfällige Menschen die Ehre, und beugen uns vor dir, als vor unserm GOtt, von welchem unser zeitliches und ewiges Leben abhänget: Ziehest du deinen Athem zurück, siehe, so fallen wir dahin, und werden nicht gesehen.

O segne

O segne uns in dieser Stunde mit einem gnädigen Blick deines Angesichts. O du GOtt des Friedens, der du von den Todten ausgeführet hast den großen Hirten der Schaafe, durch das Blut des ewigen Testaments! Ach wecke uns auch auf aus allem Tod der Sünde, der Sicherheit und der Unachtsamkeit, und mache uns munter und geschickt zu allen guten Werken; richte uns vollkommen zu, zu thun deinen Willen, und schaffe in uns alles, was vor dir, unserm GOtt, wohlgefällig ist in Christo JEsu unserm Heilande, welchem sey Ehre nun und in alle Ewigkeiten, Amen.

* * * * * * * * *

Wir kommen von dannen her, wohin wir immer hinzu eilen. Wir kommen her vom Grabe, da wir eine geliebte Freundin von uns zu ihrer Ruhestätte hingeleget haben; und wir eilen noch jetzt mit vollen Schritten nach dem Grabe zu, und werden auch bald also in unser Grab zur Ruhe niedergeleget werden. Ein jeder Augenblick, Stunde und Athemzug unseres Lebens, von unserer Geburt an, ist nichts anders als ein Schritt und immerwährendes Fortschreiten zum Todte und zur großen Ewigkeit. Dann dieses Leben und ge-

gen=

genwärtiger Stand und Land, ist nicht unser
bleibender Stand und Land; sondern wir
reisen nur hindurch. Glauben wir das wohl
von Herzen? Und wann wirs glauben, bedenken wirs wohl reiflich vor GOtt? Richten
wir wohl unser Herz, unsern Wandel darnach
ein?

Die mehresten unter den Menschenkindern
wandeln und taumeln, ach leider! nach der
Ewigkeit hin wie die Trunkene, in ruchloser
und verwegener Sicherheit. Unter solche werden wir, verhoffentlich, nicht dürfen gezählet
werden. Manche wandern zur Ewigkeit wie
die Träumende, die sich einbilden, daß es gar
wohl mit ihnen stehe, daß sie fromm wären,
daß sie gar wohl mit GOtt stünden; aber am
Ende, wann sie die Augen aufthun werden,
dann werden sich tausende, ja tausende, betrogen finden bey ihrer eingebildeten Hoffnung.
Gehörten wir nun gleich auch nicht, welches
GOtt gebe, unter solche, so könnten wir doch
gar leicht gehören unter die unachtsame Herzen
die zwar wissen und glauben, daß sie zur Ewigkeit gehen, und auch wohl glauben und wissen,
daß noch eine große Veränderung bey ihnen
vorgehen müsse, um den großen Uebertritt
selig thun zu können; die aber ach leider! durch
die Trägheit des Fleisches, und Unachtsamkeit
ihres Herzens dennoch ihre Stunden und Tage
so vergeblich dahin gehen lassen, daß es nicht
gnug kann beklaget werden. Wir sollen uns
deßwegen stets aufmuntern und aufmuntern lassen,

fen, daß wir das wichtige Werk unserer Seligkeit nicht versäumen.

Jetzt will ich dann auch, bey dieser Gelegenheit, mir und uns allen zu unserer wichtigen
Erinnerung zurufen die Worte, welche JEsus
zu der Martha sprach, da er der Maria ihrer
Frömmigkeit wegen Zeugniß gab, und sie demnach auch selig schätzte; dann wer wahrlich fromm
ist, der ist auch selig. Es stehen diese Worte
geschrieben:

Lucä X. v. 42.

Eines aber ist Noth; Maria hat das
gute Theil erwählet, das soll nicht
von ihr genommen werden.

Der Mund der Wahrheit preiset hier die Maria fromm, und schätzet sie demnach selig.
Manche werden in ihrem Leben fromm gepriesen, aber von wem? Antwort: Von Menschen
und alle Menschen sind Lügner, Psalm. 116, 11.
Laßt uns doch nicht achten auf Menschen Zeug-
nisse, und auf die Lobsprüche die wir von
Menschen empfangen; ob Menschen uns fromm
schätzen, und ob wir uns selbst etwa einbilden, daß wir fromm wären; Denn preiset uns
nicht JEsus Christus, der Mund der Wahrheit, selber fromm, so ist es nichts mit unsrer
Frömmigkeit, und wir werden uns am Ende
unsers Lebens betrogen finden. Manche werden
auch nach dem Todte selig, ja wohl seligste und

M 3	hoch-

hochſelig geprieſen: aber ach leider! was kann
es doch einem Unſeligen helfen, daß er von den
Hinterbliebenen ſelig geprieſen werde? Preiſet
uns aber der Mund der Wahrheit, JEſus
Chriſtus, ſelber ſelig, ſo können wir uns ganz
veſte drauf verlaſſen. Demnach ſo müſſen wir
weder Menſchen, noch unſer eigen betrügliches
Herz fragen, wenn wir von unſerm jetzigen
und unſerm zukünftigen Stande ein Urtheil fällen wollen; ſondern wir ſind verpflichtet unſern
Stand zu ſchätzen nach Dem, der nach der
Wahrheit ein Urtheil ſpricht und richtet. Was
Chriſtus hier von Maria urtheilet, das war
ein Urtheil nach der Wahrheit, und eben dieſer JEſus Chriſtus iſt es, vor dem wir auch
alle werden erſcheinen müſſen; und dieſer JE-
ſus, vor dem wir erſcheinen ſollen, der wird
das gerechte Urtheil ſprechen, wer ſelig oder un-
ſelig geſtorben iſt.

Wir wollen dann dieſe Stunde dazu anwenden, daß wir an dem Exempel der Maria ſehen
und lernen:

Wie eine Seele müſſe beſchaffen
ſeyn, wann ſie von dem Mund der
Wahrheit im Leben fromm, und im
Sterben ſelig geprieſen werden ſoll.

Wollen wir von JEſu, dem Munde der
Wahrheit, im Leben fromm, und im Sterben ſelig geprieſen werden, ſo muß Gott
und

und die Gottseligkeit unser Einziges,
unser Nöthigstes, unser Bestes und un=
verrückt Bestes werden.

I.

Erstlich muß GOtt und die Gottseligkeit
unser Einziges werden. Eines ist noth;
und dieses Eine ist GOtt in Christo JEsu.
Es muß GOtt unser Eines oder Einziges
werden das wir suchen, er muß unser Eines
werden das wir lieben, er muß unser Eines
werden das wir hochachten und anbeten.

Ich sage, GOtt muß unser Eines werden
das wir suchen. Das menschliche Herz ist
immer im Suchen; dann es ist eine heimliche
unaufhörliche Sehnsucht in dem Menschen.
Manche Menschen suchen GOtt, und finden
ihn nimmermehr, weil sie ihn nicht alleine, son=
dern viele Dinge neben ihm suchen; und wann
es zum Sterben kommt, dann verlieren sie die
viele und alle die Dinge, die sie neben GOtt
gesuchet und gehabt haben; und sie erlangen
auch GOtt nicht, weil sie mit GOtt allein
nicht zufrieden gewesen. Ach welch ein Thö=
richter, welch ein Unglückseliger ist der, der
sich mit GOtt allein nicht will begnügen las=
sen! Lasset uns deßwegen dann, werthe Freun=
de, mit der Maria, GOtt als unser Einzi=
ges erwählen. Lasset uns von ganzem Herzen
alle Dinge dran geben, auch allen Selbstge=
such im Geistlichen nicht mit Willen hegen,
damit unser Herz jenem frommen Manne, dem

M 4	Assaph,

Assaph, mit Wahrheit nachsprechen kune:
HErr, wann ich nur dich habe, so frag
ich nichts nach Himmel und Erde, wann
mir gleich Leib und Seel verschmachtet,
so bist du doch, GOtt, allezeit meines Herzens Trost, und mein Theil. Psalm 73,
25. 26.

Wollen wir von dem Mund der Wahrheit
fromm im Leben, und selig im Sterben gepriesen werden, so muß 2) GOtt unser Eines werden das wir lieben Höre, Israel, der HErr,
unser GOtt, ist ein einiger GOtt. Und du
sollt den HErrn, deinen GOtt, lieb haben
von ganzem Herzen, von ganzer Seele, von
allem Vermögen. 5 B. Mos. 6, 4. 5. Siehe, manche Menschen wollen GOtt wohl lieben, aber sie wollen ihn nicht alleine lieben,
sondern man liebet noch viele andere Dinge
neben GOtt: und so finden solche Herzen nicht
das wahre Vergnügen, sondern bleiben immer
in der Klemme stecken. GOtt ist ein allgnug-
samer GOtt; aber er ist nur gnug solchen, die
sich an ihm allein begnügen lassen: er muß allein geliebet seyn, sonst vergnügt er den armen
Geist in Ewigkeit nicht. Ach wir arme Menschenkinder wollen manchmal dem lieben GOtt
heucheln; wir geben ihm etwas von unserm
Herzen, und das übrige geben wir der Creatur,
oder wir behalten es für uns selbst. Gewiß,
GOtt will nicht ein wenig Liebe, nicht nur etwas vom Herzen, sondern er will es ganz haben: Ganz mein, oder laß es gar seyn.

Unsere

Unsere ganze Liebe, all unser Vermögen, all
unser Thun und Lassen muß für GOtt und
nichts für die Creatur und uns selbsten seyn,
sonst finden wir die kostbare Perle, den rechten
Schatz in dem Acker unseres Herzens nicht.

· Wir müssen GOtt lieben von ganzer Seele,
von ganzem Gemüth, und aus allen Kräf=
ten. Einer muß GOtt uns werden. Gewiß,
liebste Herzen, laßt es uns vor GOttes An=
gesicht bezeuget seyn: der creatürliche Trost hin=
dert den göttlichen Trost, die creatürliche Lust
hindert die Lust die wir in GOtt haben könn=
ten: Es muß eine Ausleerung geschehen, wenn
uns GOtt erfüllen soll. Suchen wir nun die
Lust, Trost und Vergnügung in andern Din=
gen, so verlieren wir sie in GOtt. Siehe,
was wird es dann endlich werden am Ende
unseres Lebens, wann wir nicht allein allen
Trost der geschaffenen Dinge verlieren, sondern
auch alle die Dinge selbst verlieren, worin wir
uns ausser GOtt belustiget haben, und stehen
dann nackt und entblösset von dem Trost, den
wir in GOtt hätten haben können, wenn wir
uns ihm von ganzem Herzen ergeben hätten?
Lasset uns demnach klüger zu Werk gehen,
und uns mit GOtt allein begnügen lassen
in Zeit und Ewigkeit. Eines war der Maria
nur noth, und in dem Einen fand sie alles.
Derohalben lasset uns von allem Geschaffenen,
und von allem Trost im Geschaffenen, uns
abziehen, in der Bekänntniß, daß GOtt allein
unser GOtt sey, und keiner mehr, und daß

M 5

er

er alleine uns vergnügen könne und vergnügen wolle in Zeit und Ewigkeit. Lasset uns mit GOtt allein aushalten, und mit David sagen: Meine Seele soll sich weigern sich trösten zu lassen, Psalm, 77, 3.

Wollen wir von Christo dem Mund der Wahrheit, fromm im Leben, und selig im Sterben gepriesen werden, so muß 3) GOtt unser Eines werden, das wir hochschätzen und anbeten: dann also spricht GOtt der HErr: Ich bin der HErr dein GOtt; du sollt keine andere Götter neben mir haben. Ist es wahr, ist GOtt allein GOtt? Muß der mein Einziges werden? So muß ich ihn auch allein anbeten, alleine hochschätzen, ihm alleine meine Herzensandacht schenken: dann siehe, so viele Dinge wir ausser GOtt hochschätzen, so viel Götzen verehren wir neben GOtt; und das kann nimmermehr mit der wahren Vergnügung unsers Herzens bestehen. Wir sollten billig in unserm ganzen Wandel zeigen, daß GOtt der Einzige sey, vor dem sich unser Herz beugete, daß er der Einzige sey, den wir hochschätzen, und den wir mit Hochschätzung und Ehrerbietung in unserm Inwendigen mittrügen in unserm ganzen Leben und Wandel hindurch.

Wollen wir von JEsu, dem Mund der Wahrheit, fromm im Leben, und selig im Sterben gepriesen werden, so muß auch die Gottseligkeit unser Eines werden. Ich meyne nicht eine solche Gottseligkeit, die nur den äussern Schein einer Gottseligkeit hat, wobey man aber

aber die Kraft der Gottseligkeit verläugnet;
sondern die eine wahre Herzensbekehrung zum
Grunde legt, und aus derselben herkommt.
Eines ist nur noth.   Manche Menschen wollen wohl fromm seyn, aber sie wollen dabey
gern ihr altes Herz behalten.   Manche wollen
fromm und gottselig leben; aber der Natur
zugleich folgen.   Manche wollen GOttes Freunde seyn, und es mit der Welt auch nicht verderben.   Seelen, es ist Betrug! wir werden
dergestalt von JEsu nimmermehr können fromm
genannt werden, und am Ende werden wir uns
gewiß betrogen finden.   JEsus, der Mund der
Wahrheit, sagt er selber deutlich und nachdrücklich: Niemand kann zween Herren dienen; dann er wird entweder den einen hassen,
und den andern lieben; oder er wird dem einen
anhangen und den andern verachten, Luc. 6, 24.
Es kann durchaus nicht beysammen bestehen.
Jacobus nennet es Ehebrecherey: Ihr Ehebrecher und Ehebrecherinnen, wisset ihr
nicht, daß der Welt Freundschaft GOttes
Feindschaft ist? Demnach, wer der Welt
Freund seyn will, der ist GOttes Feind.
Jac. 4, 4.

Sollen wir von JEsu fromm gepriesen werden im Leben, und selig im Sterben, so müssen wir uns dergestalt auf die Gottseligkeit,
auf das Heyl unserer Seelen, auf die Frömmigkeit, auf den Dienst GOttes legen, als
auf unser Einziges, als auf unsere einzige
Sache. Eines ist nur noth, nemlich, daß wir
so

so suchen zu wandeln, als wann wir nichs in
der Welt zu thun hätten, als nur unsere Seele
zu retten, unserm GOtt zu dienen, und vor
seinem Angesichte rechtschaffen zu leben und zu
wandeln. Man mögte sagen: Ja, man hat
doch auch seine Berufsgeschäffte, der eine hat
dieses, der andere jenes, welches er in dieser
Welt nothwendig verrichten muß. Seelen,
das alles muß uns nicht hindern in unserer
Gottseligkeit, sondern solches alles muß zu Gottseligkeit werden; und was wir nicht zu Gottseligkeit machen können in unserer Arbeit, das
muß weggeworfen werden, das gehöret nicht
zu unserer Sache: Alles was uns im Fortgang,
im leichten Fortgang, in der Gottseligkeit nur
hindern will, das ist eine Last, die abgeleget werden muß.

Ach! liebe Seelen, es muß die Gottseligkeit unser Einziges werden, womit wir immer
zu thun haben. Mit der Gottseligkeit, und
mit den Gedanken der Gottseligkeit müssen wir
aufstehen und zu Bette gehen. Unsere Gottseligkeit müssen wir nicht in der Kirche, in der
Versammlung, in der Betkammer allein üben,
sondern wir müssen unsere Frömmigkeit, unsere
Gottseligkeit, mit hinaus nehmen in die Küche,
auf das Feld, und wo ein jeder sonst zu thun
hat. Wir sollen und wir müssen GOtt dienen an allen Orten und in allen Werken; ja,
in allem müssen wir GOtt dienen. Wir müssen von der Gottseligkeit unser Eines machen,
und wir müssen die Gottseligkeit immer mehr
in

in ein Einziges vereinigen und einschliessen.
Martha thate auch ein gutes Werk, sie kochete
und bereitete Speisen für den lieben Heiland
und seine Jünger, das war ja ein gutes Werk:
aber sie ging so stark da hinein, daß sie dadurch aus der Gottseligkeit ein wenig heraus
kam. Maria aber nahm es besser in Acht; die
setzte sich hin zu den Füssen des Heilandes, seine holdselige Worte zu hören, und deßwegen
wurde sie von dem lieben Heiland selber gepriesen.
Wann wir von der Gottseligkeit unser einziges
Werk machen, so können wir auch der Gottseligkeit wegen wohl ein äusseres Werk, ob es
gleich nöthig scheinen mögte, ein wenig bey
Seite setzen, und Zeit auskaufen zum Gebet,
zur Uebung in der Gottseligkeit, und wie,
wann, und wo wir sonst Nahrung für unsere
Seele bekommen können: dann dieses Eine
muß allem andern vorgezogen werden, und dieses Eine muß das wesentlichste seyn und bleiben.
So eben wurde gesagt, wir müßten die
Gottseligkeit immer mehr in ein Einziges
vereinigen und einschliessen. Viele Seelen
vermannigfaltigen sich in der Gottseligkeit oft
gar zu sehr in gut scheinenden Nebensachen,
die doch nicht die Gottseligkeit selber sind. Liebe Seelen, wann wir einmal sterben sollen, so
wird die Gottseligkeit bey uns in einem gar
kurzen Begrif verfasset seyn; und dieses Kurze,
dieses Eine der Gottseligkeit, bestehet in einer
Abscheidung von allem Geschaffenen und Eigenen, und in einer Zukehr zu GOtt durch Glauben

ben und durch Lieben. Kurz gesagt: Abgeschieden von allem, zugewandt zu GOtt
im Herzen. Bey gesunden Tagen üben sich
manche gute Seelen in vielen Nebensachen,
in vielen guten Meynungen, in vielen Erkännt-
nissen und Betrachtungen, in vielem Gehen,
im Laufen und Besuchen, und was dergleichen
mehr seyn mag. Dieses sind nun zwar alles
gute Sachen, die nicht zu verwerfen sind, wo
sie nur gerade auf dieses Eine gerichtet werden;
und so viel sollen wir auch nur diese Dinge
gebrauchen, als sie uns beförderlich sind zu
dem Einen. Aber, liebe Seelen, lernet es doch
immer mehr mit mir beherzigen, daß wann
wir sterben sollen, dann nichts wird zu paß
kommen, als nur Mariä Werk. Abgeschieden von allem Vergänglichen, um mit GOtt
allein zu handeln; abgeschieden von allem, um
GOtt allein anzuhangen und um in Ihm
allein erfunden zu werden; das sey unser Einziges, das sey unser Hauptwerk, darin laßt
uns vornemlich üben. In der Uebung des
Gebets wird dieses gelernet. GOtt ist mit
vielen und weitläuftigen Mundgebeten nicht
gedienet, sonderlich wann sie nicht aus dem
Grunde des Herzens kommen; sondern der
Kern aller Gebete ist, sich abkehren und ab-
scheiden von allem Geschaffenen, und sich hinzu
kehren zu JEsu, zu dem an unserm Herzen
und in unserm Herzen Gegenwärtigen, und
daß wir uns mit Maria zu JEsu Füssen hin-
setzen, ihn anhören und ihm Raum geben in
unserm

unserm Gemüthe zu wirken und zu befehlen nach
seinem Wohlgefallen. Dieses allein wird übrig
bleiben. Dann wann es einmal mit uns zum
Sterben kommt, dann zerstäuben alle andere
Sachen, die wir auch sonst in der Frömmigkeit
gehabt haben: alle Erkänntnisse hören auf, alle
Gaben, alle Lichter; alle Menschenkinder können uns da nicht helfen noch trösten; dann muß
es doch heissen: Nun gute Nacht ganze Welt!
gute Nacht alle Creaturen! nun mein GOtt ist
mein Einziges, zu dem kehr ich mich hin; sterbe
ich mit ihm, so gehe ich mit ihm in die Ewigkeit
ein. Also sollen wir die Gottseligkeit immer
mehr zu unserer einzigen Sache machen, und in
Eins bringen.

II.

Wollen wir, um weiter zu gehen, fromm
im Leben und selig im Sterben gepriesen werden, so müssen wir zweytens, von GOtt und
der Gottseligkeit auch unser Nothwendigstes
machen. Eines ist noth; Eines ist nothwendig, und dieses Eine ist GOtt. In der Welt
sind viele Dinge, die nothwendig genannt werden, und die doch fast unnöthig oder überflüßig
sind; die man zur unumgänglichen Nothwendigkeit nicht bedarf, sondern gebraucht, wenn
man sie hat; wenn man sie aber nicht hat, sich
auch drein schicket. Aber einige Dinge sind
in der Welt, in der Natur, die unentbehrlich
nothwendig sind, z. E. die Speise, die kann
man nicht entbehren; wann wir die nicht ha-

ben,

ben, müssen wir sterben; Deßgleichen die Luft,
worin wir leben; wann wir die nicht haben,
so müssen wir ersticken.   Nun, liebe Seele,
unser Geist kann noch vielweniger ohne GOtt
leben, als unser Leib ohne Speise und ohne
Luft.   Haben wir GOtt nicht so muß unsere
Seele sterben; haben wir GOtt nicht, so muß
unsere Seele ersticken und umkommen, gleichwie einer der keine Luft mehr schöpfen kann.   O
wie so sehr ist dieses die Wahrheit! mögten
wirs nur glauben! GOtt ist uns nöthiger als
die Speise, GOtt ist uns nöthiger als die Luft,
worin wir leben.

   O wie thöricht, o wie unbarmherzig sind
dann nicht die Menschen gegen sich selbst, die
da Stunden, Tage, Monate und Jahre so
dahin gehen ohne GOtt, ohne an GOtt zu gedenken, und die es wagen dürfen, dermaleinst
zu sterben ohne GOtt, und eine ganze Ewigkeit zuzubringen ohne GOtt, ohne welchen sie
doch nicht einen Augenblick Leben haben! O
laßt uns doch klüger zu Werk gehen, und bey
Zeiten GOtt suchen, als unser Einziges, als
unser Nothwendigstes.   Manche Menschen suchen GOtt, aber nur als eine Nebensache,
so mit halbem Ernst, so träg, so gleichgül-
tig, so lau, eben als wenn man dächte: Ja,
wenn ichs nicht erlange, dann muß ich mich
drein schicken. Mensch, hier findet kein Drein-
schicken statt, du must GOtt schlechterdings
haben, oder du bist ewig verlohren, du
kannst ohne GOtt nicht leben, du kannst
                                                    ohne

ohne GOtt in Ewigkeit nicht leben. Und dar=
um so muß GOtt mit einer herzlichen Ange=
legenheit gesuchet werden; ja es muß sowohl
im Anfang der Buße, als auch im Fortgang,
beständig mit einem solchen Ernst GOtt ge=
suchet werden, daß man wisse und fühle, daß
man GOtt nöthiger habe als die Speise für
den Leib, und daß man nirgend Ruhe finde
noch erlange, bis man GOtt gefunden hat,
bis man sich mit GOtt in seinem Herzen,
und in Glauben und Liebe verbunden hat.

Erweckte Herzen müssen insonderheit mit
GOtt wandeln, als mit einem GOtt, der
ihnen allein und zu aller Zeit nothwendig ist.
Wir sollen nicht so unachtsam leben, liebe Her=
zen, wie andere, und unsere Tage so dahin
ohne GOtt zubringen, als wenn wir wohl ohne
GOtt könnten zurecht kommen. O Schande
für erweckte Herzen! o Schande für fromme
Seelen! wir müssen solch einen Andrang, und
eine so hohe Nothwendigkeit fühlen, GOtt in
unserm Herzen zu suchen und zu haben, daß
es uns unmöglich ist, eine Stunde, einen Au=
genblick, zuzubringen, da wir nicht von Her=
zen zu GOtt sagen sollten und könnten: Ich
kann dich nicht missen, ich muß dich haben:
ich will lieber das Brod als dich, meinen
GOtt missen. Mit unserm GOtt sollen wir
aufstehen und zu Bette gehen, mit unserm GOtt
sollen wir beständig und unverrückt trachten zu
leben, zu schweben und zu wandeln.

Zweyter B. IV. Th.　　N　　Und

Und so sollten wir auch in Ansehung der
Gottseligkeit gesinnet seyn. Sollen wir gott=
selig und fromm gepriesen werden im Leben
und selig im Sterben, so müssen wir die Fröm=
migkeit, die Gottseligkeit, nicht als eine Neben=
sache, sondern als eine höchst nothwendige
Sache tractiren, als eine Sache die allein noth=
wendig ist, und in deren Vergleichung alle an=
dere Sachen und Beschäfftigungen dieses Lebens
gar nichts zu achten sind. Der Mensch macht
sich manchmal in seinen Geschäfften manche
Dinge so nothwendig, als wenn sie keinen
Aufschub litten, und nothwendig geschehen müß=
ten; und davon finden wir verschiedene Exem=
pel, bey dem Evangelisten Lucas Cap. 14:
Da sagt der eine um den andern: Ich muß,
ich muß (im Grundtext heißt es eigentlich,
es ist sehr nothwendig) ich muß hingehen,
den gekauften Acker zu besehen, die gekaufte
fünf Joch Ochsen zu probiren, ich bitte dich,
entschuldige mich; und der letzte von diesen
sagte: Ich habe ein Weib genommen, es
ist unmöglich, ich kann nicht kommen. Und so
denkt und sagt auch noch mancher: Ich habe
so nothwendige Verrichtungen, ich muß diß
und das thun; diß und das verhindert mich; ich
kann mich jetzt auf die Frömmigkeit nicht legen.
Das sind lauter Lügen, liebste Herzen, es ist
nichts als ein purer Betrug des Fleisches. See=
len, die recht fromm seyn und werden wollen,
die müssen die Gottseligkeit höchst nothwendig
und allein nothwendig achten. Eines ist noth;
                                        die

die andere Dinge sind nicht noth; und wann
die alle ungethan blieben, so würde darum doch
die Welt nicht vergehen, noch die Menschen
Hungers sterben. Aber diese Sache, unsere
Seele zu retten, daß wir wieder mit GOtt versöhnet werden, und daß wir mit ihm ruhig leben und selig sterben können, das ist eine nothwendige Sache, die muß gethan werden, die
kann keinen Aufschub leiden. Und die Regel
hat uns auch der liebe Heiland Matth. 6, 33.
gegeben: Trachtet am ersten nach dem Reich
GOttes, und nach seiner Gerechtigkeit, so
wird euch das andere alles zugeworfen werden. Trachtet am ersten darnach, thut diese
Dinge am ersten und liebsten.

Die mehreste Menschen denken den ganzen
Tag nur auf die Sachen, die sie äusserlich zu
verrichten haben; haben sie dann etwa des
Abends noch ein wenig Zeit übrig, die wollen
sie dann mit halbgeschlossenen Augen der Gottseligkeit widmen; da will man dann noch wohl
so etwas thun, entweder was Gutes lesen, betrachten oder beten: und so tractiret man die
Gottseligkeit, die Rettung seiner Seele als eine
Nebensache, als eine Sache, die nicht so
nothwendig, die nicht so wichtig ist als die
äussere Geschäffte; als eine Sache, die wohl
Aufschub leiden kann. Aber man muß ja doch
denken, welche Sachen die nothwendigsten sind,
welche Sachen die vornehmsten und besten sind.
Unsere Hauptsorge und Arbeit muß ja auch
verrichtet werden. Wann die Menschen im

Bau,

Bau, oder in der Erndte sind, so haben sie so
viel zu thun, daß sie gar keine Zeit übrig ha=
ben; aber Essen und Trinken versäumen sie
doch nicht, das müssen sie doch dabey haben.
Wie viel weniger sollten wir die Gottseligkeit
dran geben zu einiger Zeit. Liebste Herzen,
laßt uns doch GOtt bitten, daß er uns die
Gottseligkeit recht auf unser Herz lege, daß
wir sie nicht als eine Nebensache behandeln.
Dann daß die Gottseligkeit nicht eine Neben=
sache sey, sondern daß alle andere Dinge
Nebensachen sind, das wird sich doch einst
recht zeigen in der Stunde, wann Leib und
Seele sich scheiden sollen: da werden wir sehen,
daß es alles nichtige Kinbereyen sind, was nicht
auf GOtt und auf die Ewigkeit vor allen an=
dern Sachen zielet und gehet; dann werden
wirs recht sehen, was nothwendig ist, und
was nur eine Nebensache ist; was vergänglich
ist, und was ewig ist.

III.

Weiter, wollen wir von dem Mund der
Wahrheit im Leben fromm, und im Sterben
selig gepriesen werden, so muß zum dritten
GOtt und die Gottseligkeit auch unser Bestes
werden. Wir müssen das gute Theil wäh=
len können, und dasjenige Gute, so wir wäh=
len, für unser bestes Theil halten, das wir un=
ter allem hätten erwählen können. Martha hat
das gute Theil erwählet. Es stehet hier aber
nur das gute Theil; aber weil es verglichen

wird

wird bey dem, was Martha erwählet hatte, so wird es hier eigentlich und mit Vorzug genannt das gute Theil, das auf eine besondere Weise gut, und also besser sey, als dasjenige das Martha erwählet hatte; da es dann von selbsten spricht, daß es das beste sey. Maria hat das beste Theil erwählet. Wann man wählen soll, so muß man das Beste wählen, und niemand ist so thöricht, daß er nicht wählen sollte, was ihm wenigstens das Beste zu seyn deuchtet. Darum so müssen wir auch GOtt als unser Gutes mit Vorzug, als unser bestes Theil erwählen, und als unser Bestes lieben zu aller Zeit. Manche Menschen denken an GOtt, und beschäfftigen sich um GOtt, weil man zum Voraus weiß, daß man dermaleinst ohne GOtt nicht kann zu recht kommen, und man dermaleinst gern oder ungern, vor GOttes Angesicht wird erscheinen müssen: aber man suchet GOtt nicht als sein bestes, als sein ausnehmend Gutes. Wann ein natürlicher Mensch die Dinge dieser Welt, Geld und Güter, Ehre und Ansehen, und was einer in der Natur sonst am liebsten hat, wann er, sage ich, das allezeit und ewig behalten könnte, so würde er GOtt nicht wählen; er würde die sichtbaren Dinge lieber haben als GOtt. Das wird zwar keiner leicht von sich gestehen, und dennoch ist es die Wahrheit. Wer aber rechtschaffen fromm ist; der hält GOtt für sein Bestes, wenn er gleich auch das andere alles haben könnte.

Wann

Wann ein Mensch auf seinem Todbette liegt,
o dann schreyet er manchmal zu GOtt, wenn
er sich ohne GOtt findet: o hätte ich doch
GOtt! Aber das ist nicht gewählet durch eine
freywillige Wahl; sondern, weil man alsdann
alles andere missen muß, darum kehret sich
der arme Geist zu GOtt; dann soll GOtt
der Nothhelfer seyn, wann man die anderen
Dinge nicht mehr haben kann. Wir sollen aber
GOtt als unser Bestes aus allem andern aus=
wählen, das uns auch mögte oder könnte ange=
boten werden. Wir wandeln in dieser Welt
als auf einem Jahrmarkt, da uns von allen
Seiten, von dem Geist der Finsterniß, von
dem Geist der Welt, und von Fleisch und Blut,
allerhand Waaren präsentiret werden, und ein
jeglicher Geist machet seine Waaren so schön
und so angenehm als er immer kann, wenn es
gleich auch Gift wäre: Ey (heißt es,) vergnüge
dich doch hierin; ey erwähle doch dieses, so
wirst du ein gutes Leben erlangen, du kannst
das noch wohl mitnehmen; u. s. w., und ein
jeder bietet seine Waaren allen so ganz wohl=
feil an; aber es kostet die theure unsterbliche
Seele.

Nun alle diese sichtbare geschaffene Dinge
werden uns vor Augen gestellet; aber da stehet
auch GOtt: wir müssen eine Wahl machen,
und damit müssen wir nicht warten bis wir
auf unser Todbette kommen (dann da kön=
nen wir nicht mehr wählen, dann müssen wir
wohl wählen) dann müssen wir nehmen was
wir

wir kriegen: sondern weil wir noch jung sind,
weil wir noch gesund sind, und weil uns noch
die Wahl gegeben wird, nun ists Zeit zu wäh=
len.   Jetzt, da wir noch was erlangen können,
da wir noch diß und das in der Welt haben
können, da wir noch reiche Leute werden können,
da wir noch Lust und Plaisir in der Welt ha=
ben können, da wir noch den und den Stand
erreichen können, da muß es heissen: Ich gebe
das alles dran, und wähle mit Maria das
beste Theil, das nicht soll genommen werden.
Solch eine Wahl machte auch der liebe Mann
Moses; Moses erwählte viel lieber mit
dem Volke GOttes Ungemach zu leiden,
als die zeitliche Ergetzung der Sünden zu
haben, und achtete die Schmach Christi für
größern Reichthum als die Schätze Egypti.
Hebr. 11, 25. 26. Moses hätte die Schätze
Egypti, und das ganze Königreich haben kön=
nen, wobey auch die Vernunft und das Fleisch
hätten sagen können: Nun das kannst du ha=
ben, das kannst du ja mitnehmen, und doch
gleichwohl fromm seyn und GOtt dabey ha=
ben.   Aber nein, es muß da gewählet seyn;
man kann nicht beydes zugleich haben, man muß
entweder GOtt wählen, oder die Welt; entwe=
der das Gute, nemlich GOtt, oder die Sün=
de.   Maria hat auch gewählt, sie hat GOtt
gewählet.   Eben eine solche Wahl thate auch
David, wenn er Psalm 84, 11. sagt, ein
Tag in GOttes Vorhöfen seye besser als sonst
tausend, und daß er lieber der Thürhüter seyn

N 4   wolle

wolle in GOttes Hauſe, als Theil und Ge=
meinſchaft haben mit den Gottloſen. Siehe,
das iſt eine Wahl: Ich will lieber, ſagt er,
Thürhüter ſeyn in meines GOttes Hauſe, als
lange wohnen in der Gottloſen Hütten.

Siehe, ſo ſollen wir GOtt wählen als un=
ſer Theil, als unſer gutes Theil, wie David
auch von ſich ſagt: Pſ. 16, 5. 6. Der HErr iſt
mein Gut und mein Theil; du erhälteſt mein
Erbtheil. Das Loos iſt mir gefallen aufs
Liebliche; mir iſt ein ſchön Erbtheil worden.
Hier zielet David auf die Austheilung des Lan=
des Canaan, wobey einem jeglichen Stamm
ſein Erbtheil durchs Loos zugetheilt wurde; nur
die Leviten bekamen kein Erbtheil im Lande Ca=
naan, ſondern der HErr wollte ihr Erbtheil ſeyn:
da denket nun David, ich will es mit den Levi=
ten halten, der HErr ſoll auch mein Erbtheil
ſeyn. Und das war auch der Mariä Sinn;
darum ſagt der liebe Heiland: Maria hat das
gute Theil erwählet.

O ſelig ſind diejenigen Seelen, die das gute,
das beſte Theil, mit Maria wählen, weil ſie
noch in der blühenden Jugend ſind, und die
Welt ihnen ihre Luſt noch anbeut, weil ſie es
noch können haben, und wollen es nicht, aus
Liebe zu dem Allerbeſten! O ſelige Menſchen,
die in geſunden Tagen, weil ſie noch leben un=
ter den Reichthümern der Welt, unter den An=
bietungen der Vergnügungen und Ergötzlichkei=
ten dieſer Welt, dennoch aus einer freywilligen
Wahl und Gegenliebe gegen GOtt, mit Maria

das

das beste Theil wählen, daß sie sich mit ihrem
GOtt allein wollen begnügen lassen! Eben so ist
es auch in Ansehung der Gottseligkeit.

Sollen wir von JEsu fromm gepriesen werden im Leben, und selig nach diesem Leben, so
müssen wir auch die Gottseligkeit als unsere
beste Sache erwählen. Wir sollen nicht nur
fromm werden aus Angst des Gewissens. O alle Leute wollen fromm werden, wenn die Angst
des Gewissens ihnen recht zusetzt; oder wenn
sie krank sind, und befürchten, daß sie sterben
werden; ja, der Allerschlimmste will alsdenn
noch wohl fromm werden; aber das ist nicht
die rechte Art; es ist diß eine Sache, die gewählet werden muß. Maria hat das beste
Theil erwählet. Wir sollen die Gottseligkeit
nicht ansehen als ein verdrießliches Leben, als
ein unglückseliges Leben; sondern wir sollen die
Gottseligkeit ansehen als ein höchst-glückseliges,
als ein gutes, als das allerbeste Leben; und
diejenigen für die allerglückseligste Menschen
achten, die des Gnadenberufs in ihren Herzen
gewürdiget werden, und sich mit Leib und Seele, und mit dem ganzen Menschen, auf GOtt
und auf die Gottseligkeit legen. Wenn wir
einmal auf unser Todbette kommen werden,
dann werden wir den Unterscheid sehen, wie so
gut, wie so vollkommen wir das Beste gewählet, wenn wir GOtt als unser Theil erwählet
haben. Selbst Weltmenschen bezeugen auf
ihrem Todbette noch wohl Hochachtung ge-

N 5

gen

gen die Frommen; alsdann sind die Frommen
die besten, die sollen dann noch helfen, daß sie
in den Himmel kommen: aber, aber ich fürcht,
fürwahr, die göttliche Gnad, die man so lang
verspottet hat, wird dann schwerlich ob ihnen
schweben.   Ist etwa ein frommer Mensch gestorben, den man in seinem Leben wohl nicht hat sehen noch dulden mögen, und über den man her-
gefahren, den man gelästert und geschmähet hat;
so wird er nach seinem Tode doch noch das Theil
haben, daß man sagt: das ist ein frommer
Mensch gewesen; dann will jederman noch wohl
einen Lohn damit verdienen, daß er ihn lobet.
Darum, liebste Herzen, laßt uns, wenn wir
das Gute erkennen, nun wählen, da wir noch
wählen können.   Laßt uns das edle Marien-
theil erwählen in unserm Leben, so werden wirs
haben in unserm Sterben, und vollkommen seliglich geniessen in der großen unendlichen Ewigkeit.

IV.

Endlich, wann wir von JEsu wollen fromm
und selig gepriesen werden, so muß GOtt und
die Gottseligkeit auch unser unverruckt Vestes
werden.   Maria hat das gute Theil erwählt,
das soll und wird nicht von ihr genommen werden, sie hält das Theil vest.   Manche Menschen haben etwas von GOtt, geniessen etwas
von GOtt, haben auch das gute Theil beym
Anfang ihrer Bekehrung erwählet, und sich
der Frömmigkeit und Gottseligkeit gewidmet;
aber

aber ach leider! es ist GOtt noch wenig in
ihnen, und sie wenig in GOtt und in der
Gottseligkeit gegründet und bevestiget. Unser
lieber Heiland, der Mund der Wahrheit, gab
hier der Maria das Zeugniß, daß das gute
Theil, so sie erwählet, nicht sollte von ihr
genommen werden. JEsus gab ihr solch
Zeugniß von ihrem Stande; dann er sahe wohl,
daß sie dieses Theil so veste gefasset, daß sie
es so veste in ihrem Herzen hatte, daß es bey
ihr keine Gefahr leiden würde, daß es die
Welt oder einige andere Macht und Gewalt
ihr entreissen würde, wenn auch die Versuchungen noch so hart auf sie anstürmen sollten. O
wie glückselig, und abermal glückselig wären
wir! wann der Mund der Wahrheit auch solches also von uns sagen könnte. Sehe ich mich,
sehe ich viele von uns an, dann muß ich sagen,
GOtt hat vieles an uns gethan, GOtt hat
an manchen unter uns besonders vieles gethan.
Aber ach! es ist noch so schlecht gegründet, es
ist noch so wenig veste, käme einmal ein wenig
Creuz und Leiden, käme einmal eine Verfol-
gung, da wir Gut oder Blut zu wagen hätten; vielleicht liessen wirs uns wieder aus der
Hand schlagen, vielleicht liessen wir uns die
Perle wieder entreissen, und uns das beste Theil
wieder nehmen. Wann einmal der Teufel und
die Welt ihren besten Kraam, ihr Herrlichstes
und Schönstes uns anböten, und sagten: das
will ich dir geben, wann du niederfällest und
mich anbetest; sehe, solch einen Ehrenstand
kannst

kannst du erreichen; das kannst du erlangen, so
und so kannst du es noch in der Welt haben; so
fürchte ich, wenigstens manche würden sich da=
durch einnehmen, und des Einzig nöthigen ver=
lustig machen lassen.

Mancher gedenkt in seinem ersten Ernst
wunder=veste zu stehen, und wenn die erquickende
Gnade das Herz besuchet, dann heißt es manch=
mal mit David: Ich will nicht wanken in
Ewigkeit; aber ach! das ist kein Wort von
dem Munde der Wahrheit, das bezeugen die
Gelegenheiten gar zu ofte; und ach wie manche
betrübte Exempel können wir unter uns davon
aufweisen! Wann nun einmal der Tod heran=
nahete, und auf unserm Todbette der Platzregen
der Anfechtungen fiele, da bey leiblicher Krank=
heit und Anliegen das Gewässer wuchse, und die
innere Noth des Herzens aufschwülle, auch die
Winde der teufelischen Anfälle, auf die Seele
in der letzten Noth anbliesen; ach wie würde so
manches Haus fallen, und einen großen Fall
thun! Warum? Antwort: Weil es nicht auf
den Felsen (auf das Thun, nach JEsu Worten,
Matth. 7, 26. 27.) gegründet ist.

Nun, liebe Seelen, es soll uns darum das
Exempel der Mariä auch darzu dienen, daß wir
den Weg einschlagen, den sie gewandelt hat,
um auch also in GOtt und in der Gottseligkeit
vest gegründet zu werden. Was war denn das
vor ein Weg? Antwort: Maria setzte sich vor
JEsu hin, sie setzte sich zu seinen Füssen nieder,

und

und hörete seine Worte; davon machte sie ihr
Eines, ihr Nothwendiges, ihr Gutes. Und
dabey bleibt es: der rechte Weg, zur wahren
Ruhe zu gelangen, ist die Wahrnehmung des
Herzensgebets, daß wir nemlich durch das Gebet trachten mit GOtt bekannt und gemein zu
werden, damit wir in ihm Grund mögen bekommen, auf daß, wann auch hernach Proben und
Verfolgungen kommen mögten, wann uns auch
manches sollte aus der Hand geschlagen werden,
wann uns die Stützen, worauf man sich dann
und wann noch wohl lehnet, nemlich dieser oder
jener Mensch, wofür man Liebe hat, sollte genommen werden, wann der würde zu Boden geschlagen, wann der stürbe, wir dennoch was haben, worauf wir gründen, worauf wir bauen,
und woran wir uns halten können; daß wir dann
mögen auf JEsum den Felsen des Heils gegründet seyn, und das Theil erwählet haben, das
uns weder in allen Proben und Anfechtungen,
noch in der Stunde des Todes, noch in der unendlichen Ewigkeit genommen wird.

   Wir haben jetzt geliebte Freunde, zum Grabe
begleitet eine Maria, die hat gelebt, nun ist sie
gestorben. Die Aehnlichkeit des Namens hat
mir freylich diesen Spruch in die Gedanken gebracht, ohne aber die geringste Absicht zu haben,
eine Vergleichung der Stände zu machen; das
überlassen wir dem Mund der Wahrheit selber,
der allein von der wahren Frömmigkeit und
Seligkeit ein Urtheil geben kann, und an jenem
großen Tage geben wird. Nur dieses eine können

nen wir zum Lobe GOttes sagen: Sie, die
jetzt begrabene Maria, hat kein großes Theil
in der Welt gehabt; aber sie hat doch das gute
Theil erwählet, durch eine wahre Bekehrung und
Uebergabe an GOtt; das Theil das sie in der
Welt gehabt, das ist Armuth und Leiden gewesen: das ist nun alles überstanden, das ist ihr
genommen; aber das gute Theil ist ihr nicht genommen worden. Dafür sey GOtt die Ehre,
der sie in seiner Gnade bewahret hat, bis an
ihr Ende! sie hat in ihrer letzten langwierigen
Krankheit ausserordentliche Leiden ausgestanden,
aber auch, zu meiner und anderer Erbauung und
Freude, eine langwierige und ausserordentliche
Gedult erwiesen; dafür werde der Name des
HErrn alleine gepriesen und gelobet! GOtt hat
in ihr Herze eine kindliche Zuversicht zu seiner
Gnade, und eine herzliche Liebe zu ihm, als
ihrem höchsten Gut, eingeflösset; davon kann ich
zeugen, daß ich solches noch in ihrer letzten Tod-
tesnoth gesehen und gehöret habe. Nun ist
sie hingegangen; alle Noth und alles Leiden ist
ihr entrissen, ihr Theil ist ihr geblieben. Was
wird nun diese Seele sehen, die wir jetzt nicht
mehr sehen, und was wird sie nun geniessen?
Sie hat auch ihren Wandel dergestalt geführ-
ret, daß die Frommen keine Ursache haben,
sich ihrer zu schämen, und ihr Ende ist also
gewesen, daß wir keine Ursache haben zu trauren, als wenn wir keine Hoffnung hätten. Ich
vertraue, wir werden an jenem Tage auch diese
Maria noch zu den Füssen JEsu in der Ewigkeit

keit finden, mit so vielen andern theuer erkauf-
ten Seelen.

Wir aber, geliebte Freunde, schweben noch
auf unserm Pilgerwege auf Erden, in tausend
Gefahren mit unserm Perlein in der Hand. Es
kann uns noch genommen werden. Ach liebste
Herzen, laßt uns doch also wandeln, als einer
der mit einem großen und kostbaren Schatz durch
fürchterliche Gegenden gehet, wo sich viele Räuber und Mörder aufhalten; o wie vorsichtig gehet nicht einer solcher zu Werk! wir haben keine
Ursache über solche zu trauren, die im Glauben
gestorben sind: aber, o liebste Herzen! laßt uns
nur zusehen, daß wir nicht den Gottseligen und
den Engeln eine Trauerleiche werden; dann diejenigen welche das Perlein verlieren, die sich desselben durch die Räuber dieser Welt berauben
lassen; und also die Gnade GOttes verwahr-
losen und am Leben GOttes sterben, das sind
Todte, worüber man trauren muß, und hohe
Ursache zu trauren hat. Ach Weh, ach Weh
einem Menschen, der den Anfang des Gnaden-
lebens hat, und kehret sich wieder zu der Welt,
zu der Eitelkeit, und also wieder an diesem Gnadenleben erstirbet! Lasset uns darum so viel
desto fleißiger wahrnehmen die Uebung des theuren Gebets, daß wir uns an JEsum mögen vest
klammern, und immer mehr mögen in ihm ge-
wurzelt und gegründet werden. Der Mund der
Wahrheit ruft uns durch den heiligen Geist selber
so theuer zu: Halte was du hast, daß niemand deine Krone nehme. Offenb. Joh. 3, 11.

und

und Cap. 2, 10. sagt er: Sey getreu bis an
den Tod, so will ich dir die Krone des Lebens geben, Amen.

Lasset uns dann, geliebte Freunde, zum Beschluß uns nochmals demüthigen vor GOtt, und
Ihn um seinen göttlichen Segen und Eindruck
anrufen.

Gebet.

Menschliebender und guter GOtt, wir
sagen dir herzlich Dank für alle
deine Güte, Liebe und Treue, die du
uns unwürdigen Menschenkindern erwei-
sest, und je und je erwiesen hast. Wir
sagen dir herzlich Dank für alle deine
Gnade, die du uns in Christo JEsu,
deinem eingeliebten Sohn, so theuer geschenket und zugedacht hast. Laß doch
deine Liebe nicht fruchtloß an uns seyn,
sondern ihren völligen Endzweck an uns-
aller Seelen erreichen. Wir sehen es, o
HErr, unser GOtt, wie der eine vor,
der andere nach, von uns in die Ewigkeit weggerücket wird; wir wissen, daß
uns alle diese Veränderung, diese wichtige Veränderung, bevorstehet; und dennoch sind wir arme Menschen mehrentheils so langsam und so träge, uns auf
solchen Ueberschritt zu bereiten, und uns
durch)

durch deine so nahe und so willige Gnade
dazu bereiten zu laſſen. Ach HErr, mun-
tere uns doch auf aus dem Schlaf der Sünden, der Sicherheit und Unachtſamkeit,
daß wir unſer Heyl ſchaffen mögen, weil
wir noch leben.

Sind einige hier gegenwärtig, die bisher noch ohne dich, ihren GOtt, in der
Welt gelebt haben, o ſo erſchrecke ſie heiliglich, bringe ſie mit uns zur wahren Buſſe, damit ſie nicht dermaleinſt ohne dich,
ihren GOtt, ſterben müſſen. Sind hier
Seelen, o HErr, die durch Trägheit ihres
Fleiſches ſich auch in Sicherheit haben bringen laſſen, und nicht munter und wachſam
ihr Heyl beherzigen, wecke ſie doch kräftiglich auf.

O liebſter GOtt, laß unſer aller
Herzen aufgemuntert werden, daß wir
mögen wachen weil wir noch Zeit haben;
daß wir mögen eilen, Del in unſere Lampen zu bekommen, damit wir nicht dermaleinſt mit den thörichten Jungfrauen
ausgeſchloſſen werden. Erleuchte unſere
Augen, HErr, unſer GOtt, daß wir
mögen das Nichts aller zeitlichen Dinge,
und das Gewicht der ewigen Dinge, in
Wahrheit einſehen, damit wir wählen

Zweyt. B. IV. Th.　　O　　　　　weil

weil wir noch wählen können; daß wir
allem absagen, was nicht durch den Tod
mit in die Ewigkeit gehet; dich aber, den
Unsterblichen, den Einen erwählen mögen für unser Eines und für unser Alles
in der Wahrheit. Wecke uns auf zu einem neuen recht ernsthaften Wandel vor
dir und mit dir nach der großen Ewigkeit, so daß wir deiner und des Ziels
nicht vergessen, sondern uns dasselbe alle
Tage lieber und wichtiger werde in unsern
Herzen.

Lehre uns, die wir uns dir ergeben
haben, den Tod immer mehr mit rechten
Augen ansehen, nicht als einen König
des Schreckens, sondern als einen Weg,
wodurch wir dermaleinst werden eingeführet werden in die ewige Ruhe, die deinen
Heiligen versprochen ist. Laß uns dich
fürchten, so wie wir dich zu fürchten ha-
ber; aber auch glauben und vertrauen,
daß deine Gnade mächtiger sey als alle
unsere Sünden, um uns dennoch heraus-
und zum Ziel unserer Berufung zu bringen. O HErr, laß doch alles Sichtbare,
Geschaffene und Zeitliche, immer mehr
verwelken in unsern Herzen; laß alles in
uns zu Grunde gehen, was nicht mit uns
gehen

gehen kann durch den Tod in die selige
Ewigkeit, damit, wann wir unser Haupt
sollen niederlegen, wir uns in die ewige
Ruhe, in JEsu Arme legen, und in dein
weites, in dein ewiges himmlisches König=
reich gelangen mögen.

Erbarme dich, o GOtt, über alle
die noch ferne sind; bringe sie herbey, die
arme, unselige und unglückselige Menschen,
daß doch keiner in seinen Sünden sterben
und verlohren gehen möge. Die Seelen,
die an dem Leben der Gnade kränkeln oder
gar gestorben sind, o du großes Macht=
wort, JEsu Christe, der du die Todten
aufwecken kannst, durch deine lebendig ma=
chende Stimme, die wecke doch auf! we=
cke auf, und rufe wieder zum Leben dieje=
nigen, die durch eigene Schuld und Unacht=
samkeit ihnen selbst das Gnadenleben mög=
ten entzogen haben; damit dein Name ver=
herrlichet und gepriesen werden möge in un=
zählichen Herzen. Erhöre uns in Gnaden,
und segne das, was in dieser Stunde nach
deinem Wohlgefallen gesprochen ist, damit
du von uns und von allen Herzen geprie=
sen werdest in Zeit und Ewigkeit.
Amen, Amen.

O 2   Fünfte

Fünfte Rede.

Gehalten über

Ruth II. v. 4.

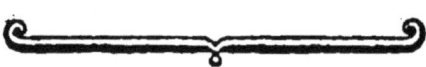

Es woll uns GOtt gnädig seyn, und seinen Segen geben: Sein Antliß uns mit hellem Schein erleucht' zum ew=gen Leben. Es rühre JEsus Herz und Sinn, und führ uns ganz zum Ew'gen hin. Amen.

Wir sind jeßo, geliebten Freunde, in der Erndtezeit. Das ist die Zeit, wor= auf sich der Landmann freuet, die Zeit, wor= auf er gehoffet hat, warum er seinen Acker ge= bauet und alle seine Mühe und Arbeit ange= wendet hat; und es ist auch die Zeit, wofür wir alle GOtt zu danken haben, die wir der Wohlthat der Erndte mit geniessen. Nun, wir wollen uns diese Zeit, und die Gelegen= heit, die uns der HErr zu unserer Zusammen= kunft geschenket, darin suchen zu Nuße zu ma=
chen,

chen, daß wir bey der Beschäfftigung mit der
Erndte uns an die Pflichten erinnern, die wir
bey der äusseren Arbeit zu beobachten haben,
und so wohl denen, die jetzo auf dem Felde arbeiten, als uns allen, in unsern äussern Berufs-
geschäfften nützlich und nöthig seyn können, damit wir sie GOtt wohlgefällig und im Segen
verrichten mögen.

Lasset uns zuforderst den HErrn um Gnade
und Segen mit einem gesammleten und andächtigen Herzen hiezu anrufen.

Gebet.

O HErr JEsu, unser GOtt, großer
und gütigster Schöpfer Himmels
und der Erden, der du durch dein ewiges Wort erschaffen hast beyde das Sichtbare und das Unsichtbare, beyde die
Thronen und Herrschaften, und Fürsten-
thume und Oberkeiten, wir, die wir auch
sind das Werk deiner Hände, die wir
dir allein unser Wesen, unsern Leib und
Seele, unser Leben und Odem, und alles was wir sind, zu danken haben, wir
verehren und preisen deinen heiligen Namen in Demuth unsers Herzens, und erkennen dich für unsern HErrn und GOtt,
für unsern großen Wohlthäter und liebreichesten Vater.

O 3   O HErr,

O HErr, du gibst uns alles so reichlich dar, was zum Heyl unsrer Seele und unsterblichen Geistes dienet; du gibst uns auch mit Ueberfluß alles was zur Wohlfahrt unsers natürlichen Lebens und dessen Unterhaltung nöthig ist. Wir sind viel zu gering, o HErr, aller deiner Barmherzigkeit und Treue die du an uns unwürdigen Gütern thust. O gib uns einen wahren Eindruck deiner unverdienten Güte, daß wir dadurch mögen angereitzet werden, dir unserm so gütigen GOtt, unserm so großen Wohlthäter und liebreichesten Vater, uns von ganzem Herzen zu ergeben, und in aller Wahrheit zu dienen.

O HErr, wir sind versammlet in deinem Namen und vor deinem heiligsten Angesicht, daß wir uns aus deinem Worte insonderheit wollen unterrichten lassen, wie wir auch in unseren äusseren Geschäfften, wozu du einen jeden besonders bestellet hast, uns verhalten sollen, damit wir dir darin gefallen, und deines Segens theilhaftig werden können. So sey doch bey uns, o HErr, und sey mit uns in Gnaden und mit Segen. Schenke uns aufmerksame Herzen, schenke uns folgsame Herzen, schenke uns treue Herzen, daß wir

seyn

seyn mögen als solche Knechte, die in al=
lem Thun und Lassen auf die Augen ihres
HErrn sehen, damit wir dir in allem
wohlgefällig erfunden werden. Gib es
uns, o HErr, und erhöre uns nach dei=
ner großen Güte, um unsers Heilandes
willen. Amen.

Diejenigen Worte, die mir beyfielen, uns
allen, besonders aber denen, die jetzt mit der
Erndte umgehen, in dieser Stunde vorzulegen,
stehen geschrieben in dem kleinen, aber gar wich=
tigen Büchlein Ruth, da uns die Geschichte
von dem Gottseligen Mann Boas beschrieben
wird, nemlich

Ruth II. v. 4.

Und siehe, Boas kam eben von Bethle=
hem, und sprach zu den Schnittern:
Der HErr sey mit euch. Sie antworte=
ten: Der HErr segne dich.

Wann unser liebster Heiland JEsus, uns in
dem fünften Capitel Matthäi diese Erin=
nerung gibt: Es sey dann euere Gerechtigkeit
besser dann der Schriftgelehrten und Pharisäer,
so werdet ihr nicht in das Himmelreich kom=
men; so will er uns dadurch eindrücken, daß
wir wohl sollen lernen unterscheiden die wahre
christliche Gottseligkeit von einer bloß Phari=
säischen Gottseligkeit. Eine Pharisäische Gott=

O 4   selig=

seligkeit, ist nur eine Gottseligkeit im Verstande
und im Munde, so drücket es der Heiland
aus, Matth. 23, 3. da er sagt: Sie sagens
wohl, und thuns nicht. Wann wir nun unsere Gottseligkeit allein in dem Wissen, in dem
Verstande, und in dem Munde haben; daß wir
nur Gutes mit dem Munde und aus der Schrift
reden, und solches nicht würklich durch die Gnade suchen in die Uebung zu bringen, so haben
wir nur eine Pharisäische Gerechtigkeit und Gottseligkeit. Eine solche Gottseligkeit kann uns nichts
helfen, und wir betrügen uns nur selbst damit,
wir können damit nicht ins Himmelreich kommen: nicht die das Gesetz hören und wissen, sind
gerecht vor GOtt, sondern die das Gesetz thun,
werden gerecht seyn, sagt Paulus Röm. 2, 13.
und Jacobus warnet uns nachdrücklich, Jac.
1, 22. Seyd thäter des Worts und nicht Hö-
rer allein, damit ihr euch selbst betrüget.

Die Pharisäer hatten, zum zweyten, eine
solche Gottseligkeit, daß sie sich der groben Laster
enthielten, und grobe in die Augen fallende
Sünden zu vermeiden suchten, und deßwegen
auch vermeynten, besser, und vor andern Leuten
GOtt angenehm zu seyn. So finden wirs
Luc. 18, 11. allwo der Pharisäer sagt: Ich danke dir, GOtt, daß ich nicht bin wie andere Leute, Räuber, Ungerechte, Ehebrecher, oder auch
wie dieser Zöllner. Da meynte der Pharisäer,
weil er nicht so grob sündigte, so wäre er ja ein
besonders heiliger Mann. Erstrecket sich nun
unsre Gottseligkeit und Frömmigkeit nicht weiter,

ter, als daß man uns keiner groben Laster und
Sünden beschuldigen kann; sind wir weiter nicht
fromm, als daß wir nur sagen können: Ich bin
doch kein solcher, wie der und der; niemand wird
mir doch nachsagen können, daß ich ein Betrü-
ger sey, daß ich ein Dieb sey, ein ungerechter
Mann sey, daß ich der Unzucht nachgehe, der
Unmäßigkeit, dem Fressen und Saufen ergeben
sey, u. dgl. so haben wir nur, noch eine Pharisäische Gerechtigkeit und Gottseligkeit. Unser
Enthalten von solchen groben Ausbrüchen kommt
nicht aus dem rechten Grunde her. O hielte
manchen nicht die Ehre vor der Welt ab, daß
er sich durch diese und jene Laster nicht gern vor
den Leuten prostituiren will; hielte manchen nicht
der Geiz von der Verschwendung ab; hielte manchen nicht die Furcht der Strafe, oder auch der
äussere Zwang von diesen und jenen Sünden
ab, da er nicht so thun kann wie und was er will;
oder fehlte es ihm sonst nicht an Vermögen und
Gelegenheit; o wie so bald, und wie so unge-
scheut, würde er das thun, dessen er sich nun
noch enthält.

Die Pharisäer hatten, drittens, eine solche
Gerechtigkeit und Gottseligkeit, daß sie in der
Beobachtung des äusseren ceremonialischen Got-
tesdienstes und der Aufsätze der Aeltesten, sehr
strenge waren, und daher besto grösern Schein
der Heiligkeit hatten; aber das schwerste im Gesetz, nemlich das Gerichte, die Barmherzigkeit
und den Glauben, liessen sie dahinten, nach
Matth. 23. oder wie es Lucas Cap. 11. aus-
drücket,

O 5

drücket, sie gingen vor dem Gericht über, und
vor der Liebe GOttes; dann sie hatten kein ver=
ändertes Herz, und thaten nur was sie aus Na=
turkräften thun konnten. So sind manche sehr
präcis und genau in ihren äusseren Uebungen der
Gottseligkeit, in ihrem Lesen, in ihrem Kirchen=
gehen, in ihrem Morgen= und Abendgebet,
und dergleichen äussern, an sich selbst guten und
nicht verwerflichen Dingen; aber das Schwereste
vom Gesetz lassen sie aus; es sind keine Leute von
der wahren, genauen, inwendigen Gottseligkeit,
eben so wenig als die Pharisäer auch waren; sie
haben den Schein eines Gottseligen Wesens,
aber seine Kraft verläugnen sie. Sie wollen
zwar, man solle GOtt dienen, man solle fromm
werden; aber man soll es in diesem Stück ja nicht
zu genau nehmen. Wenn man auf eine gründ=
liche Gottseligkeit bringet, dann klagen sie, daß
man die Sache zu hoch treibe, daß man die
Menschen schon so vollkommen als Engel haben
wolle, und daß man durch die Verläugnung,
die doch schlechterdings von uns erfordert wird,
den Leuten das Christenthum nur zuwider und zu
schwer mache. Aber wer durch die Gnade ein
neues Herz bekommen hat, der weiß nicht mehr
von dem Unterscheid, von dem Schwersten und
Leichtesten im Gesetz, weil die Gnade ihm ein
solches Herz gegeben hat, daß er so gern das
Schwereste thun will als das Allerleichteste; sein
inniges und ganzes Verlangen gehet dahin, daß
er nur dem HErrn seinem GOtt alle Tage möge
angenehmer werden; weil aber ein Pharisäisch

Gott=

Gottseliger kein neues Herz bekommen hat, so
kann und mag er nicht anders als nur in so fern
GOttes Gebot beobachten, als das Aeussere rei-
chet, das er durch die Naturkräfte thun kann.

Weil nun der Pharisäer ihre Gerechtigkeit
und Gottseligkeit nicht aus einem gründlich-ver-
änderten Herzen herkam, so hatte sie auch nichts
Beständiges, nichts Fortdaurendes; sie waren nur
fromm wann und so lang sie äusserliche gottes-
dienstliche Werke verrichteten; aber in ihren andern Geschäften waren sie wie andere Leute. Und
so ist auch ein Pharisäischer Christ. Ein Pharisäischer Christ mag andächtig seyn bey seinem
äussern Bibellesen; ein Pharisäischer Christ
mag andächtig seyn in der Kirche und in der
Versammlung; ein Pharisäischer Christ mag andächtig seyn, wann er in Gesellschaft bey frommen Leuten ist; ist er aber in seinen äussern Geschäften, so ist er weiter nichts als ein Welt-
mensch. Und das ist es insonderheit, worin
man einen Pharisäischen Christen von einem wahren Christen unterscheiden kann, indem ein wahrer
Christ nicht allein in gottesdienstlichen Handlungen, sondern auch in seinem übrigen Wandel
und Verrichtungen, als ein Christe sich beweiset.
Wir wollen hievon ein mehreres handeln, und so
viel die Zeit leiden wird, nach Anleitung unseres
Textes vorstellen:

Wie ein wahrer Christ auch bey
seinen äusseren Geschäften ein Christe sey, oder sich als ein Christ
                                        ver-

verhalte.   Wobey wir denn sehen
wollen,

I. Auf die äusseren Geschäffte, und was
es für eine Bewandniß damit habe.

II. Wie sich ein Christ dabey als ein
Christ verhalte; und

III. Wie er dabey gesegnet sey.

Erster Theil.

Wollen wir wissen, was es mit der äusseren
Arbeit des Menschen für eine Bewandniß
habe, so dürfen wir nur nachlesen was uns Moses in dem 2. und 3. Capitel seines ersten Buches
davon berichtet.   Da finden wir, daß als GOtt
den ersten Menschen erschaffen, und in das wun-
der-schöne Paradies eingeführet hatte, derselbe
nicht bloß einen Zuschauer abgeben, und nur die
Werke GOttes betrachten sollte, sondern er sollte
den Garten Eden, oder das Paradies, zugleich
bauen und bewahren, wie es davon 1 Mos. 2, 15.
heißt: Und GOtt der HErr nahm den Menschen, und satzte ihn in den Garten Eden, daß
er ihn bauete und bewahrte.   Es war also dem
Menschen schon vor seinem Fall eine äussere Arbeit zugedacht.   Allein, es würde der Mensch
diese Arbeit mit allem Vergnügen, und ohne die
geringste Ermüdung und Abmattung seines Leibes, verrichtet haben, da die gesegnete Paradie-
sische Erde ihm in allen Stücken ihr Vermögen
würde

würde gegeben haben.   Aber nach dem Sünden=
fall geschahe hierin eine gar große Veränderung:
der Mensch wurde aus dem Paradies getrieben,
und es ward der Acker um des Menschen willen
verflucht, daß er sich mit Kummer drauf nähren
sollte sein Lebenlang; im Schweiß seines Ange=
sichts sollte er sein Brod essen, bis er wieder zur
Erden würde, davon er genommen war, wie
ihn dann auch GOtt der HErr darauf aus dem
Garten Eden ließ, daß er nun das Feld, wovon
er genommen war, bauen mußte.

Es ist demnach die äussere Arbeit überhaupt
als eine Ordnung GOttes allerdings anzusehen,
und sollen wir nicht aus einem geistlichen Hoch=
muth, und unter dem Vorwand, daß äussere
Arbeit nur für natürliche Menschen gehöre, uns
der Arbeit entziehen wollen, sondern uns als buß=
fertige Sünder auch hierin dem Befehl GOttes
unterwerfen.   Wir sollen auch nicht denken:
GOtt kann mich wohl ohne mein Arbeiten er=
nähren; dann ob er gleich dieses thun kann, so
hat er uns doch an seine Ordnung gebunden,
und wir sollen nichts Ausserordentliches begehren
und GOtt versuchen wollen.   Auch sollen wir es
nicht für ein Mißtrauen gegen die Vorsorge
GOttes ansehen und ausgeben, wann Kinder
GOttes, nach göttlichem Befehl, sich mit ihrer
Arbeit zu ernähren suchen.

Obgleich aber unsere so mühsame Arbeit die=
ses Lebens, nach dem Sündenfall, wie ge=
sagt, eine Folge und Frucht der Sünde und des
dadurch verursachten Fluches ist, so folget doch
daraus

daraus nicht, daß nun ein jeder, der solche Geschäfte verrichtet, unter dem Fluch arbeite, oder
dem Fluche diene; keinesweges: dann es kommt
nur darauf an, daß der Mensch von dem Fluch,
der auf ihm selber liegt, so lang er sich nicht bekehret hat, befreyet und ein Kind GOttes werde, und in einem solchen Stande seine Arbeit
verrichte, in welchem der HErr mit ihm seyn kann.

Aber auch daraus, daß die Arbeit von GOtt
dem Menschen geboten und geordnet sey, folget
deßwegen nicht, daß dann ein jeder der da arbeitet, und sich in äusseren Geschäften befindet,
GOtt angenehm sey, so daß man denken wollte:
Ich stehe doch in meinem äusserlichen Beruf, ich
arbeite, und thue was GOtt ausdrücklich geboten hat, und suche mich GOtt und seinem Willen zu unterwerfen in diesem Stück, deßwegen
kann ich GOtt nicht mißfällig seyn. Es folget
nicht, sage ich; sondern alles kommt an auf die
innere Gestalt unsers Herzens, wie wir vor GOtt
erfunden werden, daß wir als Kinder GOttes
arbeiten, dann sind wir in unsern Geschäften
und bey unserer Arbeit GOtt gefällig, und sonst
nimmer nicht.

So lange wir selber in dem Fluch liegen,
und in unserm Naturstande stehen, so lange
wir bloß Kinder der Welt sind, ja, Kinder des
Satans sind, so können weder wir noch unsre
Arbeit GOtt gefallen; GOtt ist nicht mit uns,
sondern GOtt ist wider uns.

Aber bey einer gründlichen Bekehrung, bey
einer gründlichen Uebergebung an GOtt, wird
ein

ein Mensch aus dem Fluch durch Christum errettet; GOtt ist nicht mehr wider einen solchen
Menschen, sondern GOtt ist mit einem solchen
Menschen; GOtt ist mit ihm versöhnet, GOtt
ist mit ihm zufrieden in Christo JEsu. O sind
wir nicht durch wahre Busse aus dem Fluch hinaus gedrungen in den Segen, sind wir nicht aus
Feinden GOttes seine Freunde worden; sind wir
nicht aus Kindern der Welt und des Satans,
Kinder GOttes worden; ist nicht der GOtt,
der wider uns war, nun mit uns in Christo JE-
su, so sind sowohl wir selbst, als alles unser Thun
und Lassen, GOtt höchst mißfällig.

Welch ein jämmerlicher Zustand aber ist doch
das, wenn man bey seiner Arbeit, es sey in der
Werkstatt, in der Küche, in seinem Laden, oder
in seinem Garten und auf dem Felde, denken muß: Du bist kein Kind GOttes, GOtt
ist wider dich, GOtt, der gerechte GOtt, ist
wider dich, GOtt, der heilige GOtt, ist wider
dich; Himmel und Erde, und alle Creaturen,
die GOtt geschaffen hat, sind wider dich, weil
du noch unter dem Fluche liegest, und GOtt noch
nicht dein gnädiger Vater in Christo geworden
ist. Lasset uns hören aus 5 Mos. 28. wie es
mit solchen Menschen aussiehet die in einem solchen Stande, da GOtt nicht mit ihnen, sondern
wider sie ist, sich befinden, und als unter dem
Fluch ihre Geschäffte verrichten; da heißt es gar
erschrecklich: verflucht wirst du seyn in der Stadt,
verflucht auf dem Acker; verflucht wird seyn dein
Korb, und dein Uebriges; verflucht wird seyn die
Frucht

Frucht deines Leibes, die Frucht deines Landes, die Frucht deiner Ochsen, und die Frucht deiner Schaafe, u. s. w. Siehe, unter solchem Fluch stehet der Mensch und seine Arbeit, so lang er nur ein natürlicher Mensch ist, so lang er nur so dahin gehet als ein Weltkind, wie ein Kind des Satans, da GOtt sein Feind und nicht sein Freund ist, da GOtt nicht mit ihm, sondern wider ihn ist. Wenn das ein unbekehrter Mensch so recht bey seiner Arbeit bedächte, sollte er wohl so ruhig dabey seyn können? Sollte er wohl so sicher, so sorglos, in den Tag hinein arbeiten können? Sollte er nicht einmal mit dem verlohr= nen Sohn, auf die Gedanken und den Ent= schluß kommen: Ich will mich aufmachen und zu meinem Vater gehen und sagen: Vater, ich habe gesündiget in den Himmel, und vor dir; sollte er nicht eilen, und vor allen Dingen suchen durch eine wahre Herzensbekehrung GOtt zu einem versöhnten Vater in Christo zu bekommen, und ein Kind GOttes zu werden, damit GOtt einen Wohlgefallen an ihm habe, und ihn sol= che Flüche nicht treffen können.

O liebste Herzen, lasset uns doch vor allen Dingen Fleiß anwenden, daß wir durch die Gnade aus dem Fluch herausgebracht werden, daß wir aus Weltkindern Kinder GOttes werden, daß GOtt mit uns sey, und nicht wi= der uns sey. O welch einen Trost hat ein Kind GOttes, wann es seine äussere Geschäffte ver= richtet, daß es bey aller seiner mühsamen, bey al= ler seiner beschwerlichen Arbeit, denken kann und

denken

denken darf: GOtt ist mit mir, GOtt ist mein
Vater worden; ob ich gleich wie andere natürliche Menschen arbeiten und nach dem Sündenfall und Fluch meine Geschäfte so mühsam verrichten muß, so bin ich doch nicht mehr unterm
Fluch; sondern ich gefalle meinem GOtt bey alle
dieser Arbeit.   O wie so vergnügt, wie so ruhig,
wie getrost, kann ein Kind GOttes, es sey in
seinem Hause, in seiner Werkstatt, in seinem Laden, in der Küche, oder auf dem Felde, in seinem Garten, oder, wo es sonst zu thun hat, seine Arbeit verrichten!

Nun, ich sage, wenn ein Mensch nicht als
unter dem Fluch arbeiten will, so muß er aus
dem Fluch herausgenommen, und ein Kind
GOttes geworden seyn, und mit einer solchen
Beschaffenheit des Herzens, nemlich als ein
Kind GOttes, seine Arbeit verrichten.   Wir
können dieses, daß es in allen unsern Verrichtungen, sogar die Gottesdienstlichen nicht aus-
genommen, auf die Beschaffenheit des Herzens
ankomme, an Cain und Abel sehen.   Cain
war ein Ackermann, Abel der war ein Schäfer,
der ging mit den Schaafen um; An und für
sich selbst, war keiner dieser Profeßionen besser
und GOtt gefälliger als die andere; o nein, die
Arbeit die Cain auf dem Felde that, ist ja eine
von den unschuldigsten Profeßionen in der Welt,
daß Abel mit den Schaafen umging war auch
eine GOtt nicht mißfällige Sache.   Aber was
stehet uns davon aufgeschrieben? Cain und seine
Opfer, nicht nur (merkt es wohl) Cain, son-

Zweyter B. IV. Th.   P   dern

dern auch sein Opfer; und nicht sein Opfer erst,
sondern zuerst Cain und dann sein Opfer, war
GOtt nicht angenehm; Abel aber und sein Opfer
war GOtt angenehm. Warum das? Es
fehlte bey dem Cain an dem unveränderten Herzen, weil er nicht ein Kind GOttes, sondern
ein Weltkind war, darum so war er, und
seine Arbeit und Opfer, GOtt nicht angenehm;
Abel aber war von Herzen fromm, daher gefiel
GOtt sowohl er, als seine Arbeit und Opfer.

Aber es giebt auch Professionen und Geschäfte, von denen man nicht sagen kann, daß
sie an sich selbst unschuldig seyen, und daß es
nur darauf ankomme, mit welchem Herzen man
sie verrichte, damit wir dabey GOtt angenehm
seyn können. Professionen, welche die Nothdurft
des menschlichen Lebens gar nicht erfordert; die
man entbehren kann, und billig entbehren sollte,
weil sie nur zur Ueppigkeit, zur Eitelkeit, zur
Verschwendung der kostbaren Zeit, zur Verschwendung der Unkosten, welche besser ange-
wendet werden könnten, gereichen, oder die nur
zur Vergnügung eines schädlichen Vorwitzes dienen, die sind allezeit GOtt mißfällig, und GOtt
ist nicht mit denen, so damit umgehen, man
kann ihnen nicht zurufen: der HErr sey mit euch.
Wir finden insonderheit von der letzteren Art,
nemlich die zu einem schädlichen Vorwitz dienen,
ein gar merkwürdiges Exempel, Apost. Gesch. 19.
da erzählet wird, daß, als Paulus zu Ephesus
das Evangelium verkündiget hatte, solches einen
solchen Eingang gehabt, daß unter andern auch
viele

viele gekommen sind, die da vorwitzige Kunst
getrieben hatten; die brachten die Bücher zusammen, welche von solchen Künsten handelten, und
verbrannten sie öffentlich, ohnerachtet sie sehr
viel gekostet hatten, fünfzig tausend Groschen;
und wird dabey gesetzt: Also mächtig wuchs das
Wort des HErrn, und nahm überhand; anzuzeigen, daß dergleichen Beschäftigungen mit dem
Christenthum nicht bestehen können. Sonst aber
ist keine Profeßion, wenn sie auch die geringste
und bey den Menschen verächtlich wäre, (dergleichen manchmal die nöthigsten sind,) GOtt
mißfällig und einem Menschen an seiner Seligkeit schädlich; und man kann denen, welche dergleichen Verrichtungen haben, wenn sie nur dabey wahre Christen sind, zurufen: der HErr sey
mit euch. Unser Heiland selbst ist uns mit seinem Exempel auch hierin vorgegangen, und hat
unsre äußere Arbeit dadurch geheiliget, da er mit
seinem Pflegevater Joseph in der Werkstatt
gearbeitet hat, wie wir daraus schließen können,
daß von ihm gesagt wird, er sey seinen Eltern
unterthan gewesen, und er auch zu Nazareth als
ein Zimmermann bekannt war.

Ueberhaupt müssen unsre Geschäfte und wir
selbst solcher Art seyn, daß wir sie nach der Ermahnung, Coloss. 3, 17. im Namen Christi
thun können, und wenn wir auch sogleich in unsern äußern Geschäften sterben sollten, wir selig
sterben können. Manche meynen, wenn sie nur
in ihrem äußeren Beruf stürben, so stürben sie
auch selig; nein, der äußere Beruf machts nicht

allein

allein. aus; wenn wir bey unserm Beruf nicht
Christen, nicht Kinder GOttes gewesen sind,
dann sterben wir nicht selig. O mögten doch
das insonderheit diejenigen bedenken, die solche
Professionen haben, bey welchen sie in steter Le-
bensgefahr seyn müssen: mögten sie doch ihre
Seele in den Händen tragen, damit sie nicht so
unbereitet dahin fahren, und in eine unselige
Ewigkeit übergehen. Aber auch ein jeder hat
das zu bedenken bey seiner äussern Arbeit und
Verrichtung: Siehe, du bist in deiner Arbeit,
du könntest so plötzlich umkommen, es könnte ein
plötzlicher Zufall kommen, der dich in eine Krankheit hinein stürzte, die dir den Tod verursachte;
ja du könntest ganz unvermuthet in die Ewigkeit
hingerücket werden. Ist GOtt nicht mit uns
versöhnet, ihr Menschenkinder, wie dürfen wir
ohne Furcht an unsere Arbeit und Geschäfte
gehen? Laßt uns deßwegen, wenn wir unsere
Seelen lieben, doch unter alle der äussern Arbeit
es so machen, daß wir zwar uns beständig der
Sünde erinnern; aber auch hinaus hungern,
betend: O mein GOtt, ich will arbeiten, ich
will es gerne mir lassen sauer werden, wie ichs
mit meinen Sünden verdienet habe. O wann
ich dich nur mit mir haben mögte; wenn du nur
nicht mehr wider mich mögtest seyn; wenn ich
nur aus dem Fluch mögte heraus seyn, der über
meine Seele durch den Sündenfall gekommen
ist; da du bist ein erzürnter GOtt worden, da
ich nicht dein Kind mehr bin, weil ich mich von
dir getrennet habe. Siehe, so müssen wir bey
unsrer Arbeit stehen.   Zwey-

Zweyter Theil.

Wir wollen nun zum zweyten Stück fortgehen, und sehen: Wie sich ein Christ bey seinen äusseren Geschäften als ein Christ verhalte; wovon wir das Nöthigste berühren wollen. Vors Erste, so verrichtet ein wahrer Christ seine Arbeit nicht anders, als aus Gehorsam gegen GOtt, seinen lieben himmlischen Vater. Ein Mensch der noch kein Kind GOttes geworden, der thut seine Arbeit nur aus einem natürlichen Trieb: er arbeitet entweder weil die Noth ihn darzu treibet, daß er sich und den Seinigen durchhelfe in der Welt, und wann die Noth ihn nicht dazu triebe, dann sollte er wohl an kein Arbeiten denken. Einen andern treibet die Begierde, daß er immer mehr haben und aufstegen will, von einem Jahr zum andern; und wann ihn diese Begierde nicht triebe, dann ließ er die Arbeit wohl liegen. Einen andern treibet der Hoch- muth, weil er nicht gern was Geringes seyn will in der Welt. Wiederum, einen andern treibet seine natürliche Art zur Arbeit, weil er so eine un- ruhige triftige Natur hat, daß er nicht wohl kann stille seyn; darum so muß er immer so was schaffen, immer was handthieren und arbeiten. Siehe, das ist alles nur so bloß ein Trieb der Natur; das ist nicht gearbeitet aus Gehorsam gegen GOtt, das ist nicht gearbeitet, wie ein Kind GOttes arbeiten soll.

Kinder GOttes die arbeiten, nicht in der Absicht, daß sie nur sich versorgen, nur was

zusam-

zusammen sparen, Schätze auflegen, sich in der
Welt hervor thun, oder sonst ihren unruhigen
Naturtrieb vergnügen mögen; nein, sie arbeiten aus Gehorsam gegen GOtt, sich seinem Befehl zu unterwerfen. Wenn ein Kind GOttes
so bemittelt und in solchem Stande wäre, daß
es der äussern Arbeit gar nicht bedürfte, sondern
ohne dieselbe leben und zurecht kommen könnte,
so würde es doch, in Ansehung des göttlichen
Befehls, nicht wollen müßig gehen, sondern
was Nützliches vor die Hand nehmen, und mit
diesem oder jenem Liebeswerke und Geschäffte,
das er thun kann, dem Nächsten zu dienen suchen: und das um so viel mehr, weil ihm die Arbeit nach der heylsamen Absicht GOttes selbst
dienlich ist, als wodurch man vor vielem Bösen
bewahret, und der Leib bezähmet wird; wie hingegen Müßiggang viel Böses lehret.

Wie nun ein wahrer Christ aus Gehorsam
gegen GOtt arbeitet, so fängt er auch seine Arbeit mit herzlichem Gebet an. Es gibt Menschen, (welches man nicht ohne Betrübniß sagen
kann,) die so ohne Gebet, wie die Thiere, an
ihre Arbeit gehen und sie auch so verrichten; wie
etwa ein Pferd, das zur Arbeit geführet wird,
und von weiter nichts weiß, als daß es nun im
Acker gehen, den Karren ziehen, Lasten tragen,
und anderes dergleichen thun muß, und dann
sein Futter kriegt. Sollte man wohl solche Menschen unter Christen suchen? Andere verrichten
zwar ihr Gebet, ehe sie an die Arbeit gehen,
aber nur so aus Gewohnheit, ohne Andacht;

und

und dann meynen sie wohl, nun hätten sie unserm HErrn GOtt das Seinige gegeben, nun müsse er ihnen auch das Ihrige geben und ihre Arbeit gelingen lassen. So machts ein wahrer Christe nicht. Ein wahrer Christ sammlet das Herz zu GOtt; er weiß, daß er den Beystand GOttes unentbehrlich nöthig hat, darum bittet er ihn nicht so obenhin, sondern von Herzen, daß er mit ihm seyn wolle: er betet aus B. der Weisheit im 9. Cap. v. 10. Sende deine Weisheit, daß sie bey mir sey, und mit mir arbeite, daß ich erkenne, was dir wohl gefalle. Nicht, daß wir jedesmal sollen eine Eröfnung und Offenbarung, oder Gewißheit davon zu haben begehren, ob wir diß oder das thun sollen oder nicht, nein, das könnte Versuchung geben; sondern daß wir es GOtt wohlgefällig thun mögen: und dabey müssen wir in unsern Herzen so stehen, daß wir zu dem lieben GOtt, als zu unserm GOtt und Vater sagen können: Mein GOtt, ich will nun hingehen und dieses Geschäfte verrichten, wüßte ich, daß es dir nicht angenehm wäre, so wollte ichs den Augenblick unterlassen; wüßte ich, daß dir was anders angenehmer wäre, dann wollte ich es eben so herzlich gerne verrichten. Und dann können und sollen wir in dem Namen JEsu unser Geschäfte anfangen, und als in seiner Gegenwart fortsetzen, wovon wir hernach sagen wollen.

Ist nun ein Kind GOttes an sein Werk und Arbeit gegangen, so läßt es sich nicht übermeistern weder von der Triftigkeit seiner Natur,

P 4 noch

noch auch von der Trägheit und Nachläßigkeit.
Die Gnade lehret ein Kind GOttes die Triftig-
keiten mäßigen; die Gnade lehret aber auch ein
Kind GOttes die Trägheit überwinden. Die
übermäßige Triftigkeit bringt nicht allein das
Gemüth in desto mehrere Zerstreuung, und hindert es an der so nöthigen Sammlung bey den
Geschäften, sondern verursachet auch Unbedacht-
samkeit, wodurch in den Geschäften selbst mehr
Schaden, als Fortgang und Nutzen entstehet:
daher Paulus will, daß wir mit stillem Wesen
arbeiten sollen; und Petrus sagt, daß ein sanfter stiller Sinn köstlich sey vor GOtt, 1 Pet. 3.
Anderntheils aber sucht auch ein Kind GOttes
die Trägheit zu vermeiden; wie abermals Paulus ermahnet, Röm. 12, 11. Seyd nicht
träge, was ihr thun sollt; oder wie es Pred:
Salom. Cap. 9. heißt: Alles, was dir vorhanden kommt, zu thun, das thue frisch. Manche
wollen nur arbeiten und die Sache angreifen,
wann sie fein viel dabey profitiren und großen
Vortheil und Nutzen davon sehen, und wann
das nicht ist, dann wollen sie die Arbeit lieber
gar liegen lassen. So machts ein Kind GOttes
nicht; ob es schon seine äussere Nothdurft von
der Hand des HErrn, vermittelst der Geschäfte
erlangen muß, so ist diß doch die Absicht und
das Triebrad seines Werks nicht, daß es nur
seinen Nutzen und Vortheil ansiehet, sondern es
siehet allein auf GOtt und seinen Willen; und
wann es GOtt und seinem Nächsten dienen
könnte in einer Sache, wovon es gar keinen

Nutzen

Nutzen zu erwarten hätte, wann es nur den
Willen GOttes erkennet, dann ist ein Kind
GOttes schon willig und bereit zu allem Ge-
schäfte.

Nicht allein aber dieses, sondern ein Christe
thut auch sein Geschäfte mit aller Treue. Paulus sagt hievon Ephes. 6. und Coloss. 3. zu
den Knechten und Mägden, sie sollten ihre Werke nicht mit Dienst allein vor Augen, als den
Menschen zu gefallen, sondern als die Knechte
Christi, verrichten. Nun waren das oft Knechte und Mägde, die als Leibeigene, auch wohl
bey heydnischen Herrschaften dienten; dennoch
sagt Paulus, denket, ihr dienet dem HErrn.
Sie hätten mögen denken: Es sind ja nur
Heyden und unbekehrte Leute, denen ich diene,
es sind auch nur äussere Dinge, was soll ich
mich damit so schleppen, und alles so genau
in Acht nehmen, wenn es nur die Herrschaft
nicht gewahr wird, der Schade wird so groß
nicht seyn, es sind ohnedem reiche Leute, u. d. gl.
Nein, Paulus sagt, thut ihr eure Sachen
nicht als den Menschen, und nicht so nur vor
den Augen der Menschen, sondern seyd treu in
eurem Dienst, denkt, es ist ein Gottesdienst.
Siehe, so sollen Kinder GOttes sich durch die
Gnade unterweisen lassen, in ihren äusserlichen
Geschäften, es sey im Hause, oder wo sie
sonst was zu verrichten haben, daß sie es ansehen als einen Dienst GOttes. An und für
sich selbst ist es zwar die Wahrheit, alle unsere Arbeit, so fern sie äussere Dinge betrift,

P 5   ist

ist nur für dieses Leben, für den elenden vergäng=
lichen Leib, und also im eigentlichen Verstand
kein GOttesdienst; aber wann wir durch die
Gnade Kinder GOttes geworden sind, und aus
einem kindlichen Gehorsam, unsere Geschäfte ver=
richten, so wird es ein würklicher Dienst GOt=
tes; GOtt nimmt es an, als wann wir es al=
les Ihm thäten. Und wann ein Kind GOttes
noch so schlechte und geringe äussere Werke thut,
so thut es mehr GOtt einen Dienst, als ein an=
derer Heuchler der in die Kirche oder in die Ver=
sammlung gehet.

O laßt uns deßwegen doch dem HErrn
unserm GOtt alles thun was wir thun; so
werden alle unsere äussere Geschäfte nicht allein
GOtt wohl gefallen, wie wir angeregt haben;
sondern wir werden auch dadurch bewogen wer=
den, sie treulich zu thun, dann wann wir den=
ken, du dienest dem HErrn, es ist ein Werk
und ein Dienst für den HErrn; ich sage, wann
wir so denken, dann werden wir unsere Sachen
nicht unachtsam, nicht nach= und fahrläßig, son=
dern aufs beste, so gut wirs nur verstehen, ver=
richten. O das ist ein Fehler bey manchen er=
weckten Menschen, daß sie denken, auf das äus=
serliche Geschäfte käme es so genau nicht an,
weil es doch nur ein äusserlich Ding sey. Nein,
liebe Herzen, es ist ein Dienst GOttes, ihr thut
es dem HErrn. Wann wir für den lieben
Heiland etwas aus dem Garten, oder aus
dem Felde hohlen, oder sonst etwas verrichten
sollten, würden wirs nicht aufs allerbeste machen,

wie

wie wirs nur könnten machen? Nun so sollen
wir alle unsere äussere Verrichtungen, welcher-
ley sie auch sind, allemal ansehen als einen
Dienst GOttes, und darin alle Treue beweisen.

O wann insonderheit Knechte und Mägde,
und andere Arbeitsleute, dieses beobachteten,
und ein jeglicher dasjenige, wozu er angenommen und bestelt worden, in Gottesfurcht
recht treulich verrichtete, und nicht nur seine
Sachen gut machte und fleißig arbeitete, so
lang die Herrschaft dabey ist, und wann die
Herrschaft den Rücken gewendet, alsdann alles
nur loß und unachtsam thäte, sondern gedäch-
te, sieht es die Herrschaft nicht, so sieht es
doch GOtt, so würde der HErr einen
Gefallen an ihnen haben und mit ihnen seyn,
wie wir lesen von Joseph, als derselbe im
Hause des Potiphars, und nachgehends im
Hause des Amtmanns über das Gefängniß
diente, daß der HErr mit ihm gewesen, und
zu allem was er gethan, Glück gegeben habe.
Da würden manche Klagen über das Gesinde
und Arbeitsleute wegfallen. Manchmal klagen auch selbst erweckte Gemüther unter Knechten und Mägden, sie müßten vom Morgen
bis an den Abend sich schleppen mit den äussern
Diensten, sie hätten nicht recht Zeit GOtt zu
dienen und zu beten; und meynen, wenn sie
nur aus diesem und jenem Dienst heraus, oder
gar ausser Dienst und ihre eigene Herren wären, so würde es besser seyn. Nun sagt auch
Paulus zu den Knechten, 1 Cor. 7, 21. Kannst

du frey werden, so brauche des viel lieber; aber er sagt auch gleich vorher: Bist du als ein Knecht berufen, so sorge nicht; und im 24ten Vers: Ein jeglicher worinnen er berufen ist, darinnen bleibe er bey GOtt. Sehet, so lange die Vorsehung nicht andre Wege zeiget, und GOtt was anders von uns haben will, so sollen wir alle in unserm gegenwärtigen Beruf bleiben, nur aber bey GOtt, und darin Treue beweisen. Als Johannes der Täufer Busse predigte, und die Leute ihn fragten was sie thun sollten, da sagte er nicht, sie müßten was anders vornehmen, sondern er gab ihnen nur Regeln, wie sie sich in ihrem äussern Beruf verhalten, und treu seyn sollten.

Ein Christe arbeitet auch ohne ängstliches Sorgen; er denkt nicht bey seiner Arbeit: Was werden wir essen, was werden wir trinken, womit werden wir uns kleiden? Er trauet GOtt und seiner Vorsorge, und denkt an das Wort des Heilandes: Euer himmlischer Vater weiß, daß ihr deß alles bedürfet. Will ihn ein Mißtrauen ankommen, so thut er wie uns der Heiland Matth. 6. ermahnet, er siehet die Vögel unter dem Himmel an, die sein himmlischer Vater ernähret; er schauet die Lilien auf dem Felde an, die sein himmlischer Vater kleidet. Nicht ist die Meynung, daß wir sorglos seyn, und das Unsrige nicht thun, und gehörig in Acht nehmen sollen, daß wir ohne Ueberlegung ob etwas nöthig oder unnöthig, nützlich oder schädlich in der äusseren Nahrung

seyn

ihn mögte, es nur so darauf ankommen lassen
sollen; nein, dazu hat uns GOtt den natürlichen Verstand gegeben, daß wir ihn, jedoch
in gehöriger Ordnung und GOtt gefällig, im
Aeusseren gebrauchen sollen; sondern es soll nicht
mit Mißtrauen gegen GOtt und ängstlichen
Sorgen geschehen. Im 127. Psalm stehet: Es
ist umsonst daß ihr früh aufstehet, und hernach
lange sitzet, und esset euer Brod mit Sorgen;
dann seinen Freunden gibt ers schlafend, das ist,
er gibt es ihnen ohne ihr ängstliches Sorgen.
Und so empfiehlet und überläßt ein wahrer
Christ auch den Ausgang seiner Geschäfte der
weisesten Regierung seines himmlischen Vaters.
Manche werden leicht unmuthig, wann ihre
Sachen nicht so von statten gehen, oder so
ausschlagen, wie sie gewollt oder doch gewünscht
und gehofft hätten, und da gibt man bald diesem bald jenem Menschen, bald dieser bald jener Sache, bald diesem bald jenem Zufall und
Umständen die Schuld, daß es nicht nach
Wunsch ausgefallen. Nun, es ist wahr, daß
andere Menschen, oder auch Zufälle, sowohl
den Fortgang als guten Ausschlag unsers Vor-
habens können verhindert haben; aber wir
müssen doch auch bedenken, daß das alles sich
nicht würde so begeben haben, wo es GOtt
nicht selbst so gefüget, oder nach seinem weisen
Rath so zugelassen hätte. Kann uns nicht ein
Haar von unserm Haupte entfallen ohne den
Willen unsers himmlischen Vaters, so wird
auch alles andere das uns begegnet, und also
　　　　　　　　　　　　　　　　　　　auch

auch der Fortgang und Ausgang unsrer Geschäfte, nicht ohne seinen Willen seyn. Des
Menschen Thun steht nicht in seiner Hand,
Jerem. 10, 23. (womit wir vergleichen können
Pred. 9, 11.). Wir sind aber auch wohl
selbst Schuld daran, daß es uns nicht gelinget
wie wir wollen. Anderer Ursachen nicht zu gedenken, so suchen und thun wir wohl etwas in
Eigenheit, daß es präcis nach unserm Sinn
gehen soll, wir wollens durch unsern Fleiß und
Klugheit erzwingen, oder wir haben keine lautere Absicht bey unserer Sache; da muß dann
wohl der liebe GOtt, zu unserm eigenen Besten und zu seiner Ehre es anders machen.
Kurz, wir müssen nur nach GOttes Ordnung
das Unsere thun, und alles andere ihm befehlen.
Das reine Licht heißt fleißig seyn, und doch
auf seinen Fleiß nicht bauen; ohn Triftigkeit,
ohn Sorg und Pein, den Ausgang kindlich
GOtt vertrauen.

Endlich, das wichtigste Verhalten eines
Christen bey seiner äusseren Arbeit, ist, daß er
in dem Andenken der Gegenwart GOttes, in
dem Umgang mit GOtt, und steter Zukeh-
rung des Herzens zu ihm, seine Arbeit verrichte. Ein natürlicher Mensch thut seine Arbeit nicht als in der Gegenwart GOttes, er
denkt nicht gern an GOtt. Seine Gedanken gehen nur auf seine Arbeit, auf seinen Handel, oder was einer sonst zu thun hat. Und
nicht allein das, sondern wenn man einmal
den Leuten könnte ins Herze sehen, welch eitel
                                        Schwarm

Schwarm von bösen und sündlichen Gedanken
und Begierden, würde man da erblicken, die
nicht allemal bloß aus ihrer bösen Natur kommen, sondern selbst von bösen Geistern einge-
geben werden. Dann die Menschen, die nicht
so ihre Arbeit mit GOtt, in seiner Gegenwart
und Nahbeyheit verrichten, die haben einen andern bey sich, das ist ein böser Geist. Und
wie diejenigen, die ihre Arbeit verrichten in der
Gegenwart GOttes, in dem Umgang mit
GOtt, der Eingebungen und Einflüsse des guten Geistes geniessen, so erfähret einer, der seine
Arbeit so natürlich hin verrichtet, ohne dabey
an die Gegenwart GOttes zu denken, die
Eingebungen und Einflüsse der bösen Geister.
Könnte ein solcher die Gesellschaft sehen, die
um ihn ist, in der Werkstatt, im Laden, auf
dem Felde, oder wo er seine Geschäfte zu verrichten hat, gewiß er würde erschrecken. O
wo gehen die Gedanken manchmal da herum,
womit sind die Begierden beschäftiget auch bey
der Arbeit; sollte man dann nicht sagen, da
wirken lauter böse Geister in den Menschen.
Und so ist es bestellt mit uns, lieben Seelen,
wann wir nicht als vor dem Angesichte GOttes
und in seiner Gegenwart unsre Geschäfte verrichten. Darum lasset uns angewöhnen, wann
wir etwas thun, daß wirs thun als vor den
Augen GOttes.

　　O die ihr jetzt in der Erndte auf dem Felde, in dem hellen Sonnenschein stehet und
arbeitet, o es ist noch eine andere Sonne die
euch

euch umgiebet, die Gegenwart GOttes, als Liebes- und Lebenssonne, umstrahlet euch; die Augen des HErrn sehen auf euch: O so arbeitet doch in beständiger Ehrfurcht und Andacht vor den heiligen Augen GOttes, denket doch nicht, das könne nicht geschehen, man könne nicht die Gedanken bey der Arbeit zugleich zu GOtt halten, die Arbeit, die man vor sich habe, verstatte das nicht. O liebe Herzen, hindert uns dann die liebe Sonne an unserer Arbeit; die Sonne die uns umgibt mit ihrem Licht, die hilft uns vielmehr, daß wir unsre Arbeit so viel besser und leichter verrichten können. Wer an GOtt glaubet, wer an die Gegenwart dessen glaubet, der Himmel und Erde erfüllet, in dem wir leben, schweben und sind, Ap. Gesch. 17, 28. sollte denn das wohl an seinen Geschäften hindern? O das hindert uns an unsern Geschäften nicht; so viel muthiger, so viel freudiger, so viel getroster können wir unsere Geschäfte verrichten. Können wir uns bey unsrer Arbeit mit bösen Gedanken beschäftigen, warum dann nicht mit guten?

Die Menschen sind gewohnt, daß sie bey ihrer Arbeit mit andern, die ihnen zusehen oder auch mit ihnen arbeiten, was discuriren, damit sie an die Beschwerlichkeit der Arbeit nicht so sehr denken, und ihnen die Zeit nicht lang falle, und wird leider! bey der Gelegenheit viel böses und sündliches Geschwätz getrieben. O wie viel seliger wären wir, wann wir uns, an dessen statt, gewöhneten ein Gespräch

mit

mit unserm gegenwärtigen GOtt zu halten,
und mit ihm umzugehen? Laßt den äusseren
Menschen arbeiten, laßt es ihm sauer und
mühsam fallen, unser Herz beschäftige sich nur
mit GOtt, so werden wir alle Beschwerlichkeit vergessen, die sauerste Arbeit wird uns leichte fallen; die Zeit wird uns nicht lang dünken,
und wir werden vor Zerstreuungen bewahrt bleiben, so daß wir in einer betenden Gemüthsfassung wieder nach Haus oder in unser Kämmerlein kehren können, und bey der äusseren Leibes-
ruhe auch an der Seele erquicket werden.

O GOttes Gegenwart ist keine todte Gegenwart; o nein, sondern wie die Sonne am
Himmel mit ihren Strahlen sowohl alles erleuchtet als auch zugleich erwärmet, und mit
Kraft und Leben durchdringet, so dringet auch
die Gegenwart GOttes, als eine hell leuchtende
und lieblich strahlende Sonne in die Herzen ein,
die darnach begierig sind, und flösset ihnen immer neues Leben und neue Kräfte ein. O was
wird da in dem Herzen verspühret, wann wir
so immer nahe suchen bey GOtt zu bleiben, Acht
zu geben auf den GOtt, der bey und mit uns ist,
uns zu halten zu dem, der unserm Herzen so nahe ist. Siehe, so sollen wir arbeiten als in der
Gegenwart GOttes.

Nun, ich wünsche, allen, die jetzt in der
Erndte arbeiten: der HErr sey mit euch! seyd
aber auch mit Ihm; daß ihr in Abhänglichkeit
von Ihm arbeitet. Der HErr sey mit euch!
daß ihr vor seinen göttlichen Augen in seiner

Zweyt. B. IV. Th.   Q   gött-

göttlichen Gegenwart arbeitet, so werdet ihr und
eure Arbeit glücklich und gesegnet seyn.

Dritter Theil.

Und diß ist das dritte, wovon wir zu reden
haben, nemlich, wie auch ein Christe bey
seiner äusseren Arbeit gesegnet sey. Die Schnitter antworteten dem Boas mit dem Gegen-
wunsch: der HErr segne dich. Das war ein
schöner Wunsch: der HErr segne dich. Dieses Wunsches war ja der Gruß wohl werth,
womit sie Boas angeredet hatte, da er sagte:
Der HErr sey mit euch; das hatte mehr zu
bedeuten, als wann Weltleute nur so Com-
plimente mit einander machen. Dann es waren keine vergebliche Worte; sondern, weil
Boas ein frommer Mann war, so war er
des Segens fähig, und der Segen konnte auf
ihm haften, wie uns unser Heiland lehret,
Luc. 10, 5. 6. nemlich, als der Heiland seine
Jünger ausfendete, da gebote er ihnen, wann
sie in ein Haus kämen, da sollten sie das Haus
grüssen und sagen: Friede sey in diesem Hause;
wann dann ein Kind des Friedens daselbst seyn
würde, so würde ihr Friede auf ihm ruhen,
wo aber nicht, so würde sich ihr Friede wieder zu ihnen wenden. Sehet, wann wir jemand was Gutes wünschen und ihm segnen, so
kann entweder unser Segen auf ihm bleiben,
und dann hat GOtt zugleich einen Wohlgefallen an uns, daß wir unserm Nächsten alles

Gutes

Gutes gönnen und wünschen; oder der Segen
kommt auf uns zurück, wenns der andere nicht
würdig ist; und dann sind wir ja desto mehr
gesegnet. Wünschen wir aber unserm Nächsten
was Böses, und es kann unser Wunsch auf
ihm haften, so sind wir dabey GOtt höchst
mißfällig und haben eine schwere Verantwor-
tung auf uns; kann aber unser böser Wunsch
nicht auf ihm haften, so kommt er auf uns
selber zurück, und wir machen uns dadurch desto unglückseliger und strafen uns selber. Sollte uns das nicht bewegen, lieber allen Menschen
alles Gute zu wünschen als was Böses; lieber
unsern Nächsten zu segnen als ihm zu fluchen,
nach der Ermahnung Pauli, Römer 12, 14.
Segnet und fluchet nicht!

　Nun, was wollen dann die Schnitter damit sagen, der HErr segne dich? Sie hatten,
ohne Zweifel bey diesen Worten ihre Absicht,
sowohl auf den geistlichen als leiblichen Segen; sie wünschten ihm alle Wohlfahrt der
Seelen sowohl als des Leibes. Man sollte sagen, Boas hätte ja eben eines solchen Wunsches nicht nöthig gehabt, weil er ja schon ein
gesegneter Mann war. Er war gesegnet darin,
daß er unter die gesegnete Familie gehörte, aus
welcher der Meßias herstammte, in welchem
alle Geschlechte der Erden sollten gesegnet werden; er war auch sonst mit äusseren Gütern
gesegnet, wie wir aus allen Umständen schliessen
können: aber dem ohnerachtet war doch der
Wunsch, der HErr segne dich, gar nicht über-

　　　　　　flüßig

flüßig. Dann es würde den Boas wenig geholfen haben, daß er unter das Geschlechtregister des Meßiä gehörte, wenn er nicht
zugleich des geiſtlichen Segens, den uns der
Meßias, unſer Heiland, zuwege gebracht, wäre
theilhaftig worden; und das war denn hauptſächlich der Segen, den ſie ihm wünſchten.
Und was das Aeuſſere betrift, inſonderheit die
Erndte, in welcher ſie für ihn arbeiteten, ſo
wünſchten ſie ihm, nicht allein daß die Erndte
gut ausfallen, ſondern daß es ihm auch ein
würklicher Segen ſeyn mögte. Wir dürfen
alſo auch nicht denken, wenn jemand zu uns
ſagt: GOtt grüſſe euch, GOtt ſegne euch, u.
d. gl. daß wir eines ſolchen Wunſches nicht
nöthig hätten, weil wir ja etwa ſchon bekehrte
Leute, und des Segens in Chriſto theilhaftig
geworden ſind, dann wir bedürfen ja immer
noch mehr und reichlicher geſegnet zu werden in
himmliſchen Gütern in Chriſto; und in Anſehung des Aeuſſeren, haben wir beſonders nöthig, daß man uns wünſchet, daß es auch ein
würklicher Segen ſeyn möge. Dann, da iſt
nicht alles ein Segen, was man einen Segen
zu nennen pflegt. Die Menſchen heiſſen manchmal etwas einen Segen, das in gewiſſer Abſicht mehr ein Fluch als ein Segen mögte genannt werden; manches aber heiſſen ſie einen
Fluch oder doch Unglück, das würklich ein
Segen iſt, oder einen Segen mit ſich bringt.
Wann es einem natürlichen unbekehrten Menſchen in ſeiner Handthierung und Nahrung ge-
lingt,

lingt, daß er fein viel erwirbt und vor sich
bringen kann, dann meynt er, das wäre doch
nun lauter Segen, das zeige doch an, daß
ihm GOtt gnädig sey, weil er ihm das gibt,
was sein irrdischer Sinn wünscht, was der alte
Adam so gern hat, wornach er rennt und läuft.
Es würde ihm auch würklich zum Segen gereichen können, wenn er sich durch die äusseren
Wohlthaten zu GOtt ziehen ließ, als worzu
GOtt dieselben gibt, wie Paulus sagt, daß
uns GOtt viel Gutes thue, damit wir ihn
suchen mögten: werden aber solche Wohlthaten nicht dazu angewandt, so ists kein Segen sondern vielmehr ein Fluch, dann es trift
da ein, was Psalm 17, 14. geschrieben steht:
Welche ihr Theil haben in ihrem Leben, welchen du den Bauch füllest mit deinem Schatz.
Wenn ein solcher in der Welt kriegt was er
sich gewünscht, was er begehret hat, so hat er
seinen Lohn dahin. Siehe, da war ja das,
was er einen Segen nennte, vielmehr ein Fluch.
Wann es aber den Frommen im Aeussern übel
geht, wann sie mit mancherley Creutz und Leiden belegt werden, dann sehen das die Leute
für ein Unglück, für eine Strafe an, und für
ein Zeichen der Ungnade GOttes, (wie die
Freunde des Hiobs thaten,) und es ist doch
ein würklicher Segen, es gereichen ihnen alle
solche Züchtigungen, Prüfungen und Proben,
zu ihrem Besten; sie tragen das Kennzeichen der
Kinder GOttes, wie Paulus sagt, Ebr. 12, 8.
Seyd ihr ohne Züchtigung, so seyd ihr Bastarte
Q 3　　　　　　　　　　　　　und

und nicht Kinder. O mögten es doch die Frommen, die Kinder GOttes, manchmal besser
einsehen, was für ein Segen im Creutz und
Leiden liegt, wie so gern würden sie wollen mit
dem Creutz gesegnet seyn.

Wir wollen näher zur Sache schreiten.
Soll uns unsre Arbeit, und was uns GOtt
durch dieselbe im Aeusseren bescheret, ein Segen seyn, so müssen wir, was wir erwerben,
als ein unverdientes Geschenk und Gabe aus
der Hand GOttes annehmen. Sehen und
nehmen wirs nicht so an, sondern denken: das
habe ich durch meinen Fleiß, durch meine Ge-
schicklichkeit, durch meine Klugheit, (oder, mögte
man vielmehr sagen, durch meine Praktiken)
erworben, so geht es schon zum Fluche hin,
und schlägt zum Fluche aus. Ein Christe sieht
sein Erwerben ganz anders an; er weiß und
sagt es, nicht allein mit dem Munde, sondern
er weiß und sagt es von Herzen, daß an
GOttes Segen alles gelegen sey, und daß
demnach alles, was er in gehöriger Ordnung
durch seine Arbeit bekommt, nichts anders als
ein Geschenk und Gabe GOttes sey; und daher ists ihm ein würklicher Segen.

Nicht allein aber nimmt ein Christ das,
was er erwirbt, als ein Geschenke GOttes an,
sondern er gehet auch nicht anders damit um,
als mit einer Gabe und Geschenke GOttes;
er mißbraucht es nicht zur Verschwendung, zur
Ueppigkeit, zu Staat und Pracht, wie leider
zu geschehen pflegt, sondern er gebraucht es in
GOttes-

ger.

Gottesfurcht zu seiner Nothdurft, als wozu es
ihm GOtt giebet, und lässet sich nach der Ermahnung Pauli 1 Tim. 6. mit nothdürftiger
Nahrung und Kleidung begnügen; und da ist es
ihm ein würklicher Segen. O daß manchmal
bey dem, was einer erwirbet, kein Segen ist,
daß er auch wohl um Segen bittet, und ihn
nicht krieget, das macht der Mißbrauch der Gaben GOttes, wie Jacobus sagt: Ihr bittet und
krieget nicht, darum, daß ihr übel bittet, nemlich dahin, daß ihrs mit euren Wollüsten verzehret, Jac. 4, 3.

Einem Christen ist auch dasjenige, was er
erwirbet, darum zum Segen, weil ers nicht
bloß für sich zu behalten suchet, sondern auch
des dürftigen Nächsten eingedenk ist, wie Paulus ermahnet, Ephes. 4, 28. daß man arbeiten und mit den Händen etwas Gutes schaffen soll, damit man habe zu geben dem Dürftigen, und Ebr. 13, 16. Wohl zu thun und
mitzutheilen vergesset nicht, denn solche Opfer
gefallen GOtt wohl. So machte es insonderheit Boas bey seiner Erndte, der wollte nicht
alles für sich alleine haben, er ließ nicht nur
übrig bleiben, sondern er befahl auch seinen
Schnittern, sie sollten mit Vorbedacht von den
Garben etwas fallen lassen, damit eine arme
Ruth desto reichlicher sammlen könnte. Mögten doch diejenigen, deren Feld jetzo vor andern
reichlich getragen hat, sich auch der Dürftigen
annehmen, und darin ihre Dankbarkeit gegen
GOtt bezeigen; ja mögten doch überhaupt alle,

Q 4   welche

welche Gott mit äussern Mitteln begabet hat, ein jeder nach seinem Vermögen, sich Freunde machen mit dem ungerechten Mammon, wie ihnen unser Heiland Luc. 16. diesen Rath gibt, und armen Gliedern Christi gerne mittheilen. Sehet, das Gebet, das fromme Armen für ihre Wohlthäter thun, ist ja nicht vergebens, es erhält und vermehret den Segen, und der Heiland wird es an jenem Tage ansehen als ihm selbst gethan, nach Matth. 25. Lasset uns lesen was David im 41. Psalm sagt: Wohl dem, der sich des Dürftigen annimmt; den wird der HErr erretten zur bösen Zeit. Der HErr wird ihn ernähren, und beym Leben erhalten, und ihm lassen wohl gehen auf Erden, und nicht geben in seiner Feinde Willen. Der HErr wird ihn erquicken auf seinem Siechbette; du hilfest ihm von aller seiner Krankheit.

Auch ist einem Christen dasjenige was er erwirbt ein Segen, weil er es in Abgeschiedenheit besitzet, und nicht das Herze dran hänget. Fället euch Reichthum zu, heißt es, Psalm 62. so hänget das Herz nicht daran. Nun, es brauchts eben kein großer Reichthum; das Herz hängt oft an wenigem, und manchmal an gar geringen Dingen. Manche meynen und sagen, ihr Herz hange doch nicht an dem was sie haben; aber das ist leichter gesagt als in der That bewiesen. Der Mensch kann nicht wissen, ob er an etwas hange oder nicht, so lange ers noch hat; läßt es aber einmal genommen werden
den

den, dann wird sichs zeigen, ob man, mit dem
frommen Hiob, der alle sein großes Gut in
Abgeschiedenheit besaß, von Herzen und nicht
bloß mit dem Munde und zum Schein, sagen
kann: der HErr hats gegeben, der HErr hats
genommen; der Name des HErrn sey gelobet.
Wie so leicht läßt man sich durch die zeitlichen
Güter fesseln und binden, so daß je mehr einer
hat, desto mehr er haben will; und da ists ihm
kein Segen, sondern gereichet ihm vielmehr zum
Verderben.

Endlich so ist auch einem Christen das was
er durch seine Arbeit bekommt, ein Segen,
daß, wenn gleich sein Einkommen wenig ist,
er dennoch immer sein Auskommen dabey findet. Das Wenige, das ein Gerechter hat,
ist besser, denn das große Gut vieler Gottlosen,
Ps. 37. nicht allein, weil ers mit gutem Gewissen besitzet, sondern auch, weil es ihm durch
GOttes Segen hinreichet zu seiner Nothdurft,
und er noch wohl dabey übrig hat; da hingegen
oft der Fluch auf eines andern Gut ruhet, daß
es nirgend hinreichen will. O der Mensch lebt
nicht davon, daß er viel Güter hat: er lebt nicht
vom Brod allein; sondern von einem jeglichen
Wort, das durch den Mund GOttes gehet,
Matth. 4.

Nun, wir wollen abbrechen. Zum Beschluß lasset uns alle herzlich ermahnet seyn,
daß wir bey aller unsrer Arbeit, und was uns
GOtt dadurch beschehret, nach den ewigen,
nach den himmlischen Gütern hungern und

Q 5   trach-

trachten. Trachtet am ersten nach dem Reiche
GOttes, und nach seiner Gerechtigkeit, so wird
euch solches alles zufallen, es wird euch wie
eine Zugabe gegeben werden, spricht unser Heiland, Matth. 6, 33.

Alle die äussere Wohlthaten, die uns GOtt
bescheret, sollen wir uns dienen lassen als Mittel und Reitzungen, wodurch der ewigliebende
GOtt uns locken will, um wesentlichere Dinge
für unsere Seele zu suchen, und derselben theilhaftig zu werden. O es sind andere Dinge,
liebe Herzen, es sind andere Güter als Rog-
gen und Weitzen, und dergleichen Gaben, die
uns der liebe GOtt zugedacht hat, es ist nicht
bloß das thierische Leben das der HErr beäuget;
daß er nur dafür sorgen sollte; sondern er will
uns durch die äussere Wohlthaten einen neuen
Eindruck geben, wie unaussprechlich willig und
bereit sein Vaterherze sey, noch vielmehr zu
geben für den Geist, der bleiben soll, für die
Seele, die keine Nahrung haben kann, als von
ewigen himmlischen Gütern. O es sollte uns
deßwegen alle äussere Arbeit, besonders erinnern
für unsere Seele zu arbeiten, unser wichtiges
Seelengeschäfte nicht zu vergessen: O daß ich
doch durch den Segen GOttes in Christo JE-
su für meine Seele eine reiche Erndte halten
mögte; daß ich in jener Ewigkeit mich freuen
könnte über eine gesegnete Erndte!

Nun, wer ernden will, der muß zuvor ge-
säet haben; und da ist der wichtige Ausspruch
des heiligen Geistes, Galat. 6. Was der
Mensch

Menſch ſäet, das wird er erndten; wer auf
ſein Fleiſch ſäet, der wird von dem Fleiſch das
Verderben erndten; wer aber auf den Geiſt
ſäet, der wird von dem Geiſt das ewige Leben
erndten. O merkt es doch, liebe Herzen;
Alles, alles, was wir hier in dieſem Leben
thun, reden, denken und begehren, das alles iſt eine Saat auf die Ewigkeit, und es
kommt ein Tag der Erndte, da wir die Früchte unſerer Arbeit, die Früchte von dem Saamen, den wir hier geſäet haben, erndten werden. O welch eine Erndte wird das ſeyn,
welch eine fürchterliche Erndte an jenem
Tage für die, ſo aufs Fleiſch, auf ihre Lüſte
und Begierden, auf die Sünde und Eitelkeit,
auf eine betrügliche Hoffnung und Beredung,
daß ſie dennoch könnten ſelig werden, geſäet haben. O laßt uns doch nicht ſo in der Sicherheit und Sorgloſigkeit dahin gehen; laſſet uns
nicht ſo uns ſelbſt betrügen. O laſſet uns
keine Mühe, keine Arbeit ſchonen, das böſe
geſäete Unkraut auszurotten in wahrer Herzens-
buße und Bekehrung, ein neues zu pflügen
und nicht mehr unter die Dornen zu ſäen, nach
Jerem. 4. damit wir nicht dereinſt erndten müſſen, was wir in der Ewigkeit nicht wünſchen
zu erndten.

Laſſet uns auch in Anſehung ſo vieler leiblichen Wohlthaten, ſonderlich zu dieſer Zeit,
da uns der HErr auf dem Felde wiederum einen
ſolchen Ueberfluß dargeſtellet hat, unſrer Pflicht
gegen unſern gütigen GOtt nicht vergeſſen,
und

und unfre Herzen erheben zu dem HErrn, unsern GOtt, und aus Jerem. 5, 24. mit dem Propheten sagen: Lasset uns doch den HErrn, unsern GOtt, fürchten, der uns Frühregen und Spatregen zu rechter Zeit gibt: der uns die Erndte treulich und jährlich behütet. O hat nicht GOtt sonderlich an diesem Orte, in diesem unserm Bezirke, schon so manche Jahre uns die Erndte behütet, vor andern unsern Nachbarn? O laßt uns doch darin den Segen des HErrn unsers GOttes erkennen, laßt es uns ansehen und annehmen als eine unverdiente Wohlthat und Gabe aus der Hand unsers gütigsten Vaters, und denken, das ist der HErr, der das gethan, der das gegeben hat. Der HErr hat zwar im Anfang dieses Jahrs uns ein wenig sonst seine Ruthe fühlen lassen; aber wie gnädig hat er dagegen uns wieder angesehen, daß er uns eine so reiche Erndte, eine solche Fülle dargestellet! Nun laßt uns doch mehr sehen, auf die Hand die es gibt, als auf die Gaben, und sie nicht so dahin nehmen wie die Thiere, die von ihrem Schöpfer nichts wissen. Der HErr ist es, der seine milde Hand aufgethan hat; der HErr ist es, der uns will sättigen nach seinem Wohlgefallen, wie Psalm 145, 16. stehet: Du thust deine Hand auf, und erfüllest alles, was da lebet, mit Wohlgefallen. Der HErr ist es; der uns alle diese reiche Güter giebet, um zu versuchen, ob er dadurch unsre Herzen noch erweichen könne zu einer herzlichen

Gegen-

Gegenliebe und Dankbarkeit, daß wir ihn
nicht nur mit dem Munde, sondern mit unserm
ganzen Herzen, Leben und Wandel, loben
und danken. Wollen wir uns aber nicht erweichen und durch diese Wohlthat zu GOtt
ziehen und bringen lassen, da der HErr Jahr
aus, Jahr ein Gedult mit uns gehabt, unsre
Sünden nicht angesehen, und über Mülheim
besonders gewachet, und so wohl die Ernote als
anderes Gewerbe begünstiget hat. O wie wird
endlich GOttes Gericht über diesen Ort kommen! Es wird nicht mehr ein gesegnetes Mülheim seyn, sondern ein Ort des Unsegens werden; es wird der HErr nicht mehr dem Korn
rufen und es mehren, sondern er wird dem
Hunger rufen, und den Vorrath des Brods
wegnehmen, Handel und Wandel wird nicht
mehr so blühen. GOtt hat insonderheit gesegnet die Arbeit in den Kohl-Bergwerken,
daß so viele Menschen ihren reichlichen Unterhalt haben können; aber ich fürchte, ich fürchte, wo GOtt und dessen Hand nicht mehr
in dem Werke erkannt wird, wo es nicht als
eine Gabe GOttes angesehen wird, und man
nicht gebührend damit umgehet, so wird der
Segen des HErrn gebrochen, wo nicht
gar weggenommen werden und es wird Mülheim ein verlassener Ort werden, da die Leute
sich nicht mehr so hindrängen werden, weil
Mangel an allen Orten wird gefunden werden. O laßt uns doch der Stimme des
HErrn gehorchen, damit solche Gerichte GOttes

tes von uns mögen abgewendet werden, und
hingegen das Gute über uns komme, das GOtt
ehemals dem Volk Israel verheissen hat; wovon es heißt 5 Mos. 28. Wenn du der Stimme des HErrn deines GOttes, gehorchen
wirst, daß du haltest und thust alle seine Gebote, die ich dir heute gebiete, so werden über
dich kommen alle diese S e g e n: gesegnet wirst
du seyn in der Stadt, gesegnet auf dem Acker:
gesegnet wird seyn die Frucht deines Leibes, die
Frucht deines Landes, die Frucht deines Vie-
hes, die Früchte deiner Ochsen, die Früchte
deiner Schaafe; gesegnet wird seyn dein Korb
und dein Uebriges; gesegnet wirst du seyn, wenn
du eingehest, gesegnet wenn du ausgehest: der
HErr wird gebieten dem Segen, daß er mit dir
sey in deinem Keller, und in allem was du vor-
nimmst: und der HErr wird dir seinen guten
Schatz aufthun, den Himmel, daß er deinem
Lande Regen gebe zu seiner Zeit, und daß er segne alle Werke deiner Hände u. s. w.

Nun, der HErr lasse alle gute Ermahnun-
gen, die wir auch in dieser Stunde gehöret haben, an unserm Herzen gesegnet seyn, daß sie als
ein guter Saame bey uns zur Frucht gedeyen,
die wir in der seligen Ewigkeit mit Freuden erndten können.

Gebet.

D gnädiger ~~~~~~~ ~~~~~~~~~~ über GO~~
wir beugen uns vor dir von H~~-
zen und verehren deinen heiligen N~~~~

darum

darum daß du nicht allein die ewige Liebe
und Güte in dir selber bist; sondern auch
so gnädig, so gütig und so gutthuend bist
gegen deine arme und dürftige Geschöpfe.
O HErr unser GOtt, du allein bist gnug
unserm ewigen und unsterblichen Geiste,
in dir ist die Fülle, die unsern Geist allein
und ohne Ende sättigen und vergnügen
kann; aber du thust auch deine milde Hand
auf, und gibst uns so vieles aus dem
Ueberfluß deiner Güte für unsern nichtigen und hinfälligen Cörper.

Es danke dir, o HErr, dir, dem
HErrn Himmels und der Erden unser
Herze, daß du uns auch jetzt wiederum
eine so gesegnete und reiche Erndte be-
scheeret und geschenket hast. O wie so
gütig bist du nicht, wie so gnädig wal-
test du nicht über diesen unsern Ort auf
eine so besondere Weise. Es sind wenige Herzen die diß erkennen, wie so gar
wenige, die dir gebührend dafür danken.
Nun, es sollen es doch unsere Herzen
thun. Nimm an das Opfer unserer Lippen und unserer Herzen: dir, o HErr,
schreiben wir dieses alles zu, du hast es
gethan; du hast den Saamen gegeben;
du hast ihn wachsen und gedeyen lassen;

du

du haſt die Frucht für Hagel und Unge=
witter und andern Zufällen und Unglück
gnädig bewahret und erhalten, und zu rech=
ter Zeit gedeyliches Gewitter gegeben, da
menſchlicher Unglaube es ſo wenig hätte
erwarten können: es müſſe unſer Herz dich
und deine unverdiente Güte darin ſehen,
und dir dafür Dank ſagen.

O laß es uns doch nicht anders als von
deiner Vatershand gegeben, anſehen und
annehmen; laß uns dieſe deine Gaben nicht
für unſer Eigenthum halten, ſie nicht miß=
brauchen und in Wohlluſt verzehren; ſon=
dern als getreue Haushalter über deine
Gaben zu aller Zeit, und in allen Stücken,
erfunden werden, und ſie nach deinem
Wohlgefallen verwalten.

HErr, gib Gnade, daß wir alle, ſo
wohl die, welche jetzt in der Erndte arbei=
ten, als auch ein jeglicher in ſeinen Ge=
ſchäften, daß wir doch jederzeit alle un=
ſere Arbeit verrichten mögen mit dir, un=
ſerm GOtt, und in deinem gnädigen
göttlichen Segen. Lehre uns, o HErr,
unter aller unſerer Arbeit uns beſtändig
demüthigen, unter aller Mühſeligkeit und
Beſchwerlichkeit uns willig hinbeugen;
aber gib auch zugleich, daß wir heraus
hun=

hungern aus allem Fluch und Verderben,
um deiner Gnade und Gunst in Christo
theilhaftig zu werden.

O lieber GOtt und Heiland, gib
uns recht kindliche Herzen, daß wir un=
sere äussere Geschäfte nicht mögen thun
aus einem blossen Trieb der Natur, son=
dern aus einem heiligen und dir gefälli=
gen Trieb des kindlichen Gehorsams, und
um dir, dem HErrn, unserm GOtt und
Vater, zu gefallen. Sib Gnade, daß
wir bey unsern Geschäften vor aller Un=
ordnung bewahret bleiben, womit wir uns
von Natur so angefüllet finden, vor aller
unordentlichen Triftigkeit, aber auch vor
aller Trägheit und Nachläßigkeit, vor aller
Sorge, Mißtrauen und Unglauben; vor
aller Begierde und Anklebung an dem Irr=
dischen. O HErr, mache doch unsere
Absichten in allem unserm Thun einfältig
und lauter, damit wir in allem dir ge=
fällige Kinder mögen erfunden werden.

Lehre uns sonderlich vor deinen gött=
lichen Vaters-Augen, in deiner heiligen
und liebreichen Gegenwart, jederzeit wan=
deln und handeln, leben und schweben:
damit wir jetzt schon hier leben mögen als
solche, die ihren Wandel im Himmel ha=

ben, die mit niemand so viel Umgang haben als mit dir, unserm GOtt, der der Freund unsers Herzens seyn will.

O HErr, sey mit allen. Sey insonderheit mit denen, die im Bußkampfe arbeiten, mit allen mühseligen, bekümmerten und verlegenen Herzen; daß sie doch nicht mögen in ihrem Seufzen, in ihren Thränen und Arbeit, müde werden; gib du Gedeyen zu aller Arbeit ihres Herzens. Segne alle, die um deinet willen arbeiten; segne alle, die um deinet willen leiden; segne alle, die um deinet willen verläugnen; segne alle, die um deinet willen ihr Eigenes und ihr Liebstes wollen und müssen dran geben; o laß sie reichlich gesegnet werden mit himmlischen Gütern in dir, unserm liebwerthesten Heilande JEsu.

Lehre uns allerseits wichtig und richtig wandeln, in einem beständigen Gesicht auf den großen Tag der unendlichen Ewigkeit, auf den Tag, da wir erndten werden ohne Aufhören; daß wir so handeln und wandeln, wie wir an dem großen Tage wünschen erfunden zu werden. Erhalte, o HErr, bey uns allen den Glauben und Muth, daß wir unsern Lauf mit Freuden vollenden mögen, um deiner ewigen Erbarmung willen, in Christo JEsu. Amen. Sechste

Sechste Rede.

Gehalten über

Epheſer IV. v. 30.

Es woll' uns GOtt genädig ſeyn,
Und ſeinen Segen geben!
Sein Antlitz uns mit hellem Schein
Erleucht' zum ew'gen Leben!
Sein Geiſt entzünde Herz und Sinn,
Und zieh' uns ganz zum Ew'gen hin!

So werde ich mich dennoch abermals, wieder
alle meine Erwartung, bequemen müſſen,
ein Wort der Erbauung zu euch, verhoffentlich
hungerigen Herzen zu reden. Ich unterwerfe
mich der göttlichen Vorſehung demüthigſt,
mit einem glaubigen Aeuglein ſehende auf
ihn, unſern HErrn und Hohenprieſter,
daß er ſich dann doch auch in dieſer Stunde
kräftig beweiſen wolle, ſo wohl bey mir, als
bey allen die hier vor ſeinem Angeſichte ſitzen.

Um so viel mehr aber soll ich, und müssen wir
alle dem HErrn zu Fusse fallen, und ihn um
seine gnädige und Segens-volle Beywohnung
anrufen.

Gebet.

Amen, o HErr, unser GOtt! Heilig-
heilig- heiliger GOtt! den alle Se-
raphinen und Cherubinen anbeten und bü-
ckende verehren; der du auch uns Menschen berufen hast, zu deiner ewigen Anbetung und Gemeinschaft: vor dir beuge
sich auch in diesem Augenblick alles was
in uns ist, und gebe dir die gebührende
Ehre, durch die Wirkung deines heiligen
Geistes. Du bist unser GOtt, und wir
sind deine Geschöpfe; du bist unser Töpfer, und wir sind dein Thon; du bist in
Christo unser Erlöser und Erbarmer, und
wir sind vor deinem Angesichte erschienen,
um uns untereinander zu erbauen und zu
reitzen zu deinem Dienst. Liebe, Verehrung und Anbetung sey dir, o HErr
unser GOtt! der du verheissen hast zu
wohnen unter den Lobgesängen Israels, da
dein Angesicht gesuchet, dein Name geehret und geliebet wird. Nun, warum
sind wir dann alle in dieser Stunde hier zu-

sammen

sammen gekommen? Hats nicht deine gött=
liche Vorsehung also gefüget? Ist es
nicht ein Hunger in denen Herzen um
dein Wort zu hören, und nicht nur
Menschenworte? Um deine Wahrheit
zu erkennen, um sich derselben mit gan=
zem Herzen zu ergeben? O, du! der du
Herzen und Nieren prüfest, der du bist
derjenige der mit feuerflammenden Augen
wandelt, mitten unter den güldenen Leuch=
tern: Komm und besuche dann mein Herz
und alle diese Herzen, komm und siehe,
ob wir auch mit einer solchen einfältigen
und redlichen Absicht in dieser Stunde
hier erschienen sind. Nun Dank sey dir
für diese deine Güte und Gnade. Dank
sey dir für die edle Freyheit und herrliche
Gelegenheit, die du uns noch vor vielen
andern vergönnest, um zu deiner seligma=
chenden Erkänntniß, Liebe und Gemein=
schaft gelangen zu können. Aber, ach,
HErr HErr! du weist es, daß wir ohne
deine gnädige Beywohnung uns nichts Er=
bauliches, nichts Fruchtbares können ver=
sprechen, und noch weniger erlangen. O!
so beweise du dich dann mit deinem hei=
ligen Geiste günstig, gegenwärtig und
kräftig, so wohl in dem Herzen des, der

da

da reden, als auch in den Herzen derer,
die da hören sollen. HErr, du weist es!
daß ich nichts weiß, daß ich nichts bin,
daß ich nichts habe vor deinen geistlichen
Augen; Ach laß dann deine Kraft in meiner geistlichen und leiblichen Schwachheit
sich mächtig beweisen! nur damit du geehret und verherrlichet werdest, damit dir,
unserm Ehrenkönige und seligen GOtt,
alle anwesende Seelen mögen unterworfen
werden. O, HErr JEsu, JEsu! der
du durch dein Blut und Eingang in das
Allerheiligste, uns deinen heiligen Geist
verheissen, und denselben am Pfingsttage
deinen ersten Glaubigen so reichlich geschenket hast: Ach sende auch! Ach sende
doch diesen deinen Geist von oben herab
in unser aller Herzen. Laß diesen Geist,
der feurigen Zungen giebet, auch meine
stammlende und gebrechliche Zunge regieren und lenken, damit ich deine große
Thaten und Wahrheiten für mein und für
alle diese Herzen fruchtbarlich aussprechen
möge. O siehe nicht an unsere Unwürdigkeit; siehe nicht an unsern bisherigen,
dir so unähnlichen und mißfälligen Zustand;
laß durch JEsu Blut alle unsere Sünden gnädigst ausgetilgt werden; laß deine
Gunst

Gunſt in dieſem unſerm Hohenprieſter zu
uns gewandt ſeyn und bleiben. Werden
dann auch an dieſem Pfingſttage ſchon
nicht tauſende bekehret, ſo laß doch wenigſtens dem einen oder andern, das Herz
gerühret, bekehret, geſtärket und ermuntert werden, ſich dir mit neuem Ernſt
und Eifer zu ergeben, deinen Wegen mit
mehrerer Treue ſich zu unterwerfen und
zu folgen, damit du, o HErr JEſu
Chriſte! durch deinen heiligen Geiſt ſelber in unſern Herzen verkläret und groß
gemacht werden mögeſt. Du haſt es ja
verheiſſen, daß der Geiſt, den du von oben
ſenden wollteſt, dich verklären, verherrlichen und groß machen ſolle. Darum,
o JEſu, laß uns klein werden, laß uns
nichts werden, laß alles in unſern Herzen und Augen klein werden. Sey du
nur groß, werde du herrlich, herrſche
mitten unter deinen Feinden, mitten in
unſern Herzen. Alles aus freyer Gnade,
um deines allerſüſſeſten Namens JEſu
willen, Amen.

Die Worte, die mir unvermuthet beyfielen,
zum Grunde unſerer Erbauung in dieſer Stunde zu nehmen, ſtehen geſchrieben

R 4　　　　　　　Epheſer

Epheser IV. v. 30.

Betrübet nicht den heiligen Geist GOt=
tes, damit ihr versiegelt seyd auf den
Tag der Erlösung.

Gestern haben wir unter GOttes Beystand mit=
einander gesprochen, von der nöthigen Vor=
bereitung, um den werthen heiligen Geist em=
pfangen zu können, jetzt wollen wir unter GOt=
tes Beystand und göttlichem Einfluß miteinan=
der erwegen die Pflicht, welche uns oblieget,
den von GOtt empfangenen werthen Gast ge=
bührend zu behandeln. Betrübet nicht den hei=
ligen Geist GOttes, damit ihr Glaubige ver=
siegelt seyd auf den Tag der Erlösung.

Ach! wann wir Menschenkinder wüßten
und beherzigten, die hohe und Anbetens=wür=
dige Absichten des HErrn unsers GOttes mit
uns; Ach! wenn wir erkennten, welch ein herr=
liches Geschöpf der Mensch ist, welch einen hohen
Adel der Mensch nach seiner Seelen, nach seiner
inwendigen Liebe besitzet, ach! denn würden wir
unsere Seelen nicht so gering schätzen: wir wür=
den für den elenden, vergänglichen und zur Ver=
wesung bestimmten Cörper nicht dergestalt besor=
get seyn, am allerwenigsten aber denselben so gar
zu unserm GOtt machen. Ach wir würden uns
viel zu hoch achten und viel zu edel schätzen, als
daß wir uns zu den so verächtlichen und gering=
fähigen Dingen dieser Welt, zu dem Zeitlichen
und Vergänglichen, welches doch unendlich un=

ter

ter uns ist, auf eine so niederträchtige Art und
Weise herablassen sollten, der Mensch ist in einem
hohen Adel von GOtt erschaffen.   Wann er ein
Kind GOttes genannt wird: so ist das kein blo-
ser Titel, sondern etwas Wesentliches und überaus Hohes; wann wir nachschlagen das 3te Cap.
Lucä, wo das Geschlechtregister von Joseph
bis auf Adam zu erzählet wird, da finden wir,
daß da stehet, Joseph sey gewesen ein Sohn
Eli, und so weiter, bis es kommt auf Adam,
da heißt es: Adam aber war GOttes, das
ist, ein Sohn GOttes.   Dann GOtt hat den
Menschen im Anfang nach seinem Ebenbilde,
geschaffen, und ihm seinen Geist, den Geist aus
GOtt eingehauchet; wie wirs bey der Schöpfung des Menschen nachlesen können, 1 Buch
Mos. 1: GOtt habe dem Menschen seinen
Geist eingeblassen, er habe ihn geschaffen nach
seinem Bilde; mit wohlbedächtlichem Rath: Lasset uns Menschen schaffen nach unserm Bilde.   Gleichwie nemlich ein Kind das Bild, Natur und Eigenschaft seines Vaters an sich trägt:
so hat GOtt auch bey der ersten Schöpfung
dem Menschen seinen eigenen Geist eingehauchet,
und ihm eben dadurch sein Bildniß, seine Eigenschaft und seinen Character eingepräget, daß also
der Mensch nach seiner ursprünglichen Gestalt
GOtt ähnlich ware.   O! ein hoher Adel! daß
der Mensch geschaffen worden nach GOttes
Ebenbilde.   Denn das ist nicht etwas, das
einem so von aussen nur anhänget, sondern das
Wesentlichste, das allen Menschen eingehauchet,

und in alle Menschenkinder eingedrucket worden.   Der Mensch empfing durch die Einhau-
chung des Geistes GOttes, bey seiner Schöpf-
fung, das Ebenbild GOttes: das ist, es wurde
dadurch dem Menschen mitgetheilet, ein unendliches und göttliches Verlangen und Begehren,
das mit nichts, als mit GOtt selber konnte gestillet und gefüllet werden; Es wurde dem Menschen nicht nur ein solches unendliches und un-
auslöschliches Verlangen eingedrucket, sondern
es wurde ihm auch dadurch eingedrucket, himmlische und göttliche Fähigkeiten: daß der Mensch
nach seiner Seelen, nach seinem Geist im Stande war, seinen GOtt zu schauen, seinen GOtt
zu erkennen, seinen GOtt zu lieben, seinen GOtt
zu verherrlichen, und seinen GOtt bis in alle
Ewigkeiten zu geniessen.   Es wurden also durch
dieses Bildniß in den Menschen eingepräget
himmlische und göttliche Vollkommenheiten:
(so viel nemlich ein Geschöpf der Vollkommenheiten GOttes fähig seyn kann) daß nemlich der
Mensch durch göttliche Schenkung wesentlich
an sich trug, die wahrhaftige Gerechtigkeit und
Heiligkeit GOttes, die göttliche Tugenden der
Unschuld, der Einfalt, der Wahrheit, der Lau-
terkeit, und alle andere mittheilbare göttliche
Eigenschaften.   Der Mensch hatte aber nicht
allein in sich himmlische und göttliche Vollkommenheiten, sondern er besaß auch in sich
himmlische, göttliche und paradisische Vergnügungen, Ergötzlichkeiten und Belustigungen.
Nach seinem allerwehrsten Theil betrachtet, so

nur

nur in GOtt, vergnügte sich in dem Anschauen
seines GOttes, in dem Umfassen seines GOttes,
in dem Genuß seines GOttes und dessen gött=
lichen Mittheilungen; und in seinem Innersten
fand er ihn würdig einer unaussprechlichen An=
betung und Berwunderung; ja der Mensch ge=
nosse, nach seiner Seelen und innerem Theile,
englische Ergetzlichkeiten und paradisische Belu=
stigungen auf allerhand Art und Weise. Mit
einem Wort, der Mensch war ein Herr und Kö=
nig über die ganze Schöpfung; Himmel und
Erde, und so weit des Menschen Gesicht reichen
konnte, stunde alles unter seinem Befehl, so daß
alle Creaturen auf seinen Wink ihm unterthan
waren. Siehe in diesem allen war das göttli=
che Ebenbild in den Menschen so tief einge=
präget.

Nun ist aber leider! wie bekannt ist, der Mensch
aus einem solchen edlen Stande herausgefallen,
indem er nemlich sein Herz und seinen Willen
der Schlangen unterworfen hat. Dadurch ist
dieses erste anerschaffene Bild in dem Menschen
erloschen, die göttliche Klarheit, Wonne und
Herrlichkeit hat sich aus des Menschen Geist und
Seele gezogen. Der Mensch ist durch die lei=
dige Abweichung von GOtt ein finsteres Ge=
schöpf worden; nach seinem Inwendigen ist das
göttliche Bild, das Merkzeichen GOttes
und aller seiner göttlichen Vollkommenheiten
ganz und gar verdüstert, verwüstet und ausge=
tilget worden; und das nicht allein, sondern an
statt des göttlichen Bildes, so der Mensch nach
seiner

seiner Schöpfung an sich getragen hatte, an
statt der vorigen göttlichen und himmlischen
Vollkommenheiten und Tugenden, hat er erlangt, lauter Unvollkommenheiten und Untugenden, das Bild des sündlichen Adams, das Bild
des Irdischen, das Bild eines ganz natürlichen
Menschens; ja nicht allein dieses, sondern der
Mensch hat so gar erlangt das Bild des Teufels
in seinem Herzen, dessen Eindrückungen, und
dessen Gepräge, daß also der Mensch in seinem
Naturstand das Bild des Teufels trägt.

Nachdem Adam gefallen war, da hieß es in
dem 5ten Cap. des 1 B. Mosis: Adam zeu-
gete einen Sohn, der seinem Bilde ähnlich
war. Das war also nicht mehr GOttes Bild,
sondern das war ein irdischer natürlicher Mensch.
Daß aber der Mensch in seinem unbekehrten Naturstande, das Bild des Teufels an sich träget, das sagt uns JEsus selber, da er zu den
Pharisäern und übrigen widerspenstigen Juden
sagte: Abraham ist nicht euer Vater, sondern
der Teufel ist euer Vater, und dessen Eigenschaften trügen sie würklich an sich.

Der Mensch trägt zwar auch noch nach dem
Fall eben dieselbe unauslöschliche und unermessene
Begierden nach einem vergnügenden Gut, Licht
und Leben in seinem Inwendigen, aber sehr verdunkelt, geschwächet und mangelhaft, auf eine
recht confuse, verwirrte Art und Weise, so daß
der Mensch würklich nicht weiß, wo er sein
Vergnügen suchen uud finden soll; der Mensch
hat auch nach dem Fall noch wohl einige Fähigkeit

keit (wann GOtt in Chriſto wieder Gnade
ſchenket) ſeinen GOtt zu erkennen, zu lieben,
zu verherrlichen und deſſen Tugenden an ſich zu
tragen: allein dieſelbe iſt im höchſten Grade un=
vollkommen und mangelhaft, alſo und dergeſtalt
daß er an ſtatt des vorigen Lichts, würklich
nichts, als Finſterniß, an ſtatt der vorigen
himmliſchen und göttlichen Neigungen, die er
im Stande der Unſchuld beſaß, nunmehro in
ſeiner Seele keine andere, als ruchloſe und höchſt=
ſündliche Triebe und Begierden häget. Was
teufeliſche Neigungen trägt der Menſch zum
Hochmuth, zur Luſt, zum Eigenwillen, zu aller
Widerſtrebung gegen GOtt das höchſte Gut?
Seine Begierden, die nur nach GOtt, nach dem
Himmliſchen hingehen, ſollten, ſind nun im Ge=
gentheil ganz auf das Irrdiſche und Vergäng=
liche, ja auf ſolche Dinge gerichtet, die an ſich
nichts Weſentliches, nichts Bleibendes und
nichts Vergnügendes haben.

    Weil demnach der Menſch in ſeinem Natur=
ſtande ſein Herz mit ſolchen böſen Neigun=
gen angefüllet findet, ſo tragen wir nach unſrer
Geburt aus Adam an uns, das Bild eines
irrdiſchen und natürlichen Menſchens, ja liebſte
Herzen! ihr, ich und wir alle tragen an uns
das Bild des Satans: Und deswegen dienet
dem Menſchen das übrig gebliebene unendliche
Verlangen nach Ruhe, nach Licht, und Ver=
gnügen, nur zu ſeiner Hölle und zu ſeiner Quaal,
wofern es nicht recht gebrauchet wird, und weilen
der Menſch durch die Sünde ganz verfinſtert iſt,

i.   mithin

mithin die wahre Quelle des Lichts, der Ruhe
und des Lebens nicht finden kann: so verfällt er
von einer Eitelkeit auf die andere; bald sucht er
dieselbe hier, bald sucht er sie dort; bald glaubt
er sie bey Geld und Gut, bald bey der Ehre,
bald bey der Wohllust und dem sinnlichen Vergnügen zu finden, und fällt daher mit seinen
hungrigen Begierden auf diese nichtige Dinge,
wie ein Schwein auf die Träber. Er meynet,
er wolle seine Seele damit sättigen und befriedigen, aber in Ewigkeit geschiehet es nicht.

Soll nun der Mensch wieder in seinen vorigen glückseligen Zustand gesetzet werden, so muß
Hülfe von oben geschehen; dann weil der Mensch
nun dergestalt in seinem Jammer und in seinem
Koth lieget, so gehet es ihm (so lange er nicht
würklich durch GOttes Gnade bekehret und
durch den heiligen Geist wiedergebohren ist) bey
allem seinem Rennen und Laufen, Suchen und
Trachten gerade wie einem Kinde das tief in den
Schlamm gefallen ist, das will nur immer greifen nach dem Schlamm, und sich mit seinen
Händen wehren, aber je mehr es in den Schlamm
greifet, je häßlicher und unvermögender wird es.
Und so sind auch alle Bemühungen eines natürlichen Menschen. Je mehr er seine Seele mit
diesen leeren und eitelen Dingen zu beruhigen
suchet, desto hungriger, dürftiger und elender wird
sie; desto mehr beraubet er sie des göttlichen
Ebenbildes, und machet aus ihr eine Larve des
Teufels, daß also von dem reinen aus GOtt
geflossenen Geist nichts mehr, sondern nur
ein

ein abscheuliches Bild eigener Häßlichkeit entstanden.

Nun da war kein anderer Rath, der Sohn
GOttes mußte selber aus dem Schooß GOttes
heraus kommen, Er, der das eigentliche Bildniß des selbständigen Wesens GOttes war,
der mußte unser Jammer-volles Bildniß an sich
nehmen, Er mußte sich einsenken in unsere armselige Menschheit, damit Er uns durch sich selbst
als Mittler wieder aussöhnen, seinen werthen
heiligen Geist uns einhauchen, und uns mit diesem Geist sein Gepräge, und sein Siegel in unsere Herzen wiederum eindrucken könnte, daß wir
aus finsteren Creaturen abermal zu herrlichen Ge-
schöpfen, zu Ebenbildern unsers GOttes und
zu seligen Menschen werden mögten. Deswegen, liebe Herzen! es hülft nicht zum fromm
seyn, es hülft nicht zum selig werden: dieses
thun und jenes lassen, sich äusserlich verstellen,
heuchelen und mitmachen, sondern wir müssen
aus dem Geist wieder gebohren, zu dem göttlichen Ebenbilde erneuert und der göttlichen Natur theilhaftig werden, wie der liebe Heiland
sagt: Es seye dann, daß jemand von neuem gebohren werde, sonst wird er das Reich GOttes
nicht sehen. Joh. 3. Sehet! den Geist haben
wir verlohren durch den Fall, den Geist müssen
wir auch wieder erlangen, wenn uns soll geholfen
werden. GOtt hatte uns Anfangs seinen Geist
eingepräget, aber des Teufels Geist hat sein
Bild an die Stelle gebracht. Nun müssen wir
wiedergebohren werden: So wie ein Kind, das

von

von seinem Vater gebohren wird, des Vaters
Eigenschaft und Natur erlanget: so müssen wir
auch wieder von Grund auf erneuert werden,
durch eine solche neue Geburt aus dem Geist. Dieses geschicht, wenn nemlich der heilige Geist bey
seinen anfänglichen Wirkungen uns unsere Jam-
mer-volle Larven-Gestalt, entdeckt, daß wir uns
in unserm elenden, in unserm abscheulichen Zustand erblicken, wie wir vor GOtt, seinen Engeln
und vor allen erleuchteten Menschen solche er-
schreckliche Larven und so scheußlich geworden sind.
Wann uns das, nun so recht aufgedecket wird,
daß der Mensch so anfängt einen Abscheu zu bekommen an sich selber, an seinem natürlichen Zustand, daß er anfängt zu schrecken, zu zittern und
zu beben, und dabey nachdenket: wie es gleichwohl nicht möglich seye, daß ein solches Ungeheuer
bey einem so heiligen GOtt in einem ewigen Lichte wohnen könne; und ihm nebst dem alle seine
Ausflüchten, welche er in der Eitelkeit gesuchet,
abgeschnitten werden, daß es ihm nunmehro eben
so gehet, wie es dem verlohrnen Sohn ginge,
da ihm die Träber dieser Welt nicht mehr vergönnet wurden, noch ihm dieselbe mehr schmäcken wollten, ich will sagen, wann nemlich ein
Mensch bey allem seinem Trachten nach Ehre,
Reichthum, Lust, Vergnügen und andern Eitelkeiten gleichwohl keine Ruhe und Zufriedenheit
finden kann, und also erkennet, daß dieses die
Dinge nicht sind, welche seinem unsterblichen
Geiste die rechte Nahrung und das wahre Leben
geben können, und er daher auf solchen Aeseren

mit

mit den Raben nicht länger ruhen kann; und über
dies schmerzlich bereuet, daß er das Ebenbild seines himmlischen Vaters so schändlich entehret und
verschertzet, und statt dessen des Satans Bild an
sich genommen, und deswegen sich ganz unwürdig erkennet, sich ferner dessen Kind zu nennen:
siehe da fängt denn die Wiedergeburt an, obs
gleich die Wiedergeburt noch nicht selber ist. Bey
solchen innern Entdeckungen nun, bey solchen
inwendigen Bekümmernissen, bey solchem inwendigen Jammern und Schmachten, da die Seele kein Vergnügen mehr in ihr selber und in der
Eitelkeit findet, siehe, da muß sie sich entschliessen,
mit dem verlohrnen Sohn (sie mag aussehen
wie sie will) sich aufzumachen, und zu dem Vater hinzugehen und zu sagen: Vater, ich bins nicht
werth, daß ich dein Sohn genennet werde. Da
fängt dann bey der Seelen die Wiedergeburt
weiter an, wann nemlich der heilige Geist mit
seinen Wirkungen mehr und mehr in der Seelen
Raum und Platz findet, und ihr gute Begierden, gute Neigungen, gute Gedanken einflösset,
und einen Abscheu an der bösen und häßlichen
Sünden-Gestalt in ihr erwecket: Wann da denn
die Seele hiebey ein wenig stille stehet, und sich
endlich resolviret, sich im Glauben JEsu zu ergeben, da wird dann das Siegel wieder aufgedruckt und ihr Herze betrübet nicht den heiligen
Geist, mit welchem es versiegelt wird auf den
Tag der Erlösung.

Die Versieglung des heiligen Geistes, liebste
Kinder! ist nicht nur, wenn ich so eine vorüber-

gehorsam, Anklopfung, Rührung und Erweckung in deinem Herzen spüre; Es ist zwar eine unschätzbare Gnade, daß ich noch den geringsten guten Gedanken bey mir fühle, daß ich noch die geringste gute Neigung und Eindruck in meinem Herzen habe, aber es ist doch noch nicht die Versiegelung des heiligen Geistes. Wann der Mensch auch schon in den Stand der Buße gesetzet wird, so hat er zwar allerdings die Wirkung des heiligen Geistes in seinem Herzen, denn der ist es eben, welcher den Menschen unruhig gekümmert und verlegen machet, und es ist ein sehr gutes Seil das dem Menschen zugeworfen wird, woran er sich nothwendig halten muß, wenn er aushalten soll, wenn er die Versiegelung des heiligen Geistes wieder erlangen soll; Wann aber die Seele das Siegel würcklich wieder aufgedruckt krieget, das will was mehr sagen. Es will so viel sagen, die glückselige Stunde und der glückselige Stand sey nunmehro da, wo die Seele in ihrer Ungestalt, in ihrem Verdammnißwürdigen Wesen, unter der Last ihrer Sünden sich demüthigst und gläubigst zu Christo wendet, ihn als ihr Ein und ihr Alles, mit einer wahren Verläugnung, gründlichen und völligen Absagung ihrer Selbst, der Welt und allem Eingänglichen umfasset, so daß sie nur JEsum allein für ihren Versöhner, für ihren Seligmacher annimmt, und sich ihm und seinem göttlichen Willen mit Leib und Seele überlässet, das wird in der Schrift genannt, der Glaube an Christum; und so bald der Glaube an Christum aufgehet,

ſo bald wird das Siegel des heiligen Geiſtes auf
die Seele gedrucket.   Daß deme alſo ſeye, ſehen
wir in eben dieſem Brief an die Epheſer, Cap.
1, 13. 14. da Paulus ſagt, durch welchen ihr auch
gehöret habt, das Wort der Wahrheit, nemlich das Evangelium von eurer Seligkeit: durch
welchen ihr auch, da ihr glaubetet, verſiegelt worden ſeyd mit dem Siegel dem heiligen Geiſte, welcher iſt das Pfand unſeres Erbes zu unſerer Erlöſung, daß wir ſein Eigenthum würden, nemlich wann die Seele die glückſelige Stunde erlebet, daß ſie ſich wohlbedächtlich und mit aufrichtigem Herzen, ſo weit ſie ſich kennet, reſolviret
aller Sünd den Abſchied zu geben, der Welt
und ſich ſelber gute Nacht zu ſagen, ſich vor
GOttes Gericht und Angeſicht als eine Ver-
dammniß-würdige Creatur zu erkennen und zu
bekennen, und ſich ſo, wie ſie ſich findet, JEſu
Chriſto und ſeiner Erbarmung ganz zu überlaſſen, um durch ſein Blut verſöhnet, und durch
ſeinen heiligen Geiſt geheiliget und zur Kindſchaft
GOttes zubereitet zu werden.   Das iſt eben der
glückſelige Augenblick, da ein Contract, ein
Bündniß zwiſchen JEſu und der Seelen aufgerichtet wird.   Dieſes Bündniß iſt nicht nur ein
menſchlicher unkräftiger Gedanke, ſondern dieſes
Bündniß wird von dem heiligen Geiſt verſiegelt
in denen Herzen und (daß ich ſo rede) in der
himmliſchen Canzeley als ein verſiegelter Brief
weggelegt zu einem ewigen Andenken. Von der
Stund an (und ſo lang eine Seele, bey dieſem
Contract feſten Fuß hält) erkennet der HErr eine

ſolche

solche für die Seinige, sie trägt sein Bild, sein Gepräge an sich; das Schild ist aufs neue wieder vor die Thür gehängt, so wie ein großer Herr sein Wappen über der Thür seines Hauses aufhängen lässet, damit jedermann wissen möge, was für ein Mann darinnen wohne. So bald eine Seele in wahrem Herzens-Glauben sich dergestalt ihrem JEsu zum Eigenthum geschenket hat: so bald hänget auch dieses Schild vor der Thür: Hier wohnet eine Seele, welche sich Christo ihrem Heilande zum Eigenthum ergeben und ihm also ganz zugehöret, gemäß dem, was der Apostel in dem hier angeführten ersten Capitel an die Epheser sagt: welches ist das Pfand unserer Erlösung, daß wir sein Eigenthum würden. Das ist die Seele ein Eigenthum GOttes, ein Eigenthum JEsu Christi worden. Es ist wohl die Wahrheit, daß bey einer solchen Seelen das Siegel des heiligen Geistes noch sehr zart und weich ist; das Siegellack ist noch nicht hart worden, es kann noch leicht wieder verletzet werden: Dennoch aber trägt sie das Bildniß würklich an sich. Eine solche Seele, sage ich, wird von Christo angesehen als die Seine: sie muß aber auch sich selbst ansehen als eine solche, die GOttes Eigenthum worden ist, und Christo zugehöret; die man dem fremden Geist der Welt und der Finsterniß entsaget und einem andern Monarchen gehuldiget hat: dem heiligen Geist GOttes will sie versiegelt seyn, den hat sie in ihr Herz eingenommen, dem will sie von nun an Vollmacht geben in ihr zu herrschen, zu leben und

zu

zu dulden; das Böse auszurotten; das Gute zu
pflanzen, und das erste ursprüngliche Ebenbild je
länger je mehr in ihr wieder herzustellen, welches
sie in Adam verlohren hatte. O, welch ein
Glück ist es nicht! wann ein Mensch diese selige
Stunde erlebet hat! wann er sie aber nicht erlebet hat: sollte er dann nicht alle Stund und Augenblick dazu anwenden, daß er sie erleben möch-
te? Sollte er nicht stündlich und augenblicklich
die Frage bey sich anstellen: wie stehe ich doch
mit meinem GOtt? Wessen Bildniß trag ich
wohl an mir? Gewiß an jenem Tage wird nicht
gefragt werden, wie du etwan äusserlich heissest
oder geheissen hast, sondern es wird nur dieses
gefraget werden, weß ist das Bild und die Ueber-
schrift? Was trägest du an dir vor eine Gestalt?

Ferner, Seelen die sich so JEsu ergeben
haben, die sind ganz andere Seelen worden,
die können nun hinführo unter dem Panier
ihres Ober-Monarchen, ihres Königes, ihres
Fürsten getrost streiten wider die Sünde, wider die Welt, wider den Satan; dann der
muß sie mehr fürchten als sie ihn zu fürchten
haben. Allein wie ich gesagt habe, diß ist nur
das anfängliche Gepräge und Siegel des heiligen Geistes, welches zwar bey einigen Seelen
sehr merklich hervorleuchtet, indem der heilige
Geist zugleich ein zartes und kindliches Vertrauen zu ihrem GOtt in sie präget, daß sie
denselben nun wieder ansehen können, als ihren
GOtt, ja welches weit mehr ist, als ihren
Vater, dergestalt daß sie auf das kindlichste zu

S 3   ihm

ihm sagen dörfen: Abba! lieber Vater! ja daß
sie ganz beruhiget und manchmal ganz gewiß
seyn können, daß ihnen ihre Sünden in JEsu
Christo vergeben sind, daß sie Antheil haben
an ihrem Erlöser, daß sie gewiß seyn können,
daß sie auf den Tag ihrer Erlösung auch wer=
den bestehen können: Gleichwohl aber ist die
Sache bey andern Seelen nicht so aufgeklärt,
doch aber in ihrem Grunde nicht weniger wesent=
lich. Ist nur die Uebergab unserer selbst an
GOtt und Christum aufrichtig und ohne allen
Vorbehalt geschehen, und wir bleiben in einer
solchen Fassung Ihm ergeben; siehe, liebe
Seele! so können, so mögen, so müssen wir
uns ansehen, als Leute die Christi Eigenthum
worden sind, als Menschen die das Gepräge
des heiligen Geistes in ihren Herzen haben.
Manche Kleingläubige tragen dergleichen edelen
Schatz in ihrem Herzen und wissens nicht: da
nemlich in ihrem Innersten eingedruckt ist, eine
aufrichtige tiefe Begierde, wodurch sie von al=
lem was nicht GOtt ist, was nicht Christus
ist, hinaus hungern, wodurch sie sich innigst auf=
richtig und ganz sehnen nach Christi Verklä=
rung; daß sie nur immermehr erlöset werden
mögten von aller Eitelkeit und Unvollkommen=
heit, um mit ihrem theuresten Heilande, mit
Christo vereiniget zu werden. Und dieses tiefe
sehnliche innige Verlangen, ist eben die Wir=
kung des heiligen Geistes, wodurch er das Herz
versiegelt; daß sie folglich würklich des heiligen
Geistes sind, und ihm zugehören, mithin an
						der

der Welt keinen Antheil mehr haben, welche so
wenig für sie gethan, als wenig sie für die
Welt gethan.

O! wie edel, wie glückselig werden denn
noch recht Menschen bey ihrer Bekehrung und
Uebergebung an GOtt! wer sollte nicht recht
Lust dazu kriegen, auch den ersten Augenblick
zu ergreifen, da ihm GOtt die Gnade anbeut!
Jederman, sagt Paulus, beut GOtt den Glauben an und gibt ihm das große Vorrecht. Du
armer Wurm! du armer Sünder! wie du auch
in deiner Teufelslarve aussiehest, gib dich doch
nur deinem Heilande über: gib ihm deine Hand
zur völligen Versöhnung, Reinigung und Erneuerung.

Allein dieser werthe heilige Geist drucket sein
Siegel immer klärer und herrlicher in die Seele
ein, indem er sie nemlich durch seine heilige
Wirkungen, durch seine Einflüsse von Tag zu
Tag erneuert, nach dem Ebenbild dessen, der
sie geschaffen hat, wie Paulus sagt. Er ziehet
die Seele immer mehr ab von allem, was natürliche Unarten und böse Eigenschaften sind,
und flößet ihr seine Eigenschaften, als da sind:
Liebe, Friede, Freude, Geduld, Sanftmuth
und alle göttliche Tugenden mehr und mehr
ein; dergestalt, daß die Seele bey gläubigem
und aufrichtigem Anhangen an JEsu, den alten
Menschen immer mehr und mehr ableget, den
neuen hingegen von Tage zu Tage mehr und
mehr anziehet, und also unvermerkt, und aus
lauter Gnaden, in ihrem Inwendigen empfin-

S 4 　　　　　　get

get das Ebenbild ihres GOttes, deſſen Gött=
liche Vollkommenheiten und Eigenſchaften, deſ=
ſen Klarheit und Herrlichkeit. Menſchen, wel=
che die zornigſte Menſchen geweſen ſind, kön=
nen zu den allerſanftmüthigſten gemachet werden;
Menſchen, die wie die Schweine, allen Wol=
lüſten und Sünden ergeben, können recht keuſche,
lautere und reine Menſchen werden; Menſchen,
die da die Geitzigſte von allen geweſen, können
ſo milde werden, daß ſie es den erſten Jün=
gern am erſten Pfingſttage, da ſie hingin=
gen und verkauften alles was ſie hatten, und
gabens den Armen, nachzuthun, kein Bedenken
mehr tragen, indem eben dieſer Geiſt ſie loß=
machet von allem Irdiſchen; und ſo auch in
allen andern Göttlichen Tugenden, Eigenſchaf=
ten und Vollkommenheiten, welche durch dieſen
heiligen Geiſt und ſeine Würkungen immer
mehr und mehr in das Innerſte der Seelen ein=
gedruckt werden. Sehet, liebſte Hertzen, ſo
ſollen wir uns laſſen fromm machen; wir ſol=
lens aber nicht ſelber thun, das geſchicht in
Ewigkeit nicht. Wir können uns wohl ſo eine
Geſtalt, ſo eine Form geben, uns ſo und ſo
verſtellen: Aber ach, das iſt GOttes Bildniß
nicht; der heilige Geiſt muß es uns eindrucken
in unſer Inwendiges. Wie man nemlich ein
Siegel drucket in das Wachs: ſo will uns der
heilige Geiſt auch GOttes Tugenden und Ei=
genſchaften in das Innerſte eindrücken.

Zum dritten begreift die Verſiegelung auch
noch in ſich den beſonders beveſtigten Stand

in

in der Gnade, wovon Paulus sagt 2 Corinth. 1.
GOtt ist es, der uns bevestiget samt euch in
Christum, und uns gesalbet und versiegelt, und
in unsere Hertzen das Pfand, den Geist, gegeben hat. Nemlich, wann eine Seele, so denen erneurenden, heiligenden und verherrlichen-
den Wirkungen des Geistes JEsu Raum lässet, in ihrem Inwendigen, so wird sie je länger je mehr bevestiget in dem guten und herrlichen Stande. So wie etwa ein Siegel,
welches schon eine Weile ins Wachs oder Siegellack gedrucket gewesen ist, endlich verhärtet
wird, daß mans nicht mehr so leicht auslöschen
kann; so gehts auch mit denen Seelen, die sich
so gantz dem Geist und dessen Gnadenwirkungen und Würkungen überlassen: Sie kriegen
immer mehr Vestigkeiten in dem Guten; es wird
in ihrem Innersten eine solche unverrückte Gestalt
gewürket, daß ihnen das Böse endlich gantz
zuwider, das Gute hingegen je länger je mehr
so recht zur Natur wird, dergestalt, daß sie
noch ungezwungen aus eigener und freywilligen
Bewegung ersteres meiden und fliehen, letzteres
aber mit aller Freudigkeit zu vollbringen suchen.
Gutes zu thun, GOtt zu lieben und zu
verherrlichen ist ihr erstes und auch ihr letztes
Werk. Sehet, das ist nun etwas recht Edeles,
Hohes und Erhabenes, ja etwas recht Göttliches, auch nur den ersten Grad und Staffel
der Versiegelung erlanget zu haben. JEsus
selber muntert die Seele dazu an im hohen
Liede Salom. im 8ten Cap. wann er zu den

Gläu-

Gläubigen spricht: Setze mich wie ein Siegel
auf dein Herz und wie ein Siegel auf deinem
Arm. JEsus will nicht haben, daß wir ihn
nur so im Kopf sollen tragen, nur einmal so
einen flüchtigen Gedanken machen, nur auf
Feiertage fromme Leute seyn sollen; nein,
wir sollen Ihn als ein Siegel auf unser Herz
drucken, damit in demselben nur das Bildniß
JEsu und dessen Liebe eingepräget seyn möge;
wir sollen nur Ihn und keinen andern lieben,
ihm und keinem andern ergeben seyn; unser
ganzes Herz soll JEsu Herz werden, damit
er diß sein Siegel darauf drucken könne: Das
ist mein Herz. Und wir sollen auch diß Siegel auf unsern Arm, das ist, auf unser Aeusse-
res, auf unsern ganzen Wandel drucken, daß
alle Leute an uns sehen können: das sind Leute
die JEsu zugehören, man kanns am Siegel,
man kanns am Schild, man kanns am Wesen
und Wandel sehen; das sind nicht mehr Leute
die Teufelslarven an sich haben, die das alte
Bild an sich tragen, sondern es sind Menschen
GOttes, die Christo angehören.

  Sehet nun, zu einem solchen herrlichen Zustande sind wir alle berufen, liebste Herzen;
und manche unter uns, ich zweifele nicht dran,
haben wenigstens den ersten Grad einer solchen
Versiegelung des heiligen Geistes in sich empfangen; Es sind noch Herzen hier, ich weiß
es, die resolviret haben, sich JEsu mit Leib
und Seele zum Eigenthum zu ergeben. Seelen, erhebet doch mit mir eure Häupter, seyd
                                        nicht

nicht so niederzusinken, schmücket euren Stand
lieber: Ein Fürst muß fürstliche Gedanken haben, fürstliche Werke an sich tragen. Sollten
wir, die wir ein Eigenthum GOttes geworden
sind, die das Siegel, die das Gepräge eines
heiligen GOttes an sich tragen, sollten wir noch
das Aeussere lieben? Sollten wir noch lau und
träg werden? Sollten wir uns nicht vielmehr
wie Adeliche und Großmüthige aufführen, die
wir einer solchen großen Gnaden gewürdiget
sind, um uns auch einem solchen hohen Beruf
gemäß zu betragen? Da wir also das Zeichen
des Geistes in unsern Herzen erlangt haben, so
laßt uns alle Tage mehr darnach hungern,
daß doch das völlige Ebenbild GOttes in uns
hergestellet werden möge, damit das Siegel
des zweyten Adams, das Siegel, das uns
GOtt bey der ersten Schöpfung eingedruckt
hat, durch eine völlige Wiedergeburt und Aus-
geburt in uns zum Stande komme. O, es
muß uns innigtlich wehe thun, es muß uns
leyd thun, daß wir noch einige der geringsten
Eigenschaften von dem vorigen Stande, Wesen und Wandel an uns finden! laßt uns doch
dem Geist mehr Raum geben! dann uns und
unsern Kindern ist ja die Verheißung gegeben,
daß wir auch einen Pfingsttag haben sollen.
O, wie so bald hatte der Geist, der am Pfingsttage kam, die Siegel des Teufels an viel tausenden zerbrochen, und druckte ihnen ein ander
Siegel auf und in ihre Herzen ein, daß sie nun
Menschen GOttes worden. Sehet, so sollen
                                                    wir

wir auch williger und unbedingter den Rührungen des Geistes JEsu uns ergeben und uns
nun auf alle Weise Standesmäßig aufführen.

Betrübet nicht den heiligen Geist GOttes,
mit welchem ihr versiegelt seyd auf den Tag
der Erlösung. Seelen, die das Siegel des
heiligen Geistes an sich tragen, die haben eben
an dem Geiste und dessen Siegel ein ganz ge-
ruhiges und gewisses Unterpfand, daß der Tag
des Todtes ihnen seyn werde ein Tag der Versöhnung; und daß der Tag des Gerichts ihnen
seyn werde ein Tag der Erlösung; und wenn
sie auch noch mancherley zu schleppen und zu
tragen haben, aber wider ihren ganzen und
innigen Willen, so können sie gewiß seyn, endlich werde ein Tag der Erlösung kommen.
Versiegelt sind sie auf den Tag der Erlösung.
Solche Seelen die das Bildniß GOttes des
heiligen Geistes an sich tragen, die siehet GOtt
jederzeit an als sein Eigenthum, GOtt siehet
sie an mit Wohlgefallen, und mit Vergnügen: O, das ist ein Großes, der Grund GOttes stehet veste und hat diesen Siegel, sagt
Paulus an Timotheum, der HErr kennet
die Seinen! Er siehet sie an als die Seinen;
Er schützet sie als die Seinen; Er vollendet sie
als die Seinen. Seelen, die so das Bildniß
GOttes und seines heiligen Geistes an sich tragen, die dürfen sich nicht fürchten, weder vor
der Welt, noch vor dem Teufel. Solche Seelen sind schöne und liebliche Menschen worden,
aber schrecklich wie die Heerspitzen. Hohe Lied 6.

O, der

O, der Teufel schrecket vor solchen Seelen, er schreckt vor dem Schild, das da vor der Thür hängt, er siehet wohl, da ist ein anderer Herr im Haus, er darf ihnen nicht um ein Härlein zu nahe kommen ohne Göttliche Erlaubniß. O, wie so wohl bewahrt wandelen nicht diejenige, so das Gepräge des heiligen Geistes in ihren Seelen tragen! sie dürfen sich auch nicht fürchten vor der Welt, wenn sie auch sollten vor Könige und Obrigkeiten gestellet werden; dann die Welt muß doch so was an solchen Leuten scheuen, sie muß Scheu tragen vor denen die so ganz, die so grade des HErrn sind. Die Leute wissen zwar selber nicht, was sie scheuen, wann sie sich vor den Frommen scheuen, Petrus aber sagt es uns, wann er in seiner ersten Epistel Cap. 4, 24. spricht: Selig seyd ihr, wenn ihr geschmähet werdet über den Namen Christi: denn der Geist, der ein Geist der Herrlichkeit und GOttes ist, ruhet auf euch. Bey ihnen ist er verlästert, aber bey euch ist er gepreiset. Siehe der Geist der Glorie, der Herrlichkeit, des Glanzes, der ruhet auf solchen von GOttes Geist versiegelten Herzen: da siehet die Welt etwas, das sie gleichwohl, respectiren, und scheuen muß; sie kann nicht mit GOttes Kindern thun was sie will, sondern sie muß dasjenige ansehen, das von GOttes Geist in sie geleget ist. Selig sind demnach solche Seelen!

Damit wir nun aber diesen Gast auch Standesmäßig bewirthen: so wollen wir, nach

An=

Anweisung und schon angeführten Bibelworten mit einander betrachten:

Die uns obliegende Pflicht, den empfangenen heiligen Geist gebührend zu behandeln.

Diese bestehet darinnen: Daß wir den heiligen Geist nicht betrüben sollen.

Wir betrüben aber den heiligen Geist

I. Wann wir unserm Beruf und Ueberzeugung gemäß, seinen Zügen, Lockungen und Erinnerungen nicht treulich nachkommen.

II. Durch allerley Verstellungen, wenn wir uns bemühen, anderst zu scheinen, als wir würklich sind.

III. Wann wir denen heilsamen Rathschlägen und Anforderungen des heiligen Geistes nicht gebührenden Gehorsam leisten.

IV. Wann wir in unserm Herzen in Gedanken und Worten etwas beginnen, so denen Eigenschaften des heiligen Geistes entgegen ist.

V. Durch Hartnäckigkeit und Ungebrochenheit unseres Willens.

VI. Durch

VI. Durch Argwohn, Neid, Haß, Bitterkeit und allerley Lieblofigkeit.

VII. Durch unzeitiges Vernünfteln über die Wege GOttes.

VIII. Durch Kleinmüthigkeit, Unglauben und Zweifel an ſeiner Hülfe.

I.

Ich will hier nicht reden von denen Betrübungen des heiligen Geiſtes, womit ihn alle Menſchen, die noch in der Natur ſtehen, ſo oft und vielfältiglich betrüben und womit auch wir ihn leider! ſo lange betrübet haben. Ich will auch nicht von denen Betrübungen reden, welche bey der erſten Ueberzeugung und Buſſe ſtatt haben können; da nemlich eine Seele, welche ſich nicht ganz dem heiligen Geiſte anvertrauet, denſelben allerdings betrübet; ſondern ich will reden von denjenigen Betrübungen, welche da hauptſächlich geſchehen, wann ſolche Seelen, denen das Siegel ſchon würklich auf das Herz gedruckt iſt, und welche ſich ihrem JEſu bereits mit Leib und Seel ergeben haben, von denen der Contract auch würklich gemacht, und in die himmliſche Kanzeley durch den heiligen Geiſt verſiegelt, hingegeben, und darinnen beygeleget worden; wann ſolche Seelen, ſage ich, dieſem allem zuwider, dem heiligen Geiſt entgegen handeln; ſo ſind dieſe eigentlich diejenige, von denen es heiſſet: Betrübet nicht den heiligen Geiſt, mit welchem ihr verſiegelt

seyd

seyd auf den Tag der Erlösung. Womit
können wir dann den heiligen Geist betrüben?
In ihm selber können wir den heiligen und un-
veränderlichen Geist nimmermehr betrüben, aber
wir können ihn betrüben in uns und auch in
andern Kindern GOttes. Der heilige Geist
kann in uns betrübet werden auf mancherley
Art und Weise. Ich will nur ein und andere
Puncten berühren, mit herzlicher Bitte, daß
doch ein jeglicher, indem ich hiervon überhaupt
rede, nicht an andere, sondern an sich selbst gedenken, und sich vor dem allsehenden Angesichte
GOttes prüfen wolle, ob und in wie fern wir
selber hier schuldig befunden werden dörften.

Wir betrüben den heiligen Geist GOttes,
womit wir versiegelt sind, wenn wir unserm
Beruf und Ueberzeugung gemäß, seinen Zügen,
Lockungen und Erinnerungen nicht treulich nachzukommen suchen, sondern nach der ersten Hitze,
die wir gehabt haben uns aufs neue einschlä-
fern lassen, und in den Wegen der Buße und
der Bekehrung nicht genug fortschreiten, in dem
falschen Wahn, als wenn wir schon fromme
Leute wären, und so dann unsere noch übrige
Untreuen, und Untugenden mit dem scheinbaren Vorwande der Unvollkommenheiten zu be-
mänteln trachten. Nun ist es zwar allerdings
an dem, daß das Werk der Bekehrung in
seinem Anfange noch sehr mangelhaft ist, und
es freuet sich eine Mutter schon darüber, wenn
das Kind an den Stühlen und Bänken auch
auf die gebrechlichste Weise gehen lernet. Allein

lein soll das Kind dann nun nimmer allein gehen? Soll es beständig zu straucheln fortfahren? Wann eine Mutter sähe, daß ihr Kind
zwey, drey, vier und mehrere Jahre alt würde,
und wollte gleichwohl nicht lernen allein zu gehen: so würde sie sich allerdings darüber sehr
betrüben.   Auf gleiche Weise betrüben wir den
heiligen Geist GOttes, wann wir, da er eine
so herrliche Absicht mit uns hat, da er uns
so gerne forthelfen, so gerne was Ganzes aus
uns machen mögte, seine Wirkungen einschrän-
ken; seinen heiligen Trieben, Leitungen und Führungen nicht folgen, und immerhin in unserm
Christenthum gebrechliche Krippel bleiben wollen.   O Seelen! betrübet doch nicht auf solche
Weise den heiligen Geist, womit ihr versiegelt
worden seyd, auf den Tag der Erlösung.

II.

Wir betrüben den heiligen Geist auch durch
allerhand Arten von Verstellungen, von Heucheley, von Falschheit, von Irthum, von heim-
lichen und ganz subtilen Anhänglichkeiten, die
eben der Apostel hier anführet, wann nemlich
ein Mensch in seinen äussern Handlungen oder
in seiner innern Verfassung vor GOtt nicht
aufrichtig ist und sich nicht von allem loß machen lässet, sondern in seinem Herzen noch so
heimlich ein und anderes beybehält.   Ach Seelen! laßt uns doch bedenken, was für eine erstaunliche Sünde solches seye.   Ananias und
Saphira begingen eben diese Sünde, Apostel

Zweyr. B. IV.Th.   T   Ge-

Geschicht 4. Sie verkauften ihren Acker, gaben das Geld denen Aposteln, behielten aber indessen ein Weniges davon zurück. O wie theuer kam ihnen diß Wenige zu stehen! mit dem Todte mußten sie es bezahlen, und den scharfen Verweiß hören: Warum seyd ihr eins worden, dem heiligen Geist zu lügen? Ihr habt nicht Menschen, sondern GOtt gelogen. Seelen, sollten wir den heiligen Geist betrüben, daß wir noch etwas für ihm enthielten? Daß wir uns verdeckten und versteckten in einigerley Arten von Verstellung und Heuchelen? Wann es nemlich die Seele weiß und erkennet, und stehet nicht ab von solchen Dingen, so betrübet sie eben durch eine solche Scheinheucheley und verstelltes Wesen den heiligen Geist GOttes, und sie wird Schaden dabey leiden in ihrem Christenthum. Wir betrüben den heiligen Geist GOttes durch alle und jede Doppelherzigkeit, wann nemlich die Seelen durch Unterdrückung des Geistes und aller Regungen desselben, sich dahin verleiten lassen, daß sie allmählich eine solche Form der Gottseligkeit annehmen, nach welcher sie äusserlich zwar die Frömmigkeit beyzubehalten scheinen, indem sie allen äussern Gottesdienstlichen Uebungen treulich beywohnen, und sich dadurch unsträflich und tugendhaft zu bezeigen suchen, mit ihren Herzen aber nach wie vor an der Welt kleben bleiben, ohne sich jemals recht loß davon zu machen. Von solchen saget Jacobus: Reiniget euch ihr Doppelherzige; ihr Ehebrecher und Ehebrecherinnen, wisset ihr nicht, daß der Welt

Welt Freundschaft GOttes Feindschaft ist?
Meynet ihr so einen Mittelweg zu finden?
will er sagen, oder (fügt er hinzu nach dem
Grundtext) wisset ihr nicht daß der Geist
GOttes euer begehret, bis zur Eifersucht zu?
Ja daß er um unsere Herzen, um unsere Liebe
gleichsam buhlet? Wann irgendwo ein Ehemann sähe, daß seine Geliebte, daß seine Braut
auch andern nachhinge, da würde sie ja eine
Ehebrecherin, oder wenn ers thäte, er würde
ja ein Ehebrecher. Nun verlanget der heilige
Geist GOttes unserer bis zur Eifersucht zu,
er kann es nicht leiden, daß ein Herz, das er
bewohnet, das er so theuer versiegelt hat, mit
seines Geistes Gnadenkraft, daß ein solches
Herz der Welt sollte nachhängen, dadurch wird
er betrübet, wie ein Ehemann betrübet wird,
wann seine Geliebte nicht redlich in der Liebe
zu ihm ist Seelen, betrübet nicht den heiligen Geist, durch eine solche Doppelherzigkeit
und schändliches Abweichen von dem Allerhöchsten; laßt uns nichts so lieb seyn, das wir
nicht willig um JEsu willen sollten dran geben.

III.

Wir betrüben den heiligen Geist, wann wir
in unserm Inwendigen seinen heilsamen Rathschlägen, seinen Wirkungen, seinen Anforderungen in dem geringsten widerstehen, und nicht
gebührender Weise Gehorsam leisten; wann
nun der heilige Geist so an unsern Herzen arbeitet, daß er uns gern weiter bringen, und

was Ganzes aus uns machen mögte; wann
er uns von diesem und jenem, woran wir noch
kleben, gern frey machen wollte, und wir bleiben dabey gleichsam unempfindlich, und können
es so geschehen lassen, daß der heilige Geist von
Tage zu Tage, von Jahr zu Jahr uns über
ein und eben dieselbe Sache bestrafet, züchti-
get und erinnert, ohne daß wir seine Anforderungen jemals auf eine thätige Weise zu erfüllen suchen, ohne ihm auf sein Begehren jemals
das Jawort zu geben: siehe so betrüben wir
den heiligen Geist, durch eine solche Wider-
setzlichkeit und Ungehorsam, da er es doch so
redlich, so treu, so gut mit uns meynet. Laßt
uns einmal gedenken, was von der alten Welt
geschrieben stehet, 1 Moses 6. Da sagt GOtt
mein Geist soll nicht immerdar hadern mit den
Menschenkindern, dann sie sind (doch) Fleisch.
Das wär nun ein erschröckliches Gerichte, wann
GOtt sagte: nun ich habe es so lange mit dir
versucht, ich will nicht immer mit dir zanken
und hadern, ich hab dir es so oft gesagt, du
sollst von diesem und jenem ablassen und mich
durch Widerspenstigkeit nicht betrüben: wofern
du nun nicht willst, siehe! so will ich das Haus
verlassen, ich will nicht immerdar mich so mit
dir schleppen. Sehet nun Seelen, in welch
eine große Gefahr laufen wir nicht, wenn wir
uns dergestalt in unserm Wandel betragen.
Petrus sagt Apost. Gesch. 7: Ihr Halsstarrige
und Unbeschnittene an Herzen und Ohren, ihr
widerstrebet immerdar dem heiligen Geiste. Dieses

ſes geſchiehet nun zwar von den verſiegelten
Kindern GOttes nicht eben auf eine ſo grobe
Art, gleichwohl aber doch auf eine ſubtile Weiſe,
und ſie haben Urſach ſich vor GOtt zu ſchä=
men, daß ſie ſich zum öftern ſo widerſpenſtig
zeigen, dasjenige zu erfüllen, was dieſer liebe
Gaſt ſo herzlich von ihnen verlanget, und ſie
auch erkennen gerecht und billig, und demſelben
angenehm und wohlgefällig zu ſeyn.

IV.

Seelen, betrübet nicht den heiligen Geiſt
GOttes mit welchem ihr verſiegelt ſeyd. Wir
betrüben den heiligen Geiſt, ſo oft wir etwas
in unſerm Herzen, Gedanken und Worten
hegen und ausüben, welches ſeinen Eigenſchaf=
ten im geringſten zuwider iſt. Die Eigenſchaften
dieſes werthen heiligen Geiſtes werden uns be=
ſonders nachdrücklich dargeſtellet im 5ten Cap.
an die Galater, da es heißt: die Frucht des
Geiſtes iſt Liebe, Freude, Friede, Gedult, Freund=
lichkeit, Gütigkeit, Glaube, Sanftmuth, Keuſch=
heit, alle dergleichen Dinge ſind Früchte des
Geiſtes. Wann wir nun etwas in unſerm In=
wendigen hegen, oder mit unſern Worten und
Gedanken vollbringen, das wider ſolche Eigen=
ſchaften iſt, ſo betrüben wir dadurch den hei=
ligen Geiſt GOttes in uns, und auch manch=
mal in andern Kindern GOttes. Ich will nur
einige wenige Stücke benennen. Zum Exem=
pel, alles feurige, heftige, zornige Weſen, das
wir in uns fühlen, wann wir das in uns he=

T 3 gen,

gen, so betrüben wir den heiligen Geist GOt=
tes. Unser Heiland sagte dort im Evangelio
Lucä, zu Petro und den andern Jüngern, wel=
che Feuer vom Himmel wollten fallen lassen,
weil die Samariter Christum nicht aufnehmen
wollten: Ihr wisset nicht, welches Geistes
Kinder ihr seyd; Elias hat das wohl gethan,
aber das war nicht ein solcher Geist, ob es
zwar ein guter Geist ware; mein Geist aber,
der sanftmüthige Geist, der Pfingstgeist, der
kann solche unanständige häßliche Dinge nicht
vertragen; bey dem kann kein Zorn, kein Grimm
bleiben, der kann keine feurige Eigenschaften lei=
den; alles ist da gebeugt, alles muß da sanft=
müthig seyn. Wenn wir manchmal selbst in
guten Sachen eifern, und lassen da einem Zorn
Platz, dann sollen wir denken an das Wort
welches Jacobus sagt: eines Mannes (und ei=
nes Weibes) Zorn thut nimmermehr was vor
GOtt recht ist, wäre es auch in der allerge=
rechtesten Sache, da man es recht gut meynet;
wir sollen der heftigen Natur nimmer Platz
und Raum in unsern Herzen geben, oder wir
betrüben den sanftmüthigen heiligen Geist GOt=
tes. Wir sollen in unsern Worten, Werken
und Gedanken uns vor allem was heftig, was
hart und ungebrochen ist, wohl in Acht nehmen,
dann durch dergleichen herbe, heftige, harte und
ungebrochene Gemüthsbewegungen, wird der
werthe heilige Geist GOttes betrübet, und un=
ser Herz wird dadurch betrübet. Wir sollen
den heiligen Geist nicht betrüben durch andere

Eigen=

Eigenschaften, die sich etwa in uns anmelden mögten, daß wir nemlich in unsern Herzen nicht Raum geben einigen anderen unreinen Lüsten, unreinen Begierden, unreinen und unheiligen Gedanken. O, der Geist der Zucht, der züchtige und der Taubengeist kann nichts Unreines dulden noch leiden in unsern Herzen; es ist zwar gar was anders, wann die Seele solches wider ihren Willen leiden muß, und ganz herzlich um die Erlösung seufzet, wann sie sich durch den heiligen Geist lässet zu Christo und dessen Gnadenthrone treten, sehnlich um die Erlösung zu bitten, da wirds ihr um Christi willen nicht zur Sünde gerechnet; allein wann sie es heget, wann die Seele dadurch still stehen bleibet, so wird der heilige Geist dadurch betrübt, und unser Herz wird dadurch hart beschweret.

V.

Wir betrüben den heiligen Geist auch durch die Hartnäckigkeit und Ungebrochenheit unseres Willens, so man Eigensinn zu nennen pfleget, da der Mensch so auf seinem Kopf und auf seinem Sinn bestehet, daß er nichts nachgeben kann noch will, sondern in allem Recht zu behalten verlanget. Siehe, durch eine solche Ungebrochenheit wird der beugsame und friedliebende Geist JEsu Christi sowohl in uns, als auch in andern Kindern GOttes sehr betrübet.

Wir betrüben den heiligen Geist GOttes, durch alles flüchtige, ungestümme, und wilde

T 4 Wesen

Wesen und Betragen in unserm Leben und
Wandel. O der heilige Geist GOttes ist ein
friedsamer, ein stiller Geist, Er kann das flüchtige und unbändige Wesen, in unnöthig, über-
flüßigen, scherzhaften, unreinen Reden gar nicht
dulden; durch ein ausgelassenes Lachen, durch
Possen und andere Narrentheidigungen wird
der heilige Geist GOttes, der so ein sanfter und
reiner Geist ist, in den Herzen der Gläubigen
gar sehr betrübet; o lasset uns doch daher auf
unserer Hut stehen! lasset uns durch den Antrieb
desjenigen Geistes, der sich in unsern Herzen
anmeldet, die Schranken der Eingezogenheit
genau zu bewahren suchen.

VI.

Der heilige Geist GOttes wird sonderlich
auch betrübet durch allen Argwohn, Neid,
Haß, Bitterkeit, und durch alle Lieblosigkeit,
die wir in unsern Herzen hegen; durch alles un-
versöhnliche Wesen gegen einen einzigen Menschen, aber noch unvergleichlich mehr, wann es
geheget wird gegen ein Kind GOttes. O, der
heilige Geist ist ein Geist der Liebe und des
Friedens, der nimmermehr in denen Herzen
wohnen kann, wo dergleichen geheget wird.
Darum lasset uns ihn durch solche ungeziemende
Dinge doch ja nicht betrüben, vielmehr lasset
uns seine so heilsame und göttliche Eigenschaften an uns nehmen, und uns in allen Stücken
denselben gemäß betragen.

VII.

VII.

Der heilige Geiſt GOttes wird weiter betrübet, durch alles Vernünftlen in dem Weſen und Wegen GOttes, da wir nemlich über ſeine inwendige Bewegungen, Regungen und Erinnerungen zu viel zu Rath gehen, alſo und dergeſtalt, daß, ob wir zwar unſere Pflicht erkennen, wir derſelben, dem ohnerachtet, nicht nachkommen, ſondern denken: das ſeye eine Sache, worauf es eben ſo genau nicht ankomme, und worinnen das Chriſtenthum nicht beſtehet. Siehe! durch dergleichen Klüglen und Vernünftlen wird der Geiſt GOttes, welcher ein Geiſt der Wahrheit iſt, und es beſſer weiß, dann wir, gar ſehr betrübet. Wenn ich einen Wegweiſer hätte angenommen, der mir einen unbekannten Weg zeigen ſollte, und ich wollte immer zu ihm ſagen: Das iſt nicht der rechte Weg, nein, wir müſſen dahin gehen! Wäre dieſes nicht thöricht gehandelt? Darum, nur gerade auf das zugegangen, was uns dieſes unbetrügliche Licht inwendig zeiget; laſſet uns hören, was der Geiſt der Wahrheit ſagt, und nicht was die verderbte und finſtere Vernunft ſpricht: laſſet uns der göttlichen Leitung und Führung ganz unbedingt, und ohne im mindeſten darüber zu vernünftlen, folgen.

Wir betrüben auch den heiligen Geiſt, wenn wir Ihm mit unſerer Vernunft oder Unglauben Schranken ſetzen: und nach menſchlichen Sätzen denken: ſo und ſo weit kann man kommen,

men,

men, und weiter nicht, so vollkommen können
wir nicht leben, wie die Aposteln und erstere
Gläubige gelebet, oder wie auch noch heutiges
Tages wohl dieser und jener lebet. Wann alle
Menschen, um selig zu werden, so leben müßten,
dann würden unter tausenden kaum einer selig
werden. Siehe! auf solche Weise betrübet man
den heiligen Geist, wann man ihm solcher Gestalt Schranken setzet. O der heilige Geist
gehet und führet weiter, als ich und alle Menschenkinder jemals denken und glauben können! darum lasset uns seiner Leitung großmü-
thig, und gleichsam mit zugeschlossenen Augen
folgen: so werden wir sehen, daß er Wunder
an uns thun wird. Er wird heilige Menschen
aus uns machen, Er wird mehr Gnade und
Vollkommenheit schenken, als wir in unserm
(schwachen) Glauben denken und begreifen
können.

VIII.

Aber wir betrüben auch den heiligen Geist,
wann wir ihm öfters die Hände durch unsere
Kleinmüthigkeit, durch unsern Unglauben, und
durch die beständige Betrachtung unserer Män-
gel und Gebrechen gleichsam binden. Wann
wir nemlich unsere mannigfaltige und große
Schwachheiten, nebst dem gänzlichen Ohnver-
mögen unserer eigenen Kräfte wahrnehmen, und
bleiben dann in unserm Koth ganz muthloß liegen, und trauen dem heiligen Geiste, seiner
Macht und Güte nicht zu, daß er uns von unsern Gebrechen gänzlich befreyen könne oder
wolle;

wolle; daß es ihm ein leichtes seye, was Ganzes aus uns zu machen, und uns bis zur Vollkommenheit zu bringen. O wie manche gutmeynende Seelen liegen zum öftern da, klagen, jammern und weinen, und wischen nicht einmal ihre Augen ab, um dem werthen heiligen Geiste recht in die Augen sehen zu können. Der kann ja liebste Herzen! überschwenglich thun über alles, was wir bitten und verstehen, nach der Kraft, die da in uns würket. Wir sollen uns demnach dessen Führung kindlich überlassen, und ihn ferner nicht auf diese Weise betrüben, da er uns bereits so viel Gutes erwiesen hat. Haben wir vor unserer durch den heiligen Geist gewürkten Bekehrung wohl was Gutes an uns gehabt? Waren wir nicht Sclaven des Satans? Trugen wir nicht an uns die Larve des Teufels? Und dennoch hat Er uns gesuchet, dennoch hat Er an uns gearbeitet. Sehet, also liebsten Herzen, wie gut Er es mit uns meynet? Wann irgendwo ein Freund wäre, der uns den tausendsten Theil der Treu und Liebe bewiesen hätte, als der heilige Geist Gottes gethan hat, und man hätte doch noch kein Vertrauen zu ihm, und wollte noch immer vor ihm, und von ihm laufen, das würde ja ein schlechtes Betragen seyn; und siehe, also betrüben wir ja den heiligen Geist Gottes durch unser leidiges Mißtrauen, daß wir Ihm nicht die Ehre geben, und zutrauen daß er aus elenden Sündern was Rechtschaffenes machen könne.

Nun

Nun dann mit einem Wort, und damit ichs
beschliesse, laßt uns den heiligen Geist in un=
sern Herzen eine unumschränkte Vollmacht ge=
ben, er ist es, der es in uns angefangen hat,
Er ist es auch, der es in uns ausführen will
und wird, zu seines Namens ewiger Verherr=
lichung. Sollten nun aber hier ein und andere
Seelen in sich gehen, und bey sich also den=
ken: Ist dem, was ich hier höre, würklich
also, und ist es unserm lieben Heiland um so
was Hohes und Erhabenes zu thun: o wie
stehts dann um mich? Wessen Bild und Ueber=
schrift trage ich dann noch in meinem Inwen=
digen? Sollten, sage ich, welche von uns hier
also denken, die werden wohl thun, wenn sie
einige Augenblicke hierbey stehen bleiben, und
diese Betrachtung noch ein wenig weiter fort=
setzen. Wir eilen mit geschwinden Schritten
zur Ewigkeit, und wir haben vielleicht noch
einige wenige Schritte zu thun, so wird es mit
dem gegenwärtigen Leben geschehen seyn. Ein
jeder hat einen Geist zu seinem Führer bey sich,
der ihn zu der großen Ewigkeit begleitet, ent=
weder den bösen, oder den guten Geist. Da
also die Reise nach der Ewigkeit gehet, und
alles darauf ankommt daß wir hier des rechten
Weges nicht verfehlen: o so lasset uns doch den
allerbesten Führer erwählen, nemlich den Geist
der Wahrheit, damit wir durch ihn in alle
Wahrheit geleitet und vor allen Irwegen treu=
lich und ganz gesichert bewahret werden mö=
gen, wie würden wir nicht erschrecken, wenn
der

der große Tag, der Tag des Todtes und des
Gerichts kommen sollte, und wir hätten diesen
Geist nicht zum Führer und Leiter gehabt?
Würden wir wohl glauben können, daß er als=
dann für uns einen so schönen Titel haben wer=
de, wie er hier für die Gläubige am Tage der
Erlösung hat? Können wir uns des wohl freuen?
Können wir darauf hoffen? Können wir ihm
wohl getrost und freudig entgegen gehen? Soll=
te dem nicht so seyn, liebste Seelen! o so lasset
uns doch noch in dieser Stunde GOtt die Ehre
geben, und uns, als arme und Verdammniß=
würdige Sünder zu seinen Füssen niederwerfen!
lasset uns der Gnade, die uns im Namen JEsu
Christi angeboten wird, doch nicht den Rücken
zukehren, sondern da es noch Heute heisset, da
der heilige Geist noch bezeuget, daß die Zeit Buß=
se zu thun, und umzukehren, noch vorhanden
seye, da lasset uns zugreifen, ohne einen Augen=
blick weiter in Unbußfertigkeit hinzubringen.

Wir aber, die wir zu der so großen Selig=
keit, von GOtt berufen sind, wir, sage ich,
müssen nun auch wohl zusehen, daß wir der=
selben gemäß wandeln, daß wir wandeln wür=
diglich dem HErrn zu allem Gefallen, Col. 1, 10.
wie sichs gebühret unserm Beruf, darinn wir
berufen sind, mit aller Demuth, Sanftmuth
und Geduld. Eph. 4, 12. Als GOttes Nach=
folger, Cap. 5, 1. und Kinder des Lichts. v. 9.
Ach! ich finde das göttliche Bild bey vielen
so flau, matt, kalt und fahl, so verdunkelt und
verstellet, daß es kaum mehr kennbar ist.   O
laßt

laßt uns doch endlich einmal was Ganzes werden, lasset uns mit mehrerem Ernst und Eifer
dahin trachten, daß wir in der Erneurung zum
Bilde GOttes immer völliger werden, und
Kraft derselben uns unserm Heilande ganz und
ohne allen Vorbehalt übergeben mögen, damit
unser Glaube einmal recht aufgeklärt werde und
wir nicht so immer zweifeln, zagen und klagen
dörfen, sondern mit vesten und sichern Schritten vor unserm GOtt wandeln können. Wir
preisen ja andern die große Seligkeit der Kinder GOttes an: so ist es ja auch höchst billig,
daß wir sie selbst besitzen und geniesen, damit
wir aus eigener Erfahrung ihren wahren werth
anzugeben wissen, und von demselben mit desto
größerer Freudigkeit und Kraft nicht nur mit
unsern Worten, sondern auch, und zwar vielmehr mit unserm Leben und Wandel zeugen,
und andere thätig überführen können, daß das
wahre Christenthum nicht etwas Eingebildetes,
sondern was Wesentliches, etwas Gründliches,
Lebendiges und Würksames seye, da uns GOtt
bey der Schöpfung schon der Seligkeit gewürdiget, daß wir ein Tempel des heiligen Geistes
seyn, und also durch dessen Erneuerung und
Wiedergeburt des allerhöchsten Adels, nemlich
der göttlichen Natur theilhaftig werden sollten:
O! so lasset uns dann doch die edle und kurze
Gnadenzeit treulich anwenden, damit GOttes
Werk in uns völlig zum Stande kommen möge. Bald kommt der Tag der Erlösung, lasset uns daher Muth fassen und auf den mancher-

ley)

ley Wegen der Demüthigung, der Läuterung
und des Schmelzens nicht kleinmüthig werden.
Es muß alſo ſeyn, es gehöret dazu, damit das
Siegel recht tief und unauslöſchlich eingedruckt
werde. Soll ein Siegel in das Wachs recht
eingedruckt werden: ſo muß das Wachs durchs
Feuer weich und flieſſend gemacht werden, und
eben alſo auch unſere Seele. Ehe und bevor
der heilige Geiſt ſein Bild auf eine vollſtändige
Art und Weiſe uns eindrücken und mittheilen
kann: müſſen wir allerdings durch mehr dann
ein Läuterungsfeuer paßiren. O er mache uns
nur recht weich und geſchmeidig; er mache uns
tüchtig und geſchickt dazu, daß ſein Siegel endlich auf die nachdrücklichſte und kennbarſte Weiſe
unſerm Herzen eingepräget werden könne. So
laßt dann kommen, was kommen will, laßt
kommen Noth und Tod, laßt kommen Teufel und Höll, laßt kommen den großen Tag
des Gerichts: tragen wir nur das Siegel des
heiligen Geiſtes auf unſere Herzen gepräget: ſo
wird GOtt, der uns für die Seinigen erkennet, uns auch an jenem Tage erkennen vor ſeinen heiligen Engeln, und uns mit ſich nehmen
in ſeine himmliſche Wohnung, in die ſelige und
ewige Hütten des Friedens. Amen.

Nun laßt uns dann mit einander vor dem
Angeſichte GOttes vereinigen in einfältigem Gebet, dem HErrn inniglich danken, für ſeine
große Güte und Gnaden, und Ihn bitten,
daß er die hergeſtammelten Wahrheiten an uns
ſegnen wolle.

Gebet.

Gebet.

O du gegenwärtiger heiliger GOtt, du dreymal heiliges Wesen, Vater, Sohn und heiliger Geist, dich lobet, dich preiset, dich verherrlichet unser Herz und alles was in uns ist, daß du, o allgenugsames Wesen, der du keiner Engel noch Menschen vonnöthen hattest, uns dennoch auch hast wollen hervorbringen mit einem so edlen, so hohen Vorsatz und göttlicher heiliger Absicht: daß wir sollten dein Ebenbild und Siegel an uns tragen, um in Zeit und Ewigkeit deiner göttlichen Eigenschaften fähig zu werden, dich unsern GOtt schauen, lieben, ehren, verherrlichen und anbeten zu können. Wir danken, wir loben, und verherrlichen deinen Namen und große Barmherzigkeit, daß du in und durch Christum uns den Weg wieder eröfnet hast, wodurch wir aus dem Verderben unseres Sündenfalles wieder heraus kommen, und zu unserer ursprünglichen Gestalt aufs neue gelangen können. O du ewig=liebende, du mensch=liebende Gutheit, laß doch mein Herz, und unser aller Herzen aufs neue einen Eindruck empfangen von deiner Liebe, von deiner unaussprechlichen Menschenliebe, damit wir
uns

uns deinen heiligen Abſichten nicht noch
ferner widerſetzen, durch Unglauben oder
durch Ausgekehrtheit, ſondern uns dir
völlig und ganz wieder geben können.
Wir danken dir auch, o HErr, daß du
uns dieſes dein theures Evangelium und
fröhliche Botſchaft haſt verkündigen laſſen,
und das mehr als auf eine Weiſe, damit
du uns anlocken mögteſt zu dieſer hohen,
engliſchen, himmliſchen und göttlichen
Seligkeit. Wir danken dir, daß du uns
auch zu dieſem Ende dieſe Pfingſttage
und dieſes Stündlein hie geſchenket haſt.
Nun HErr, wir haben Worte gehöret,
wir haben verhoffentlich Worte der Wahrheit gehöret, obgleich mit vieler Gebrechlichkeit: nun laß deinen heiligen Geiſt auch
das Siegel drauf ſetzen in unſern Herzen,
daß wir alle die Kraft dieſer Wahrheit
in unſern Herzen weſentlich erfahren mögen. O ſind hier noch Seelen, die bis
dahin noch das Bild des irdiſchen Adams,
ja gar des Bild des Teufels an ſich getragen haben; o daß ſie noch jetzunder heiliglich vor deinem Angeſichte beſchämt, beunruhiget, bekümmert und verlegen werden mögten! o daß es doch auch ihnen wi-
derführe, was dort am Pfingſttage ge-

Zweyt. B. IV. Th.   U   ſchahe,

schade, daß sie von ganzem Herzen mög=
ten ausrufen: Ihr Männer, lieben Brü=
der, was sollen wir thun, daß wir mö=
gen selig werden? O daß sie mit dem
Scepter des Reichs JEsu mögten zu Bo=
den geschlagen, zerknirscht und mürbe ge=
macht werden, dir die Ehre zu geben!
dem Satan und seinem Reich auf ewig
zu entsagen, um sich JEsu völlig in die
Hände zu werfen wie sie sind! O mache
diese Seelen noch recht bekümmert, buß=
fertig und verlegen! laß den Herzen keine
Ruhe in ihrem elenden Jammerstande, bis
sie mit uns zum wahren Glauben an den
Namen JEsu Christi des Sohns GOttes
gebracht werden. O du ewige Liebe! laß
deinen heiligen Geist sein Werk immer
völliger in unsern Herzen fortsetzen! Un=
sere Tage laufen zu Ende, ach, wir sind
schon, wenigstens manche unter uns, so
und so lange erwecket, schon so lange in
der Arbeit gewesen, und ach, das Sie=
gel des Geistes wird noch so schwach,
noch so schlecht an uns gesehen. O laß
die wenige Tage, die wir noch auf disseit
der Ewigkeit zu leben haben, einzig dar=
zu gesegnet seyn, daß wir immer völliger
werden mögen in der Gnade, und daß
das

das Bild JEſu Chriſti, das Bild unſeres GOttes immer mehr und mehr an uns hervorleuchten möge. O daß deine Augen uns ſo mögten ſehen, wie du uns gerne ſehen willſt, daß du in uns dich ſelber dein Bildniß und dein Siegel, das du durch deinen Geiſt in uns gepräget haſt, ſehen mögteſt. O mache uns miteinander in unſerm ganzen Leben und Wandel recht vorſichtig, daß wir doch in keinem Stücke, und auf keine Weiſe den werthen heiligen Geiſt betrüben; ſondern redlich, lauter und ohne Anſtoß uns ſeinen Zügen, Trieben und Wirkungen überlaſſen, ſeine Eigenſchaften an uns nehmen mögen, um dadurch je länger je mehr ins vollkommene GOttesbild vergeſtaltet zu werden.

Eile HErr! da unſere Tage eilen; eile, auf daß wir ſie vollenden in deiner Gnaden, und alsdann den Tag des Todtes und des Gerichts ohne Schrecken, ja mit Vergnügen mögen erwarten können, als den Tag unſerer Erlöſung. O du großer Tag! o Tag, ſo ſchrecklich für alle diejenige, die das Bild des Satans an ſich haben; erfreulich aber allen denen, welche das Siegel, das Bild des heiligen Geiſtes auf ihre Herzen gepräget haben; o du groß-

ſer

ser Tag! schwebe du uns stets vor unsern
Augen! sey du stets wie ein Gewicht auf
unsern Herzen, damit wir auf die Ankunft
dieses Tages alle unsere Tage mögen einrich=
ten, um da bestehen zu können vor dem Lichte
welches das Verborgene offenbaren wird.

Nun HErr, segne uns, segne mit uns
alle diejenige, die mit uns so theuer berufen
sind, segne alles was in diesen Tagen hier
und anderswo nach deinem Herzen ist ge=
sprochen worden; o daß es ein wahrer
Pfingsttag seyn und bleiben mögte! Er=
barme dich über alle die noch ferne sind; o
laß auch bey ihnen erfüllet werden die theure
Verheissungen, daß du wollest deinen Geist
über alles Fleisch ausgiessen! O geuß mehr
allgemein aus diesen deinen Geist, daß noch
viele, ja daß alle sich beugen mögen zu un=
sers himmlischen Ehrenköniges Fußschemel.
O erhöre unser gebrechliches Gebet, und
ersetze du durch deine inwendige Wirkung
und Kraft, was an menschlichen Worten
mögte gemangelt haben; alles aus freyer
Barmherzigkeit, zur Verherrlichung
unsers großen Heilandes in un=
sern Herzen. Amen!
Amen!

Sieben=

Siebente Rede.

Gehalten über

1 Corinth. VI. V. 19. 20.

Gnade sey mit uns und Friede von GOtt dem Vater, und unserm Heiland JEsu Christo, der uns geliebet, und sich selbst für uns dahin gegeben hat. Ihm sey Ehre nun und in alle Ewigkeit. Amen.

Da wir diesmal das Vergnügen haben, einen sehr werthgeschätzten Herrn Prediger in dieser Versammlung zu sehen: so hätte ich zwar billig und auch weit lieber in dieser Stunde einen bloßen Zuhörer abgegeben: allein es ist ein anderes beliebet worden. Ich soll, meiner schwachen Umständen unangesehen, vor jezo in unserer Versammlung, unter dem Vorsitz desselben, den Anfang machen. Ich soll mein schwaches und einfältiges Zeugniß der Wahrheit auch von diesem Prediger beleuchten, prü-

fen

fen und beſtätigen laſſen. Abermal ein deutlicher Beweiß, daß dieſe unſere Verſammlung
keinesweges auf eine neue Lehre, ſondern auf
ein neues Herz und auf ein neues Leben abziele,
und daß ſolche mit nichten der Kirche, oder
rechtſchaffenen Kirchenlehrern entgegen ſeyt.

Es ſoll demnach dieſe Stunde eine Erbauungsſtunde ſeyn. Eine Erbauungsſtunde?
Mein GOtt! was gehöret darzu? Hierzu gehöret erſtlich, daß wir auch Erbauungsbegierige
Herzen haben. Und ſolche von dem HErrn unſerm GOtt ernſtlich zu erbitten ſuchen. Zum
andern, daß wir kräftig überzeuget, daß kein
Menſch dem andern ohne GOttes Gnade und
ohne die Mitwürkung ſeines Geiſtes lehren und
erbauen könne. Wir wollen uns deswegen alſo-
bald zu dem HErrn JEſu, unſerm liebſten Heilande und großen Propheten hinwenden, und
ihn demüthigſt bitten, daß er in unſere Mitte
treten, uns belehren, unſere Herzen erleuchten,
erwärmen und in ſeiner Wahrheit befeſtigen
wolle.

Gebet.

O HErr JEſu Chriſte! Sohn GOttes
des Allerhöchſten! wir danken dir,
daß wir durch deine gnädige Vergünſti-
gung uns zu dir hinzunahen dörfen. O
laß es doch im Geiſt und in der Wahrheit
geſchehen! O JEſu, JEſu! du allerliebſter
Name!

Name! du Name, worinnen unser ganzes Heyl, worinnen unserer Seelen Vergnügung, unseres Herzens Trost, Zierde
und Herrlichkeit einzig und allein zu finden. Du Name! den die Engel verehren und anbeten; vor dem auch jetzt in
diesem Augenblicke, die Chöre und Heer-
schaaren, dort oben in der Herrlichkeit niederfallen. Ach rühre auch unsere Herzen
durch deinen heiligen Geist, daß wir dich
als groß und Verehrungs-würdig in unserm Innersten erkennen, und auch mit
allen Geistern droben unsere Herzen in
dir, o Heyl-bringender Name! beugen mögen. O HErr JEsu Christe! dir haben
wirs ja allein zu danken, daß wir noch
sind, und daß wir noch bis auf diese
Stunde verschonet und bewahret worden.
Dank sey dir, o JEsu! daß du uns durch
dein theures Blut ein so großes und ewiges
Heyl erworben und zuwege gebracht hast!
Schenke uns Gnade, solches hier in dieser
Zeit recht zu erkennen. Schenke uns
aber auch eine Ewigkeit, worinnen wir
dich und deine Gnade, dich und deinen
Namen, und die Kraft deiner GOttesliebe verehren, anbeten und dir ewiglich
dafür danken mögen. Wir haben es auch

o JE-

o JEsu! dir, dem großen Hirten und Lehrer deiner Gemeine, allein zu danken, daß
du uns in dieser Stunde hier hast versammlen wollen. Du hast uns versammlet äusserlich; ach sammle uns auch
innerlich. Sammle unsere Herzen,
unseres Herzens Hunger und Begierden!
Ja das Herz o HErr! zu dir wende,
und kehre unsere Sinnen vom Irdischen
ab, daß sie nicht von dir irren. Laß uns
doch o HErr JEsu! deiner Erleuchtung
und deiner Segens-vollen Gegenwart in
dieser Stunde gewürdiget werden. Du hast
ja gesagt: Wo zwey oder drey in
meinem Namen versammlet sind,
da bin ich mitten unter ihnen. So
beweise dich dann auch o JEsu! in unserer
Mitte, durch die kräftige Wirkung deines
Geistes, als einen gegenwärtigen und Se-
gens-reichen Heiland. O lege denen, die da
reden sollen, dein Wort in ihr Herz und in
ihren Mund, damit nichts geredet werde,
als was dir angenehm und wohlgefällig seye.
Begleite aber auch, o HErr JEsu! dein
Wort mit der Kraft deines göttlichen
Geistes, und lasse dasselbe allen und jeden
tief zu Herzen gehen, damit unsrer aller
Herzen ein recht zubereitetes Land, und

ein

ein wohl zubereiteter Acker seyn mögen,
worinnen dein Wort als ein guter Saa=
me Wurzeln faſſen, herrlich aufgehen,
und zu deines heiligen Namens Ehre hun=
dertfältige Früchte bringen könne. Ge=
denke theureſter Heiland! an dein bitte=
res Leiden, an deinen Angſt= und Blut=
ſchweiß. Gedenke an deinen Creutzestod,
und alle Noth, die du ausgeſtanden haſt.
Iſt das nicht für unſterbliche Seelen geſche=
hen? Iſt das nicht auch denjenigen See=
len, ſo hier gegenwärtig ſind, zu Gut ge=
ſchehen? O darum laſſe deine Gnade ſich
doch über uns ausgieſſen! Laß unſere See=
len theuer ſeyn in deinen allerheiligſten Au=
gen, auf daß auch wir in dieſer Stunde
durch dich kräftiglich gerühret, entzündet
und zu dir gezogen werden mögen. O lieb=
ſter Immanuel! verkläre dich und dein
Wort in unſern Herzen. O daß du uns
doch alle Tage lieber, alle Tage größer,
und alle Tage ehrwürdiger werden mög=
teſt!

Nun, HErr JEſu! du kenneſt mich,
du kenneſt alle dieſe Herzen; du weiſt,
wie ein jedes in ſeinem Inwendigen vor
deinem Angeſicht beſchaffen ſeye. O thue
doch einen Blick ins Innerſte hinein, und

U 5   laß

laß dich jammern deines Volks! daß es
doch ein Gnadenbröcklein überkommen möge; und zwar ein jeder nach seiner Bedürfniß. Erbarme dich unser aller, und segne
uns. Amen.

Die Worte, so wir diesesmal zum Grunde unserer Betrachtung legen wollen, stehen geschrieben

1 Corinth. VI. v. 19. 20.

Wisset ihr nicht, daß euer Leib ein Tempel des heiligen Geistes ist, der in
euch ist: welchen ihr habt von GOtt, und
seyd nicht euer selbst? Denn ihr seyd theuer erkauft, darum so preiset GOtt an eurem Leibe und in eurem Geiste, welche sind
GOttes.

Unser arglistiger Seelenfeind, der Satan,
ist immer darauf aus, seine betrügliche
Waare anzupreisen, die Gottseligkeit hingegen
denen Menschen verdächtig zu machen. Deswegen er das wahre Christenthum, als eine
niederträchtige, elende und ganz verächtliche
Sache abmahlet. Es ist wahr, die Kinder
GOttes scheinen von aussen die schlechtesten Leute,
ein Schauspiel der Engel, ein Eckel der Welt,
und ein verachtetes Völklein zu seyn. Aber
ö! wer nur rechte Glaubensaugen hätte:
wie würde der ihm ihre innere Schönheit, Vor-
tref-

weßlichkeit und Herrlichkeit, womit sie in den Augen GOttes und erleuchteter Menschen prangen, erstaunen! der Feind unsrer Seelen, wie auch der rohe Haufe rufen das thätige Christenthum für ein blosses Heuchelwesen aus, und mißbrauchen dazu das Evangelium selbst. Da müssen die fromme, jene hochmüthige Phariser seyn, die besser, denn andere, seyn wollen. Da wollen solche, die keine Lust, sich zu bessern, und keinen Gefallen an der Gottseligkeit haben, immer arme Sünder bleiben, und geben die ächte Gottseligkeit für eine Scheinheiligkeit aus. Wozu denn auch noch dieses kommt, daß sie mit ihrer Vernunft und mit ihrem Schalksauge gar zu genau auf die Fehler derer, die der Gottseligkeit zugethan sind, Acht haben.

Heucheln ist ein Greuel vor GOtt, und keine Scheinheiligkeit mag vor ihm bestehen. Aber wer die Gottseligkeit nicht als ein blosses **Naturwerk**, sondern als ein Werk der Gnade und des Geistes GOttes ansiehet, und betrachtet: bey dem findt nichts weniger, als Heucheley und Scheinheiligkeit Platz, sondern es ist alles Wahrheit bey ihm; es ist ein rechtschaffenes Wesen in Christo JEsu. Nirgend ist wahre Gottseligkeit, auch nirgend sind wahre und gründliche Tugenden zu finden, als bey denen, die als wahre Christen in Christo erfunden werden.

Der arglistige Verführer, der Teufel, mahlet auch die Gottseligkeit, als ein melancholi-

sches,

ches, trauriges und verdrüßliches Leben ab, wo=
bey man keine freudige Stunde haben könne,
sondern immerdar mit einem hangenden Kopfe
gehen, sich martern, und das Leben recht sauer
werden lassen müsse. Nun ist freylich wahr,
daß diejenige Menschen, denen GOtt die Augen
öfnet, daß sie die Last ihrer Sünden, bey wah=
rer Busse fühlen und empfinden, trauren und
zagen; aber dieses ist eine Traurigkeit nach
GOtt, eine Reue, die niemand gereuet.
Auf dieses ihr Trauren, und auf ihre nachfol=
gende Leiden, folget auch nachher ein gründli=
cher und innigster Trost. O wer diesen Trauri=
gen vor ihrer Bekehrung ins Herz gesehen haben
sollte, der würde überzeuget werden, daß diesel=
be, ehe und bevor sie mit GOtt in Christo aus=
gesöhnet worden, nie eine wahrhaftig freudige
Stunde gehabt. Kurz, die wahre Gottseligkeit
ist ein herrlicher, ein heiliger und ein gründlich,
ja einzig und allein vergnügender Stand.

Dieses wollen wir bey Erwegung unserer
Textesworten, näher einzusehen uns bemühen,
da uns zu betrachten vorkommt.

Der herrliche Stand der Gottselig= keit eines wahren Christen = Men= schen.

Dabey wollen wir erwegen

I. Die hohe Würde eines wahren Chri=
sten.

II. Die

II. Die große Verpflichtung eines wahren Christen, und dann

III. Den gründlichen und unwankelbaren Trost eines wahren Christen.

⁂   ⁂   ⁂

Wann ich gefraget werden sollte, worin die große Würde eines Christen = Menschen bestehe? So würde ich mit dem Apostel Paulus antworten, darinnen, daß er nicht sein selbst, sondern mit Christi Blut erkaufet ist; daß er GOttes, und keines andern ist. Würde ich gefraget, welches der allerwichtigste und bündigste Grund zu der großen Verpflichtung eines Christen seye? Ich würde abermal antworten, dieser, daß ein Christ nicht seyn selbst, sondern GOttes ist. Fragte mich jemand weiter, worinnen der unwankelbare und wahre Trost eines Christen = Menschen bestehe? Ich würde obige Antwort noch einmal wiederhohlen und sagen, darinnen, daß ein Christ nicht seyn selbst ist, sondern daß er GOttes ist, erkauft durch Christum JEsum.

Erster Theil.

Ein Mensch, ein Christen = Mensch ist nicht seyn selbst, sondern er ist GOttes, 1) nach dem Recht der Schöpfung, 2) nach dem Recht der Erkaufung, 3) nach dem Recht der Schenkung, und 4) nach dem Recht der Besitzung.

Erstlich

Erstlich also ist der Mensch nach dem Recht der Schöpfung nicht sein selbst, sondern GOttes. GOtt hat beydes Leib und Seele gemacht, und nicht wir selbst. Nicht ein Stäublein ist unser eigen, wir gehören nach dem Recht der Schöpfung ganz unserm Schöpfer zu. Es ist daher die offenbareste Ungerechtigkeit, die allergröste Schande, ja die entsetzlichste und sträflichste Sünde, wann wir uns, es seye dem Leibe oder der Seelen nach, an etwas anders übergeben, als an unsern GOtt; wenn wir uns einem andern widmen und aufopfern, als dem, der uns gemacht hat, und dessen Werk wir sind; dem wir alles, was wir sind und haben, einzig und allein zu verdanken schuldig sind; dem wir daher allein zu dienen, den wir allein zu lieben, zu loben, zu verehren, zu bewundern und anzubeten aufs höchste verpflichtet sind.

Es ist auch zwar die ganze Welt, mit allem, was darinnen ist, nach dem Recht der Schöpfung GOttes; aber der Mensch ist es auf eine besondere und ganz ausnehmende Weise. Alle Unterthanen sind eines Königes: aber des Königs Kinder sind des Königs auf eine ganz ausnehmende und genauere Weise. Alle Städte des ganzen Königreichs gehören dem Könige zu; allein die Königliche Residenz, der Königliche Pallast gehöret dem Könige vornemlich und auf die eigentlichste Art und Weise zu. GOtt hat uns Menschenkinder gemacht nach seinem allerweisesten Rath; Er hat uns wie mit eigener Hand gebildet, er hat uns einen Athem einge-
blasen,

blasen, einen Geist, einen edelen Geist gege=
ben, und diesem Geiste sein göttliches Ebenbild
eingepräget, und deswegen sind wir der Schö=
pfung nach, auf eine ganz edlere und ausnehmen=
de Weise GOttes. Leset nur das Geschlecht=
register unsers Heilandes, worinnen es Lucä
Cap. 3. in dem letzten Vers also lautet: Enos
der war ein Sohn Seth, der war ein Sohn
Adams, und der war GOttes. So ist
dann der Mensch nach der Schöpfung GOttes,
indem er GOttes, als seines Vaters, Bild an
sich träget, so da bestehet in rechtschaffener Ge=
rechtigkeit und Heiligkeit. GOtt hat bey der
Schöpfung dem Menschen einen Geist, einen
edelen Geist gegeben, der da fähig war, GOtt
seinen Schöpfer zu erkennen, zu schauen, zu
lieben, und zu verherrlichen, einen Geist, der
dazu von GOtt bey der Schöpfung bestimmt
war, daß er in einer ganzen Ewigkeit seines GOt=
tes Wohnung, seines GOttes Tempel, seines
GOttes Pallast und Residenz seyn und bleiben
sollte, worinnen GOtt sich selbst verklären und
seine göttliche Tugenden, sofern ein Geschöpf
derselben fähig ist, mittheilen wollte. Siehe!
eine solche Würde besitzen wir nach der Schöp=
fung. O wenn wir erkenneten, was für Fä=
higkeiten, Eigenschaften, und was vor einen ede=
len Geist wir in uns tragen; wozu derselbe,
nach der Schöpfung bestimmt gewesen, und
wozu er durch die Erlösung wieder gelangen
kann: nimmermehr würden wir uns so nieder=
trächtig aufführen; nimmer würden wir die Crea=
tur,

tur, die Sünde und die Eitelkeit lieben, und
in unser Innerstes einlassen; nimmer würden
wir mit dem verlohrnen Sohn die Schweins-
träber zu essen verlangen; wir würden uns viel
zu edel, viel zu hoch dazu achten.

Nun hat zwar der Mensch diese seine hohe
Würde nach dem Sündenfall allerdings verlohren. Ach ich, und alle Menschenkinder tragen leider! das Bildniß unsers himmlischen Vaters nicht mehr an uns. Die ursprüngliche
Würde ist verlohren, die Herrlichkeit ist dahin,
wir haben dieses Bildniß nicht mehr an uns;
wir sind finster, wir sind abscheulich, wir sind
durch den Sündenfall verkehrt und elend geworden. Das Herz, welches GOttes Tempel und
Wohnhaus seyn sollte, und dazu bestimmet
war, ist ach leider! der Sünde und dem Satan eingeräumet worden, und würde es auch in
Ewigkeit bleiben, wofern sich GOtt in Christo
nicht wieder über die Sünder erbarmet hätte.
Darum höret dieses Trost-volle Evangelium, diese liebreiche Botschaft, dieses süsse Wort: Ihr
seyd nicht euer selbst. Ihr Menschenkinder!
ihr seyd GOttes geworden, und zwar nicht allein durch das Recht der Schöpfung, sondern
auch hauptsächlich durch das Recht der Erlösung und Erkaufung JEsu Christi, wie Paulus sagt, indem er spricht: Ihr seyd nicht euer
selbst. Warum dann nicht? Darum nicht,
daß ihr theuer erkauft seyd. Womit dann sind
wir erkauft? Nicht mit Gold oder Silber,
sondern mit dem theuren Blut Christi, als

eines

eines unschuldigen und unbefleckten Lam-
mes. 1 Petr. 1. v. 19. So hoch, so edel, so
köstlich schätzet GOtt die unsterbliche Seelen!
Ach! wenn wir es recht wüßten, wir würden nicht
so unachtsam, ja in der That, so liederlich mit
unsern Seelen umgehen. Christus hat uns aus
freyer Neigung seiner Liebe erkaufet, und durch
diese Erkaufung sind wir wieder GOttes geworden, und sind also nicht mehr unser selbst. Christus hat uns durch die Vergiessung seines Bluts
mit GOtt wieder ausgesöhnet, als welchem wir
durch die Sünde zuwider geworden waren. Er
hat, sage ich, GOtt wiederum ausgesöhnet,
indem er die Sünde, wodurch wir von GOtt
geschieden waren, hinweg genommen, daß GOtt
nunmehro wieder ein Wohlgefallen an uns hat.
Durch das Blutvergiessen JEsu Christi ist
GOtt wieder unser geworden, so daß nun auch
selbst der allergottloseste Mensch GOtt als seinen GOtt in der Versöhnung JEsu Christi
wieder finden kann, woferne er nur wahrhafte
Busse thut, und sich durch Christum im Glauben zu GOtt nahet. Durch die Erlösung und
Erkaufung Christi aber, ist GOtt nicht allein
unser, sondern wir sind auch GOttes geworden, und dieses zwar nach Leib und Seel;
und deswegen mußte Christus Leib und Seel
annehmen, damit er durch Vergiessung seines
Blutes, uns nach Leib und Seel wieder heiligen, und in den Stand setzen könnte, aufs neue
unsers GOttes zu werden. Darum gehören
dann nun beyde unser Leib und unsre Seele in

Zweyter B. IV. Th.   X   Christo

Christo JEsu GOtt zu. Christus hat durch
diese Erkaufung ein neues Recht, und einen
neuen Anspruch an unserm Leibe und an unserer
Seele bekommen. Er kann sie fordern, er kann
sie prätendiren, sie sind nun die Seinige geworden. Er hat nun dem Teufel durch die Vergiessung seines theuren Bluts sein Recht genommen; der Satan hat all sein Recht verlohren, alle Sünden haben nun ihr Recht und ihren Anspruch an den Menschenkindern, durch
die Erkaufung JEsu Christi, verlohren. Deswegen sollte billig kein einziger Mensch verzagen,
als ob er von dem Teufel, von der Welt und
von der Sünde nicht loß werden könnte. Es
mögen sich demnach unsere Feinde sträuben so viel
sie nur immer können: sie müssen uns gleichwohl loß und frey geben, wenn wir uns unserm
Heilande nur aufrichtig übergeben. GOtt sprach
zu Pharao 2 Mos. 9, 1. Laß mein Volk ziehen, daß sie mir dienen. Allein Pharao wollte nicht, weil er ein anderes und näheres Recht
zu haben vermeynte. Gleichwohl aber, so bald
das Osterlamm geschlachtet war, mußte er das
Volk, er wollte oder wollte nicht, dannoch ziehen lassen. Sehet also liebste Seelen! was vor
ein großes Vorrecht, welch eine große Gnade
wir verscherzen, wenn wir bey dem allem, dem
Teufel und der Welt, von welchen wir durch
Christum so leicht befreyet werden können, dannoch freywillig zu dienen, beständig fortfahren,
da Christus uns doch erkaufet, daß wir ihm
nunmehro mit dem allergrösten Recht gehören

und die Seinige sind. O ein theueres Evangelium! Aber heißt das nun nicht Christi Blut
mit Füssen treten und unrein achten, wenn wir
dem allem ohnerachtet, noch immer Sünder bleiben wollen? Wir sind liebste Herzen! hierzu
gar nicht gezwungen. Wir können gar bald
erlöset werden. Christus will und kann uns frey
machen.

Wir sind aber, wofern wir nur wahre Christen sind, nicht nur allein GOttes nach dem
Recht der Schöpfung und Erlösung, sondern
wir sind auch Christi, durch das Recht der freywilligen Schenkung und Uebergab unserer
selbst an Christum. Christus hat uns erkauft:
sollten wir ihm denn nicht eigenthümlich zugehören? O daß wir dieses doch mit gründlicher Ueberzeugung des Herzens und nicht nur blos mit
dem Verstande fassen und glauben mögten!
Wollen wir nun aber an der Erkaufung JEsu
Christi einen würklichen Antheil haben: so muß
ihm die erkaufte Sache auch würklich ausgelie-
fert und übergeben werden. Hat Christus Leib
und Seel erkauft: hat er ein Eigenthums-Recht
daran bekommen: nun wohlan! so müssen wir
ihm auch die Sache ausliefern und zu Handen
stellen. Wir müssen nicht mehr unser eigen
bleiben wollen; wir müssen uns Christo mit Leib
und Seel, mit Herz und Willen ganz und
gar ergeben. Dieses geschiehet nun, dem Anfange nach, bey einer wahren Bekehrung. Die
Bekehrung aber liebste Herzen! bestehet nicht
darinnen, daß wir nur äusserlich ein ehrbares

X 2   Leben

Leben führen, der groben Sünden uns enthalten;
diese und jene Tugendwerke ausüben, auch
zuweilen diesen und jenen guten Vorsatz machen,
und GOtt dem HErrn viele schöne und süße
Worte darbringen, in diesen und dergleichen
Dingen, sage ich, bestehet die Bekehrung nicht,
sondern vielmehr darinnen, daß wir durch die
Gnade JEsu Christi zu mühseligen, armen,
und beladenen Sündern gemacht werden: Christus hat, wie wir gehört, Kraft seiner Erlau-
fung ein Recht an uns bekommen. Dieses
Recht sucht er nun bey allen und jeden seinen
Ueberzeugungen, Rührungen und Anklopfungen.
Er will nun auch, daß ihm die Sache ausgelie-
fert werde. Darauf ist es liebste Herzen eigentlich angesehen. Es muß demnach ein
Mensch, der sich Christo aufrichtig übergeben
und schenken will, vorher seinen sündlichen,
seinen Verdammniß-würdigen und ganz hülf-
losen Zustand gründlich erfahren, empfunden und
gefühlet haben. Er muß auf das gewisseste überzeuget seyn, daß er ausser Christo in Zeit und
Ewigkeit verlohren seye. Darauf muß er sich dann
Christo auf Gnade und Ungnade gänzlich übergeben, gleich einem armen Sünder und Missethäter,
der wohl weiß, daß er den Tod verdienet hat;
gleichwohl aber sich nach der Gnade seiner Obrigkeit tröstet, und beständig schreyet: Ist dann
keine Gnade für mich armen Sünder mehr übrig?
Oder gleich jenem Zöllner in dem heutigen Evangelio, der auf seine Brust schluge und aus-
rief: GOtt seye mir armen Sünder gnädig!

Dieses

Dieſes aber waren keine bloſſe Worte, die nur
von den Lippen kamen, ſondern es waren Worte, die aus der lebendigen Erkänntniß ſeines
Elendes, aus dem innigſten Gefühl ſeines er-
bärmlichen Zuſtandes, und aus der tiefſten
Wehmuth ſeines Hertzens kamen. Wir müſſen
uns Chriſto ergeben, wie ſich etwan ein Kranker
an ſeinen Artzt mit dieſen Worten ergiebet: Ich
übergebe mich deiner Verordnung. Weiſt
du Rath, mir zu helfen: ſo verordne mir,
es ſeye bitter oder ſüſſe, ich will alles einnehmen; ich will dir folgen, wenn du mich
nur geſund machen, und mir helfen wirſt.
Eben alſo müſſen wir uns Chriſto, als unſerm
einzigen Seelenartzt, und Heiland ergeben,
daß er uns durch ſeine Gnade, und Geiſtes-
wirkungen zu gantz andern und neuen Menſchen mache, und uns von der Sünde, und allem Jammer erlöſe. Wir müſſen uns Chriſto,
der uns erkauft hat, ſo ſchenken und übergeben
wie ſich eine Braut ihrem Bräutigam ſchenkt
und übergiebt. So bald, als die Braut das
Jawort ihrem Bräutigam gegeben, alſo bald
übergiebt und ſchenkt ſie ihm auch ihr gantzes
Hertz, und ihren gantzen Willen. Sie iſt bereit
ihm zu folgen, wohin es ihm nur immer beliebt,
und zu thun, was ihm vergnüget. Sie verlanget nichts anders, als nur ſeinem Befehl, Willen und Wohlgefallen anzuhangen. Siehe! ſo
müſſen wir uns Chriſto, unſerm theuren Er-
löſer, ſchenken und ergeben durch ein thä-
tiges Jawort, durch eine wahre Uebergab, und
Ueber-

X 3

Ueberlieferung unseres Herzens, unseres Willens, unseres Leibes und unserer Seelen. Wir
müssen so zu ihm kommen, wie wir sind, und
nicht warten, bis wir fromm geworden, oder
vielmehr uns selbst fromm gemacht haben, sondern so, wie wir uns finden, so Jammer-voll,
so miserabel, so Sünden-voll, so ohnmächtig als
wir uns fühlen, müssen wir zu Christo kommen,
uns ihm übergeben, ihm das Jawort schenken,
und durch seines Geistes Mitwirkung ihm beständig, in Freud und Leid ergeben seyn und bleiben. O selige Stunde! da die Seele bey einer gründlichen und wahren Bekehrung ihres
Herzens sich so aus ihrer eigenen Hand lässet;
die Augen vor sich und allem ihrem Jammer, Noth und Ohnmacht zuschliesset, und sich
Christo, als ihrem Heilande, widmet, ergiebt,
und überlässet. Selige Stunde! worüber sich
die Engeln im Himmel freuen; eine Stunde,
die da in der himmlischen Kanzeley, (daß ich so
rede) angeschrieben stehet, und, zum ewigen Andenken, mit diesen Worten wird angeschrieben,
stehen bleiben: An dem und dem Tage, in der
und der Stunde, hat sich der oder die arme
Sünder oder Sünderin Christo ergeben; dem
will er oder sie von nun an angehören; der wird
nun auch für sie sorgen, sie rechtfertigen, heilig
und selig machen. Nun liebste Seelen! sollte
dann hier nicht ein einiger seyn, für den da auch
diese Stunde eine so glückliche Stunde wäre?
Denket doch einmal nach, ob ihr jemals eine
solche Stunde erlebet? Ob ihr euch Christo, eurem

rem theuresten Erlöser jemals aufrichtig geschen=
ket? O wenn dieses noch nicht geschehen: so
thut es doch zum wenigsten jetzt; thut es in die=
sem Augenblick. Sehet nicht länger mit einem
unruhigen und nagenden Gewissen daher. Chri=
stus hat euch auf Zeit und Ewigkeit erkauft.
O darum ruhet und rastet doch nicht eher, bis
ihr ihm euch würklich überliefert und gänzlich zu
eigen ergeben habt.

Wir müssen uns aber nicht allein schenken,
sondern auch in der That und Wahrheit GOt=
tes Eigenthum werden, also daß uns JEsus
Christus, durch seinen werthen heiligen Geist,
nach seinem allertheurest erworbenen Recht, auch
wirklich in Besitz nehmen und hinführo eine
bleibende Wohnung bey uns machen könne.
Wisset ihr nicht, daß euer Leib ein Tempel
des heiligen Geistes seye, der in euch ist,
welchen ihr habt von GOtt, und seyd nicht
euer selbst? So bald der Mensch durch die er=
schienene heilsame Gnade GOttes zu einer wah=
ren Bekehrung erweckt und zu Christo gezogen
wird; so bald er sich redlich, und nach seiner
besten Erkenntniß, Christo schenket und widmet:
von der Stunde, von dem Augenblicke fängt der
heilige Geist an, Besitz von einem solchen Her=
zen zu nehmen; es durch seine Gnadenwir=
kungen zu bearbeiten, und zu einem heiligen Tem=
pel GOttes zuzubereiten, und fähret die ganze
Zeit unsers Lebens damit beständig fort. Er
nimmt bey stets währendem und täglichem Fort=
gange in der Heiligung und Erneurung des Her=

X 4   zens

gens, immer genauern, immer völligern Besitz
von den Herzen der Gläubigen, indem er dieselbe immer mehr und mehr durch seine Gnaden-
bearbeitung von allem Bösen befreyet, und
sie der göttlichen Natur theilhaftig machet.
Derowegen liebste Herzen! lasset uns der hohen
Absicht GOttes bey unserer Erschaffung und Erkaufung beständig eingedenk seyn. GOtt hat
den Menschen hauptsächlich dazu erschaffen, daß
er sich in Zeit und Ewigkeit in dem Innersten
desselben, in dessen Geist und Herzen, verklären
und offenbaren könne. Daß dieses die hohe
Absicht GOttes seye, wird sowohl im alten, als
besonders im neuen Testament deutlich bezeuget.
So heißt es z. E. Joh. 14, 23. Wer mich
liebet, der wird mein Wort halten, und
mein Vater wird ihn lieben, und wir werden zu ihm kommen und Wohnung bey ihm
machen. So haben wir auch 2 Cor. 6, 16.
folgende theure Verheissung GOttes: Ich will
in ihnen wohnen und in ihnen wandeln.
Ich will ihr GOtt seyn, und sie sollen mein
Volk seyn. Und an vielen andern Orten mehr,
sonderlich des neuen Testaments, wo uns die
gröste Verheissungen GOttes vorgehalten und
die hohe Absichten desselben, welche er sowohl
bey der Erschaffung als Erlösung der Menschen gehabt, klarlich zu erkennen gegeben werden.

Die allergröste Würde eines Christen-Menschen bestehet demnach darinnen, daß GOtt selbst
durch seinen heiligen Geist in unsern Herzen woh-

nen

nen wolle. Davon hat insbesondere sehr herz-
rührend geschrieben, der selige Johann Arndt,
im dritten Buch vom wahren Christenthum,
wo er die Einwohnung des heiligen Geistes
in denen Herzen der Gläubigen als einen hoch
edelen Schatz betrachtet, und vorstellet, der
von so gar wenigen Menschen erkannt, gesuchet und gefunden würde. GOtt, spricht dieser fromme Mann, wolle lieber in dem Herzen
eines Menschen wohnen, und sich darinnen verherrlichen, als in dem Himmel und auf der
ganzen Erde. Siehe nun! das ist die Sache,
wovon es heißt: Wisset ihr nicht, daß eure
Leiber Tempeln des heiligen Geistes sind,
der in euch ist. Der heilige Geist treibet die
Seele, die sich Christo ergeben hat, durch seine Gnadenwirkungen beständig an, sich von
aller Befleckung des Fleisches und des Geistes
zu reinigen, und ihre Heiligung zu vollenden,
damit sie dieser großen Verheißung theilhaftig
werden möge, wie man in dem Zusammen-
hange des siebenten Capitels des zweyten Briefs
Pauli an die Corinther nachlesen kann. Der
heilige Geist hat bey allen seinen inwendigen
Lehren, Eingebungen und Antrieben zur Verläugnung seiner selbst und aller Dinge, keine
andere Absicht, als unsere Herzen je länger
je mehr von allem Wust der Sünden, von
allem noch anklebenden Verderbniß, Elend und
Jammer zu reinigen, damit GOtt in unsern
Herzen, als in seinem Tempel beständig wohnen, und sich darinnen beständig mehr und

mehr

mehr verklären und verherrlichen könne. Wir
wollen uns gar nicht unterwinden, in dieser
Stunde das große, ja allergrößte Wunder,
daß GOtt durch seinen heiligen Geist in die
Herzen der Gläubigen kommen, und darinnen
seine beständige Wohnung nehmen wolle, aus-
führlich zu erklären; sondern wir ermahnen nur
alle und jede, in der Verläugnung ihrer selbst
und aller Creaturen, ohnabläßlich fortzufahren,
damit der heilige Geist desto ohngehinderter
bey ihnen bleiben und seine Wohnung haben
könne. Soll der heilige Geist ein Herz bewohnen: so muß dieser unreine und verdorbene
Platz erst gereiniget, und durch eine gründliche
Ausleerung aller unordentlichen Creaturliebe,
zu einer würdigen Wohnung zubereitet werden.
Man muß durch ein innigstes Verlangen und
ein herzliches Gebet in den Grund des Herzens einkehren und allda seine Ankunft betend
erwarten, und, wenn er kommt, ihm Raum
und Platz geben, daß er nach seinem Belieben
und Wohlgefallen schaffen und würken könne.
Man muß sich seiner Bearbeitung gänzlich
überlassen; seiner Leitung und Führung kindlich folgen, ohne alles Widerstreben, damit er
bey uns bleiben könne, und wir seine Gegenwart
ohnverrückt und unausgesetzt erfahren und geniessen mögen.

O liebste Herzen! laßt uns doch GOtt lieben, lasset uns GOtt und seinem Geiste Raum
und Platz bey uns geben; laßt uns ihm öfters
einen heiligen Sabbath in unsern Herzen fey-
ren.

ren. O wir müssen dem heiligen Geist in unserm Gebet nicht immer so vorlaufen, sondern mit dem heiligen Paulus demüthigst sagen: Wir wissen nicht, was wir beten sollen, wie sichs geziemet, und wenn wir so in Erkenntniß und Bekenntniß unsrer Ohnmacht niedersinken: so wird uns der heilige Geist zu Hülf kommen, und uns vertreten, mit unaussprechlichen Seufzen, nach dem, das GOtt gefället. Da wird GOtt und sein werther heiliger Geist immer mehr und mehr Raum bey uns bekommen; wir werden immer mehr und mehr sein Tempel und Wohnstätte werden. Was thut nun aber der heilige Geist in den Herzen der Gläubigen? O warlich er ist da nicht ein todter und lebloser Göße! das bilde sich doch keiner ein. O Nein! er wurket beständig ein Gnadenwerk nach dem andern: Er verkläret aufs erste JEsum Christum in unsern Herzen, nach dem Wort des Heylandes Joh. 16, 14. Wann der heilige Geist kommen wird, der wird mich verklären. Was ist das gesagt, er wird mich verklären? Er wird uns JEsum in unsern Herzen, als einen innigst gegenwärtigen Heyland, zu erkennen und zu erfahren geben, indem er uns seine Liebe, seine Gnade, und seine Schätze so groß und so herrlich machen wird, daß wir über den unaussprechlichen Reichthum der Gnade in Christo JEsu eben so sehr erstaunen, als uns darüber freuen werden. Wann der heilige Geist Christum in unserm Herzen verkläret: so wird uns

Ver-

derselbe täglich lieber, schöner, würdiger und
angenehmer. Da erfahren wir, was das sagen wolle, daß die Erkänntniß Christi nicht
eine Kopfererkänntniß, nicht ein Ding, daß
einer den andern nur lehre, sondern ein Werck
des heiligen Geistes seye. Wir erfahren, was
Paulus damit sagen wolle, wenn er spricht:
Ich achte es alles für Schaden, gegen der
überschwenglichen Erkänntniß Christi meines HErrn, um welches willen ich alles
habe für Schaden gerechnet, und achte es
für Dreck, auf daß ich Christum gewinne.
Phil. 3, 8. Siehe! dann ist der heilige Geist
in unserm Herzen würckend und gegenwärtig,
wann uns Christus so hoch, so lieb und werth
ist, daß wir um sinetwillen die Güter, Würde und alles eitle Wesen, so scheinbar es sich auch
immer darstellet, für Schaden und Dreck achten,
um Christum zu gewinnen.

Wann der heilige Geist das Herz bewohnet und belebet, so wird er der Ursprung und
die Quelle aller gründlichen Tugenden in der
Seele. Darum werden die Tugenden der
Christen beschrieben, in dem fünften Capitel
des Briefs Pauli an die Galater, als Früchte
des heiligen Geistes. Dann da heißt es: Die
Frucht des Geistes ist Liebe, Freude, Friede, Gedult, Freundlichkeit, Gütigkeit,
Glaube, Sanftmuth, Keuschheit. Und in
dem Brief an die Ephefer, Cap. 5, 9. sagt
er: Die Frucht des Geistes ist allerley Gütigkeit, Gerechtigkeit und Wahrheit. Diese

Tugen=

Tugenden gewinnet ein Christen-Mensch, wenn der heilige Geist kommt, in seinem Herzen zu wohnen. Da kommen dann auch solche Tugenden, als Früchte des Geistes, aus seinem Herzen immer mehr und mehr hervor.

Wann wir arme Menschenkinder uns gleich zu todte martern und quälen sollten: so würden wir gleichwohl, ohne den Beystand und die kräftige Mitwirkung des heiligen Geistes, keine einzige wahre und ächte Tugend auszuüben vermögend seyn. Dann wo der heilige Geist selbst, nicht uns die Tugend einflösset: da ist nur eine blosse Schein-Tugend, ein Schatten ohne Wesen. Aber der Christen ihre Tugend ist mit nichten ein blosser Schein, noch ein bloß sittlich oder auf eine äussere Ehrbarkeit gegründetes Ding, sondern sie ist ein aus dem Grunde eines erneuerten und geheiligten Herzens, folglich aus einer göttlichen Quelle herkommendes Werk. Ein Werk so aus der Theilhaftigwerdung der göttlichen Natur, kraft welcher uns die Tugenden ganz natürlich werden, einzig und allein entspringet. Hier wird der Allerstrengste freundlich und liebreich, und der Zornigste sanftmüthig, der Hochmüthigste demüthig, der Wohllüstigste keusch gemacht. Es bestehet demnach die wahre Würde eines Christen darinnen, daß er seine Gottseligkeit und Tugend ursprünglich aus der Quelle des heiligen Geistes schöpfet und herleitet.

Es verkläret aber der heilige Geist nicht nur Christum in den Herzen, sondern er verkläret auch

auch die Seele immer mehr und mehr, in und
durch Christum. Indem er nemlich das Herze, so er bewohnet, täglich, schöner, liebreicher,
herzlicher, glänzender und klärer, sowohl in den
Augen der Welt, als GOttes macht. Daher
sagt Paulus, 2 Cor. 3, 17. 18. Wir schauen
des HErrn Klarheit, wie in einem Spiegel, oder es spiegelt sich in uns des HErrn
Klarheit mit aufgedecktem Angesicht, und
wir werden vergestaltet oder verkläret, in
dasselbe Bild, von einer Klarheit zu der
andern, als von dem Geist des HErrn.
Dieser richtet in den Herzen der Gläubigen das
verlohrne Ebenbild GOttes immer mehr und
mehr wieder auf, theilet der Seelen die verlohrne Herrlichkeit von neuem wieder mit, und
machet sie wiederum zu einem GOtt ganz ähnlichen Kinde. Das Bild GOttes und Christi
wird ihr durch den heiligen Geist eingepräget.
Sehet also liebste Herzen! Eben darum nun,
daß der heilige Geist bey denen Gläubigen die
Quelle von allem Guten ist, eben darum sind
sie in ihren herrlichen und glänzenden Tugenden
GOtt angenehm, lieb und werth. Hier findt
demnach keine Heucheley statt, noch auch ein
bloßer Schein. Nein! es ist ein Werk des
Geistes, so er in denen Herzen der Gläubigen
selbst würket und hervor bringet. O hohe
Herrlichkeit, wozu ein Mensch, ein Christen-
mensch, auch noch hier in dieser Gnadenzeit
gelangen kann! Laßt nicht fürchten, daß
wir uns in der Selbstliebe hier zu weit ver-
steigen,

steigen, und die Sache höher treiben, als es
die heilige Schrift erlaubet. O nein! sondern
die heilige Schrift bestätiget dieses alles mit
den deutlichsten und nachdrücklichsten Worten.
Es sind pure Verheissungen, es sind lauter
Gnadenverheissungen GOttes. Und wann
auch gleich der Mensch, in welchem der heilige
Geist wohnet, aus dieser Quelle Gnade um
Gnade schöpfet: so bildet er sich gleichwohl
nicht das mindeste darauf ein, indem eines
theils die Herrlichkeit, womit wahre Gläubige
prangen, ihnen selbst hier gemeiniglich verborgen bleibet, weil ihr Leben mit Christo in GOtt
verborgen ist. Andern theils aber ihnen das
Wort jederzeit tief zu Herzen dringet: Welchen
ihr habt von GOtt. Wahre Christen eignen von allen dem, was sie Gutes haben, nichts
sich selbst, sondern alles GOtt, dem Geber aller
guten und vollkommenen Gaben, ganz allein
zu. Sie betrachten sich immer in tiefster Beugung ihres Herzens als arme, elende und solche Menschen, die des Ruhms, den sie vor
GOtt haben sollten, gänzlich ermangeln;
die alles, was sie sind, aus GOttes Gnade
und Erbarmen sind; damit demselben allein diejenige Ehre, so ihm in Zeit und Ewigkeit gebühret, gegeben werde.

Sehet demnach ob nicht wahre Christen
schon hier in diesem Leben und in der Gnadenzeit eine hohe und ganz ausnehmende Würde
besitzen? Obrigkeiten und Standespersonen
müssen wir, weil sie Diener der Göttlichen Ge-
rechtig-

rechtigkeit sind, gebührende Ehre und Gehorsam erweisen. Uebrigens aber ist die Herrlichkeit der Großen dieser Welt, in Vergleichung mit denen wahren Kindern GOttes, nur eine blosse Phantasey. Kaiser und Könige schreiben sich zwar von GOttes Gnaden her: allein eine weit andere Würde ist es, mit Wahrheit sagen zu können: daß man von GOttes Gnaden, ein Kind GOttes und ein Tempel des heiligen Geistes geworden. Nun sehet liebe Herzen! zu dieser Würde können wir, wofern wir nur wollen, durch die Barmherzigkeit GOttes, die in Christo JEsu denen Sündern angeboten wird, alle mit ainander gelangen.

Zweyter Theil.

Tragen nun aber wahre Christen-Menschen eine so große und erhabene Würde: so haben sie auch eine große und erhabene Pflicht zu beobachten, und zwar aus dem nemlichen Grunde: weil sie nicht ihrer selbst, sondern GOttes sind, und dieses zwar nach Leib und Seel. Daher heisset es in unsern Textesworten: Ihr seyd nicht euer selbst; darum so preiset GOtt an eurem Leibe und an eurem Geiste, welche sind GOttes. Beyde unser Leib und unser Geist sind GOttes, und nicht unser selbst. Christus hat sie sich erkauft. Darum müssen wir GOtt mit beyden, nemlich mit dem Leibe, und mit dem Geiste preisen

sen und verherrlichen. Es ist demnach nicht
nur Heuchelen und Irrthum, wenn der Mensch,
bey dem Dienst GOttes, ihm nur das Aeussere darbringet; sich mit seinen Lippen zu ihm
nahet, mit dem Herzen aber an der Erde
kleben, und weit von GOtt entfernet bleibet,
sondern es ist auch ein schändlicher und schädlicher Betrug, einer falschen Geistlichkeit, welche das, was GOtt zusammen gefüget, zu
trennen suchet. Daher ist es auch ein gefährlicher Betrug, wenn man vorgiebt, man könne und müßte GOtt nur im Geiste dienen,
das Aeussere könne so genau nicht in Acht genommen werden. Es seye demnach eben nichts
Großes und Erhebliches, wenn gleich unser Leib
der Sünde und der Eitelkeit dienete, während
dem, daß der Geist GOtt diene. Gefährlicher und schändlicher Betrug! Beydes Leib
und Seel hat Christus erkauft, darum müssen auch beyde GOtt preisen und seinem Dienst
gewidmet werden. Ich bin nicht mein selbst,
sondern GOttes. Meines Geistes Leben, meines Leibes Leben, Kraft und Saft gehöret nicht
mir zu, sondern es ist GOttes. Darum, ja
eben darum muß ich auch GOtt preisen mit
meinem Leibe. Daher sagt David: Meine
Zunge soll deine Gerechtigkeit erheben, mein
Herz und mein Fleisch sollen frohlocken in
dir, dem lebendigen GOtt. Laß dir wohlgefallen die Rede meines Mundes und das
Gespräch meines Herzens. Ich muß weder
Gnade, noch Lebenszeit, weder Gesundheit

Zweyt. B. IV.Th.　　D　　　　noch

noch) Leibeskräfte verlangen, als nur allein
zu dem Ziel und Ende, daß ich solche zum
Dienst GOttes, dem sie allein gehören, zu
dessen Preiß und Verherrlichung anwenden könne. Ihm muß ich alle meine Kräfte und Säfte
widmen, alles muß für ihn seyn. Gebrauche
ich sie nur zum Essen und zum Trinken; um
Geld und Gut zu sammeln, um Ehre zu erwerben; um in Wollust und Gemächlichkeit
zu leben: so begehe ich eine strafwürdige Ungerechtigkeit. Ich habe kein Recht noch Macht
über meine Leibeskräfte; kein Recht noch Macht
über meine Gesundheit und über mein Vermögen; ich muß sie GOtt aufopfern, und seinem
Dienste widmen. Meines Leibesglieder sind
nicht mein selbst, sondern GOttes. Deswegen muß ich nur GOtt mit meinen Gliedern
verherrlichen, preisen und ihm damit dienen.
Ich darf meine Glieder, z. E. diese meine Hände und meine übrigen Glieder nicht zu Waffen
der Ungerechtigkeit gebrauchen; ich darf sie der
Sünde nicht leihen, wie Paulus sagt Röm.
6, 13. Daß man der Sünde seine Glieder
nicht zu Waffen der Ungerechtigkeit dahin
geben solle, sondern ich muß sie GOtt darstellen zu Waffen der Gerechtigkeit, ihn dadurch zu preisen und zu verherrlichen. Wisset
ihr nicht, sagt Paulus in eben dem Capitel,
woraus wir unsere Textesworte entlehnet
haben, v. 15. Daß eure Leiber Christi Glieder sind? Sollte ich nun die Glieder Christi nehmen, und Hurenglieder daraus
machen?

machen? Das seye ferne! Sollte ich die Glieder, die Christo zugehören, nehmen und Hof-
fartsglieder, Glieder der Ungerechtigkeit daraus machen? Welch eine Schande! welch ein
Greuel! Nein meine Glieder müssen GOtt zu
Waffen der Gerechtigkeit dargestellet werden,
um ihm mit denselben nach allem Vermögen zu
dienen. Ich darf mit meinen Händen nichts
anders, als was andern Menschen gut und
nützlich ist, schaffen; ich darf meine Zunge
nicht zu sündlichen, zu eitelen und nichts-wür-
digen Reden gebrauchen. Diese meine Zunge
ist Christi. Daher muß sie auch Christo gewidmet werden. Alle unnütze Worte, wodurch
er nicht gelobet, gepriesen und verherrlichet
wird, muß ich sorgfältigst vermeiden; und so
muß ich es auch mit allen übrigen Gliedern
machen. Dies ist eben der wahre und der
gründliche Dienst, welchen GOtt in dem neuen
Testament von den Seinen fodert, wie wir
solches in dem 12ten Capitel des Briefs Pauli
an die Römer lesen, daß wir nemlich unsre
Leiber darstellen sollen, als ein Opfer, das
da lebendig, heilig und GOtt wohlgefällig seye. So sind auch unsere Sinnen,
unsere Augen, Ohren und alle übrige Sinne
nicht mehr unser selbst, die wir Christen sind,
sondern sie gehören Christo zu, weil er sie zu
seinem Dienst erkauft hat. Weil dann nun
Christus meinen Leib und meine Sinne erkauft
hat: so muß ich meine Ohren und Augen nicht
dazu leihen, um was sündliches zu hören und

zu

zu sehen, sondern ich muß, wie Hiob 31, 1.
saget, mit meinen Augen und mit meinen
Ohren einen Bund machen, daß ich nichts
von allem dem, so mich nicht zu GOtt leitet, zu hören, zu sehen, zu schmecken und zu
empfinden begehren, auch alles, was ich sehe,
höre, schmecke und geniesse, alsobald zum Lobe und Preis GOttes anwenden, und also
GOtt mit meinen Sinnen preisen und verherrlichen wolle.

Ich soll GOtt preisen und verherrlichen an
meinem Leibe, und in meinem Geiste. Nun
gehöret mein Herz zu meinem Geiste; es ist
nicht mehr das Meine, es gehöret mir nicht
mehr zu. Euer Herz gehöret euch nicht mehr
zu, es ist GOttes geworden, durch die Erlau-
fung JEsu Christi. Darum, ja eben darum
darf ich nicht lieb haben die Welt, noch das,
was in der Welt ist, Fleischeslust, Augenlust
und hoffärtiges Leben. Mein Herz gehöret
ganz GOtt zu. Ihm muß ich also meine
Liebe, Neigungen und Begierden schenken und
widmen, oder ich begehe einen thätigen Kir-
chenraub. Sollte ich eine GOtt geheiligte
und gewidmete Sache, eine Sache, die GOtt
mit dem vollkommensten Recht zugehöret, sollte
ich ihm diese entziehen? Sollte ich das Herz
Christo abstehlen, und es der Sünde leihen?
Sollte ich die Neigungen, die edle Liebesneigungen, zu denen Christus ganz allein ein
Recht hat, ihm rauben, und sie den Creaturen schenken? Sollte ich mich an Eitelkeiten
                                        belusti-

beluſtigen? Habe ich an Chriſto nicht genug?
Warum ſollte ich denn dies und das noch neben ihm zu haben verlangen? Das wäre eben
ſo viel, als wann ich zu ihm ſpräche: Du biſt
mir allein nicht genug, derowegen muß ich,
zu meiner Beluſtigung, dies und jenes noch
neben dir haben. Dieſes aber ſeye ferne von
uns; ſondern wir ſollen unſere Luſt an dem
HErrn ganz allein haben. Dann er iſt es allein, der uns alles, was unſer Herz in Zeit
und Ewigkeit wünſchen und begehren kann, zu
geben vermag. Chriſtus der unſer Herz nicht
mit Gold und Silber, ſondern mit ſeinem theuren Blut erkaufet, und daher das gröſte Recht
zu demſelben hat, will ſolches nicht getheilet
und halbiret haben, ſondern er will es ganz
beſitzen. Und es iſt noch viel zu wenig und zu
gering vor einen ſolchen göttlichen Liebhaber,
für einen ſolchen hohen und erhabenen GOtt.
Wir ſollen derowegen von unſerm Herzen keinen andern Gebrauch machen, als daß wir es
ganz der Liebe GOttes widmen; daß wir GOtt
beſtändig von ganzem Herzen und aus allen
Kräften deſſelben lieben. Merke es, von ganzem Herzen ſollen wir GOtt lieben; Nicht
das mindeſte Theilchen ſoll ihm davon entwen-
det werden, dann es gehöret ihm ganz zu.
Mein Wille iſt nicht mehr mein Wille, nachdem Chriſtus mich erkauft, und meinen Geiſt
von der Welt entwöhnet hat. Mein Wille
iſt GOttes worden durch die Erkaufung und
durch die Scheidung. Ich darf meinen Willen

Y 3

len nicht mehr gebrauchen, nach meinem Willen, oder nach meinem eigenen Gutdünken;
dann es muß bey einem Christen kein eigener
Wille mehr genannt werden. Das Wort Ich
will, und Ich will nicht, ist eine Schande
in dem Munde eines wahren Christen. Christo
muß unser Wille ergeben seyn. Nach seinem
Willen zu leben, müssen wir bereit seyn, und
nicht nach heydnischem Willen. Von dem
Wink seines Wohlgefallens abzuhangen, müssen wir immerzu bereit und willig seyn. Die
schädliche und ungerechte Freyheit, die uns nach
dem Sündenfall übrig geblieben, die müssen und sollen wir Christo zu einem freywilligen Geschenk ganz und gar übergeben; wir
sollen und müssen von allem unserm Recht ab-
stehen, damit Christus durch seinen Geist allein in uns wolle und nicht wolle, und uns
nach seinem freyen Belieben und Wohlgefallen
regiere und beherrsche. Mein Verstand ist nicht
mein; er gehöret nicht mir zu, sondern er ist
durch mehr, dann ein Recht, GOttes geworden. Und eben darum muß ich GOtt mit
meinem Verstande verherrlichen. Ich darf
meinen Verstand nicht zu sündlichen und von
GOtt abführenden Dingen gebrauchen, sondern ich muß ihn nur zur Verherrlichung dessen gebrauchen, welcher mir denselben zu dem
Ende mitgetheilet. Ich muß meinen Verstand
dazu anwenden, daß ich mich den Würkungen des Geistes der Gnaden willig unterwerfe,
damit ich GOtt erkennen lerne, und vor seinem

nem allerheiligsten Angesichte in kindlicher Ehrfurcht wandeln möge. Welches die alleredelste
Wirkung des Verstandes ist, nemlich GOtt
als gegenwärtig anschauen, GOtt verherrlichen,
vor GOtt sich kindlich niederlegen und beugen, und ihn, bey solcher Erniedrigung, anbeten. Siehe! auf solche Art und Weise sollen wir unsere Verstandeskräfte gebrauchen.
Es ist demnach die äusserste Schande, daß wir
unsern Verstand so oft und vielfältig mit eitelen, unnützen, ja gar schändlichen und höchst
verwerflichen Dingen beschäftigen. Ach liebste
Herzen! heißt das mit seinem Verstande GOtt
verherrlichen, ihn preisen mit Leib und mit
Geist? Beugen wir uns vor unserm GOtt,
wenn wir so daher flattern? Verherrlichen ihn
wohl unsere Gedanken und Betrachtungen?
Haben wir dieses, oder aber andere Dinge in
unserm Gemüthe? Siehe wir sollen unsern GOtt
verherrlichen mit unserm Leibe und mit unserm
Geiste. Wir sollen ihn nach dem Aeussern und
nach dem Innern zu verherrlichen suchen.
Wofern wir demnach nicht unserm Beruf gemäß, heilig und unsträflich vor dem Angesicht
GOttes, wie auch vor den Augen der Menschen zu wandeln trachten: so wird GOtt durch
uns nicht nur nicht verherrlichet, sondern vielmehr geschändet und verunehret. Dann wenn
diejenige Menschen, welche das Ansehen haben, daß sie der Gottseligkeit besonders ergeben
und zugethan sind, gleichwohl einen sträflichen
Wandel führen, und eben das thun, was die

Y 4   Welt

Welt thut: so ist diese alsbald fertig zu sagen:
Siehe! das sind diejenige, welche besser seyn
wollen, dann andere Leute; welche den Namen
der Feinen, der Frommen und der Wiederge-
bohrnen führen, und gleichwohl haben sie nicht
weniger, dann die Welt, das Eitele lieb, träch-
ten nach Geld und Gut, und nach großen Ehren. Es ist alles ein bloßes Heuchelwerk bey
ihnen. Sie haben zwar den Namen, daß sie
leben, sind aber nicht weniger denn andere Menschen geistlicher Weise todt. Siehe! da wird
ja GOtt nicht verherrlichet, sondern sein Werk
und Name wird nur geschändet und verunehret.

Wir sollen aber nicht nur vor dem Angesicht GOttes heilig und unsträflich zu wandeln
trachten, sondern auch vor den Augen der Gemeine, ja aller und jeder Menschen, und ihnen
werkthätig zeigen, daß wir mit aller Aufrichtigkeit beflissen sind, der Heiligung in allen
Stücken nachzujagen. Wir verherrlichen aber
auch GOtt sonderlich, und preisen ihn in unserm Geiste, wenn wir diejenige, welche von
GOttes Gnaden mit seinem heiligen Geist gesalbet, und dessen Gütern theilhaftig geworden
sind, um solcher Gnaden und Gaben willen
lieben, ehren und hochachten. Wann wir alles
Gute, so wir haben und ausüben, zu den
Füssen GOttes legen, in der tiefsten Demuth
vor GOtt wandeln, und jederzeit bey uns gedenken: das hast du von GOtt empfangen,
das ist nicht dein eigen. Was sind die

Men=

Menschen nur haben, sind GOttes Geschenke und Gaben, dem sie daher ganz allein ihr Gutes zuschreiben müssen. Und eben dieses ist der thätlichste Beweis, von einer gründlichen Erkänntniß GOttes, und auch seiner selbst, wie auch von einer rechtschaffenen Gottseligkeit, wenn die Seele von allem ihrem Guten sich nichts, GOtt aber alles zueignet, und mit dem Psalmisten spricht: Nicht uns HErr! nicht uns, sondern deinem Namen gebühret Ehre, um deiner Gnade und Wahrheit willen. Psalm 115, 1. Du allein hast es gegeben; dir allein soll auch die Ehre dafür gebracht werden.

Dritter Theil.

So groß nun aber die Pflichten eines Christen sind: so groß und unwankelbar ist auch der aus der genauen Beobachtung derselben entspringende, im Leben und im Sterben beständig fortwährende Trost desselben. Es kommet dieser Trost daher, weil wir nicht unser selbst, sondern GOttes sind. Dieses haben wir mehrentheils schon in unserer Jugend aus dem Catechismo gelernet, dann wann darinnen gefraget wird: Was ist dein einiger Trost im Leben und im Sterben? So ist die Antwort: Dieses, daß ich mit Leib und mit Seel, beydes im Leben und im Sterben nicht mein, sondern meines getreuen Heylandes JEsu Christi eigen bin. Ja wahrlich liegt hierinnen der allersicherste und unwankelbareste Trost für wahre

Y 5

Chri=

Christen-Gläubige. Ich bin nicht mein selbst mehr, sondern ich bin GOttes geworden, durch die Erkaufung und Annehmung Christi. So lang eine arme Jungfer ihr eigener Herr ist: so lang muß sie auch für alle ihre Schuld selbst sterben. So bald sie aber einem ganz reichen Herrn, der sich mit ihr zu vermählen gedenket, das Jawort gegeben: so bald sind auch alle ihre Schulden bezahlt. O, das ist ein recht wichtiger Trost. Einer, der nicht mehr sein selbst, sondern in Christo GOttes Eigenthum geworden ist, der hat sich mit seinen Sündenschulden nicht mehr zu plagen und zu schleppen; das ist eine gewisse Wahrheit, ein ganz sicherer und unwankelbarer Trost im Leben und im Sterben.

Welch ein Elend ist es nicht, mit einem unruhigen und immer nagenden Gewissen in dieser Welt zu leben? Man thue, was man wolle, um sich von den beissenden Anklagen des Gewissens zu befreyen; man eile zu dem Ende von einer Lustbarkeit zu der andern, von einer Gesellschaft zu der andern: so wird gleichwohl alles vergebens seyn. Es ist wie ein Schuldfoderer, der immer mahnet und anklaget; der dem Schuldner keine Ruhe lässet, er mag sich hinbegeben, wohin er nur immer will, er mag auch unternehmen was er will. Sind wir aber bey einer wahren Herzensbekehrung und vermöge eines CHristo aufrichtig gegebenen Jaworts, dessen eigen geworden, und also nicht mehr unser selbst: so nimmt derselbe auch alle ihm übergebene Schuld auf sich; daß wir

dafür

dafür nicht mehr sorgen dürfen, sondern alle unsere Schuldherrn nur kühn zu ihm verweisen können, als der bereit ist, alles auf sich zu nehmen, und alle Schulden mit seinem Blut zu bezahlen, dergestalt, daß wir sowohl hier in dieser Zeit, als auch in der Stunde unseres Absterbens eine kindliche Zuversicht zu seiner Gnade nehmen können. Wer durch Christi Erkaufung und durch eine aufrichtige Uebergab an denselben nicht mehr sein selbst, sondern GOttes geworden ist: der hat mit andern Anfoderungen nicht mehr zu thun. So lang eine Jungfer ihr Jawort noch nicht gegeben hat: so lange kann sie viele Buhler haben, und von denselben recht herum getrieben werden. Eben so gehet es einem armen Herzen, so lang es nicht zu Christo gekommen. So lange wir Christo nicht ein aufrichtiges, gründliches und völliges Jawort gegeben: so lange sucht der Teufel, die Welt und das verderbte Fleisch, die Seele bald hierhin, bald dorthin zu ziehen, und dieselbe auf allerley Art und Weise zu beunruhigen. Selig, ja dreymal selig ist demnach derjenige, welcher sich gründlich und aufrichtig Christo übergeben, und durch ein unverfälschtes Jawort sich mit ihm in ewiger Treue verlobet hat. Der kann, wie in jenem Lied stehet, mit allem Recht sagen und singen:

Ich bin verlobt. Weg Satan, Welt
und Sünde.

Ihr werbt umsonst, um ein verschenktes Herz.
Was

Was ists, das ich an euch zu lieben finde?

Wer euch umfaßt, der erbet Tod und
　　　　Schmerz.

Ich mag von euch nichts hören.

Ich spotte eurer Ehren, und eurer Lust
　　　dazu.

Will eure Macht, sich gegen mich em-
　　　pören:

So stört sie doch nicht meiner Seelen Ruh.

Siehe! so können Seelen, welche durch eine
wahre Schenkung und Uebergab Christo eigen
geworden, dem Teufel, der Welt und der
Sünde, getrost ins Angesicht sagen: Ich bin
Christi, ich bin Christi geworden, du hast nichts
mehr über mich zu sagen, und zu befehlen.
Sind wir Christo eigen geworden; sind wir
GOttes geworden: Siehe! so haben wir mit
allen diesen Feinden nichts mehr zu thun.

So bald ist nicht eine Jungfrau vermählet
worden: so müssen alle andere, die um sie buh-
leten, so gleich zurück treten, und dörfen sich
nicht mehr zu ihr nahen. Eben so verhält es sich
mit einer Seelen, die Christo das Jawort gegeben, und sich mit ihm in ewiger Liebe verlobet
hat. An dieser hat Satan, die Welt und die
Sünde keinen Antheil mehr; sie dörfen sich mit
ihren Caressen nicht mehr bey ihr einstellen; sie
haben allen ihren Anspruch auf ewig verlohren.
Ferner, wie eine Jungfrau, wenn sie vermählet
ist, für ihren Unterhalt nicht mehr sorgen darf,
sondern für ihre Verpflegung den Bräutigam
　　　　　　　　　　　　　　　　sorgen

forgen lässet: so dörfen auch diejenige Seelen,
die durch eine wahre Bekehrung und Schenkung
Christi eigen geworden, nicht mehr für sich selber
sorgen, weder nach dem Leibe, noch nach der
Seelen.   Dann GOtt, der nun in Christo ihr
GOtt und versöhneter Vater geworden, weiß
es ja, daß sie Essen und Trinken, auch Kleider
zur Bedeckung ihrer Blöse haben müssen.   Sie
stehen unter einer genauen Aufsicht und Bewah-
rung ihres himmlischen Vaters, daß ihnen auch
nach dem Buchstaben der heiligen Schrift, ohne
den Willen ihres lieben himmlischen Vaters, nicht
ein Härlein von ihrem Haupte fallen soll.   Sie
haben nur ein einziges zu beobachten und wohl
in Acht zu nehmen: so ist mit dem Einen alles
gethan.   Gieb mir mein Sohn dein Herz.
Wofern sie dieses nur Christo aufrichtig übergeben und ewig lassen: so sind sie aller andern
Sorgen gänzlich überhoben.   Darum heisset es
weiter: Und laß deinen Augen meine Wege
wohlgefallen.   Du darfst, will der heilige Geist
hiermit sagen, nicht mehr sorgen, was du
essen und trinken, und womit du dich bekleiden
werdest; wie und welcher Gestalt es dir hinfort
nach Leib und Seel ergehen werde.   Nein, sondern ich werde für alles sorgen; ich werde alles
gut machen: Lasse dir meine Wege nur wohlgefallen, ich mag machen und fügen, was ich
nur immer will.   Ich mag dir Gesundheit oder
Krankheit, Reichthum oder Armuth zuschicken;
ich mag dich erhöhen oder erniedrigen: so lasse
dir meine Wege nur immer wohlgefallen, und
du

du wirst erkennen, daß dir alles zum Besten dienen werde, es seye Dürre, oder Geschmack, es
seye Licht oder Finsterniß, ꝛc.   Ja wenn wir mur
GOtt aufrichtig ergeben und Christo eigen sind:
so müssen uns ganz sicher alle Dinge zum Besten
dienen.   Ist das nun aber nicht ein großer und
ausnehmender Trost?   Und damit ich es kurz
fasse: Wer Christi eigen, und nicht mehr sein
selbst, sein eigener Herr und Meister ist, der hat
nichts mehr zu fürchten.   Wer Christi eigen ist,
der darf sich nicht mehr fürchten vor seinen Feinden, vor ihrer Macht und List.   Ach ich kann es
fast nicht leiden, daß die Menschen den Satan
so allmächtig machen, als könnte er nur thun,
was ihm beliebte; als wenn er die Leute gefangen halten könnte, so lang er nur wollte.   Nein,
gewißlich nicht.   Durch Christum ist ihm alle
Macht und auch alles Recht abgenommen worden.   Weswegen dann diejenige, so sich Christo
aufrichtig übergeben haben, und in Wahrheit
dessen Eigenthum sind, sich vor dem Teufel gar
nicht mehr zu fürchten haben.   Lasset uns vielmehr für uns selbsten fürchten, für unserm eigenen bösen und verkehrten Herzen, und ein Mißtrauen in uns selbst setzen.   Lasset uns das Herz
nur gründlich und ohne allen Vorbehalt Christo,
der dasselbe so theuer erkaufet hat, übergeben: so
wird der Teufel und die Welt uns fürchten.
Dann gewiß der Glanz der Herrlichkeit, der
auf den Kindern GOttes ruhet, als in welchen
der Geist JEsu Christi wohnet, ist beyden, dem
Teufel und der Welt erschrecklich, daß sie dafür
								fliehen

fliehen und sich fürchten müssen. Denen GOtt
ergebenen Seelen hingegen, wird durch Christum
ein solches Vertrauen zu GOtt eingeflösset, daß
sie mit David sagen können: Der HErr ist
mein Licht und mein Heyl, für wem sollte
ich mich fürchten? Psalm 27, 1. GOtt ist
unsere Zuversicht und Stärke, darum fürchten wir uns nicht. Psalm. 46, 1.

Endlich ist es auch ein großes und unwan-
kelbares Vorrecht, nicht mehr sein eigen, sondern nach Leib und Seel GOttes geworden zu
seyn, und dieses sonderlich in der Stunde des
Todes. Ach! die fürchterliche Stunde! Fürchterlich für alle Unbekehrte; fürchterlich für die
Natur. Ach in der Stunde des Todes, da kein
Trost zu finden ist, weder im Himmel noch auf
Erden, da ist und bleibet dieses ein sicherer und
unwankelbarer Trost: Du bist nicht dein selbst,
sondern du bist GOttes geworden. Bin ich
aber nicht mein selbst, sondern GOttes; gehöre
ich Christo zu: siehe! so darf ich ja nicht sorgen,
oder mich fürchten, und bange werden, daß
meine Sache übel ablaufen werde. Gehöre ich
Christo zu; so wird er das Seinige nicht verlieren, noch sich solches nehmen lassen, sondern
er wird mich, da ich mich ihm zu eigen gegeben
und geschenket habe, auch zu bewahren wissen,
daß ich ihm nicht wieder geraubet werde. Dann
er hat ja selbst gesagt: Vater! ich habe keinen
verlohren von denen, die du mir gegeben
hast. Er hat sie beständig bewahret, und wird
sie immer bewahren, wie seinen Augapfel.
Und

Und wenn auch der Leib in der Erde vermodern, zu einem stinkenden Aas und zu Millionen Stäubchen werden sollte: so bekümmert mich solches nicht. Dann es ist nicht mein Leib, sondern er ist GOttes geworden. Darum bleibe ich ohne Sorgen. Christus ist ein HErr über Tod und Leben; der wird den Leib, der gleichermassen sein ist, wieder hervor zu bringen und seinem herrlichen Leibe dermaleinst gleichförmig zu machen wissen. Kurz gesagt: kein gründlicher Trost kann seyn, noch gefunden werden, als dieser ist: Daß wir GOttes sind, und nicht unser selbst. Da kann ein wahrer Gläubiger bey seinem Sterben aus jenem Liede mit Grund der Wahrheit zu Christo sagen:

Ich bin ein Glied an deinem Leib,
Des tröst ich mich von Herzen;
Von dir ich ungeschieden bleib,
In Todesnoth und Schmerzen;
Wann ich gleich sterb, so sterb ich nicht.

Und wie es ferner heisset in dem folgenden Vers:

Weil du vom Tod erstanden bist,
Werd ich im Grab nicht bleiben,
Mein höchster Trost dein Auffahrt ist,
Todsfurcht kann sie vertreiben;
Dann wo du bist da komm ich hin ꝛc.

Wo Christus ist, da muß ich auch hinkommen. Daher spricht er: Ich will, daß, da
ich

ach will, auch die sind, die mir der Vater
gegeben hat.

Zum Beschluß sollte ich nun noch von dem
großen und vielbedeutenden Wörtgen: Wisset
ihr nicht? Eine Anwendung machen, und darüber eine Untersuchung anstellen. Allein die Zeit
ist verflossen. Ich sollte und wollte sonst zu den
Unbekehrten sagen: Wisset ihr nicht, euer Unglück? Wisset ihr nicht, daß, wenn der heilige
Geist nicht in eurem Herzen wohnet, ein anderer
Geist darinnen zu Hause seye, nemlich ein böser
Geist, und daß ihr demselben alsdann eigen seyd?
O ein unglückseliger und fürchterlicher Zustand!
Wisset ihr nicht, ihr unglückselige Menschenkinder! Wisset ihr nicht, daß, wem ihr im Leben angehöret, ihr dem auch im Sterben anfer-
fallen werdet? O welch ein Unglück ist das!
Wisset ihr nicht, daß einmal ein Tag kommen
werde, da ein jeder sein Volk zu sich nehmen
wird? Da Christus in seiner Herrlichkeit erscheinen, und diejenige, so ihm angehören, als Schäf-
lein zu seiner Rechten, der höllische Fürst hingegen die Seine, als Böcke, zur Linken stellen
werde? Welch entsetzliches Andenken! Wisset
ihr nicht, daß ihr anjetzo noch die Gnadenzeit
erlebet? Eine Zeit, da euch noch das theure
Evangelium verkündiget und angeboten wird?
Wisset ihr nicht, daß ihr wirklich nicht euer
selbst seyd? Daß ihr theuer erkaufet seyd?
Daß ihr gegenwärtig noch glückselige Menschen
und Gottes Kinder werden könnet? Wisset ihr
das wohl? Ach nein! sondern man lebet nur

dahin, als ohne GOtt in der Welt. Christus ermahnet und fordert sein Recht an eurem Herzen: aber man lebet sorglos in den Tag hinein, als wenn Christus nur ruhig und still im Himmel sässe, und um unsere Herzen ganz unbekümmert wäre. O erweget es doch mit rechtem Ernste, ob ihr wohl eine einzige ruhige Stunde haben könnet, so lange ihr euch GOtt nicht aufrichtig übergeben? Gehöret ihr aber Christo zu; seyd ihr GOttes nach dem Recht der Schöpfung und nach dem Recht der Erkaufung: o so gebet dann auch GOtt, was GOttes ist. Gebet ihm eure Herzen, euren Leib und eure Seele, sonst werdet ihr weder hier in der Zeit, noch dort in der Ewigkeit Ruhe finden.

Nun sollte ich auch euch, ihr meine Berufene! noch dieses Wort vorhalten: Wisset ihr nicht, daß ihr ein Tempel des heiligen Geistes seyd? Wisset ihr nicht, zu was ihr einer ausnehmenden und hohen Würde ihr zu schaffen, erlöset und berufen seyd? Wie ihr von dem heiligen Geist bearbeitet werdet?

Wisset ihr wohl, welche Geschöpfe wir sind? Welche Gnade uns widerfahren? Was dir GOtt unser GOtt mit uns vor hat? Was wir hier in dieser Gnadenzeit noch getrauen können? Ach wir wissen es so nur im Verstande allein das Herz hat nicht den mindesten Eindruck davon; das Gemüth wird dadurch gar nicht gerühret, sonst würden wir ganz anders unsern

unserm Beruf, GOtt zu verherrlichen, weit bes=
ser nachkommen. O darum lasset doch von
nun an Leib und Seel GOtt allein gewidmet
seyn. Wisset ihr nicht, daß dieses eure höchste
Pflicht und Schuldigkeit seye? Ja wir wissen
es, wenn wir es dann und wann lesen; wann
wir zuweilen daran erinnert werden; aber kaum
ist dieses geschehen, kaum ist das Buch ge=
schlossen, das Wort der Ermahnung vorbey: so
denken wir hernach so wenig an das, was wir
gelesen, als an dasjenige, was wir gehöret ha=
ben. Ach liebste Herzen! Lasset es doch ja
nicht einen vorbeyrauschenden Schall seyn;
lasset es doch kein blosses Wissen im Kopf seyn.
Lasset das Wort doch jetzt in dieser Stunde
euch tief zu Herzen gehen! Lasset uns dasselbe
besser, als bisher geschehen, beherzigen; lasset
uns vorsichtiger wandeln, und, so viel möglich
ist, stets bey unserm Herzen zu bleiben suchen,
damit wir desto bereiter seyn mögen, den be=
ständigen Anforderungen Christi, ein geneigtes
Gehör zu geben, und dieselbe zu erfüllen, auch
in allen und jeden GOtt gefälligen Tugenden
ohnverrückt einher zu gehen. Ach liebste See=
len! lasset uns doch nie anderst, als mit einem
aufgeräumten und redlichen Gemüthe vor GOtt
zu wandeln suchen. Haben wir das große
Vorrecht, daß wir GOttes Eigenthum ge=
worden, daß wir nicht mehr unser selbst sind:
Wohlan dann! so soll uns die noch rückständige
Zeit dazu dienen, daß wir uns bemühen, un=
sern GOtt mit Leib und Seel zu verherrlichen,

unsre

... sie Roth ... und Säffte ihm ...
... ganzes Herz ihm darzubringen und ...
... , damit, wenn wir einmal durch den Tod
... in die Ewigkeit über gehen sollen, Christus ...
... was das Seinige zu sich nehmen ... und
... wir als ein reiner Weitzen in seine Scheuer ge-
sammlet werden mögen. Nun, ich bitte ... ,
... unserm werthesten Herren Prediger Zeit und
Raum zu lassen, noch ferner ein Wort zur
Erweckung und Erbauung, zur Befestigung
und Bestätigung der Wahrheit, ...
uns zu reden.

Achte Rede.

Von

Herrn Julius Hecker,

Königlich-Preußischen Ober-Consistorial-Rath,

worinnen

des sel. Gerh. Tersteegens

abgelegtes Zeugniß approbiret und bestätiget wird.

Gehalten

zu Mülheim an der Ruhr,

Anno 1754 den 18 August.

⁕   *⁕*   *⁕*

Ich bin zwar nicht hieher gekommen, um zu lehren, noch weniger aber um zu prüfen und zu beurtheilen, was hier vorgetragen wird. Das aber muß ich dannoch hier sagen, wertheste Freunde! daß da ich eben vor fünf und zwanzig Jahren, diesen meinen werthen Freund von Angesicht habe kennen lernen

So iſt es mir ſehr lieb und angenehm geweſen, deſſen Freundſchaft dieſe fünf und zwanzig
Jahre hindurch in Abweſenheit zu genieſſen.
Beſonders aber freuet mich, in gegenwärtiger
Verſammlung bezeugen zu können, daß ich
mit demjenigen Zeugniß, ſo anjeʒo abgelegt
worden, vollkommen eins ſeye, und daß ich
meine Gemeine und andere, bey denen ich ein
Wort der Ermahnung zu reden, Gelegenheit
finde, keinen andern Weg jemals geleitet habe,
noch künftig leiten werde als denjenigen, ſo
hier angewieſen und gezeigt worden.   Daher
iſt meines Herʒens Wunſch, daß keiner von
denen, ſo hier gegenwärtig ſind, zurück bleiben, ſondern ein jeder das, was hier von Chriſto, von der durch Chriſtum erworbenen Seligkeit, von dem Guten, das gläubige Kinder
GOttes genieſſen, geſaget und bezeuget worden, auf das kräftigſte an ſich ſelbſt erfahren
und wahr befinden, folglich alles dieſes durch
eine lebendige Erfahrung lernen, und dieſemnach
mit ſeinem ganʒen Leben bekräftigen, auch werkthätig beweiſen möge, daß wir demjenigen zugehören, der uns ſo theuer erkauft und erlöſet,
und uns durch ſeinen Geiſt zu der künftigen
Herrlichkeit immer mehr und mehr zuzubereiten, verſprochen hat, indem noch größere Verheiſſungen vorhanden ſind, als dasjenige iſt,
was Kinder GOttes hier in dieſem Leben genieſſen. Ich erinnere euch hierbey der Worte
Pauli 2. Cor. 7, 1. Dieweil wir nun ſolche Verheiſſungen haben, meine Liebſten!

ſo

ſo laſſet uns von aller Befleckung des Fleiſches und des Geiſtes uns reinigen und fortfahren mit der Heiligung in der Furcht GOttes.

Wir ſehen alſo, daß dasjenige, was vorgetragen worden, nach dem klaren und deutli-
chen Worte GOttes, in einer genauen Verbindung ſtehet. Nemlich wie die Rechtfertigung und Heiligung, Vergebung der Sünde,
und ein aufrichtiger Wandel vor dem Angeſicht
GOttes und unſeres Heilandes JEſu Chriſti
mit denen Seligkeiten und Verpflichtungen der
Kinder GOttes ganz genau verbunden ſind.
Was ſind das nun aber vor herrliche Sachen,
was ſind das vor Verheiſſungen, die er vor-
trägt? Sehen wir das Vorhergehende an, ſa
ſagt er: Ihr ſeyd der Tempel des lebendigen
GOttes, wie dann GOtt ſpricht, ich will in
ihnen wohnen, und in ihnen wandeln; ich
will ihr GOtt ſeyn, und ſie ſollen mein Volk
ſeyn, darum gehet aus von ihnen, und ſon-
dert euch ab, und rühret kein Unreines an,
ſo will ich euch annehmen, und euer Vater
ſeyn, und ihr ſollet meine Söhne und meine
Töchter ſeyn, ſpricht der allmächtige HErr.

Wir nehmen hier Anlaß zu betrachten:

Der wahren Chriſten dreyfache
Herrlichkeit.

Z 4   I. Wahre

I. Wahre Christen haben herrliche Namen.

II. Wahre Christen haben herrliche Vorrechte.

III. Wahre Christen haben eine herrliche Hofnung. Wir thun hinzu

IV. Eine Warnung für Leichtgläubigkeit, Leichtsinnigkeit und für einer falschen Ruhe.

Erster Theil.

Wahre Christen haben herrliche Namen. Sie heißen GOttes Söhne und Töchter. Der HErr erkläret sie selbst dafür. Wer will ihnen dann dieses nehmen? Wer will die Auserwählte GOttes beschuldigen? Der HErr kennet die Seinen: Aber es heißet auch zugleich: Es trete ab von der Ungerechtigkeit, wer den Namen Christi nennet. Wer ein Christ heißet, und es auch in der That seyn will, der ist zugleich verpflichtet, in die Fußstapfen Christi zu treten und demselben im Leben und Wandel nachzufolgen. Wer JEsum, als JEsum erfahren hat, nemlich als den, der uns heiliget, und die einzige Ursache unsrer Seligkeit ist, als durch welchen ganz allein uns Heil und Gnade wiederfähret: der ist verbunden, dem Satan, der Welt und der Sünde, den Dienst ganz und gar aufzukün-

digen, und ihnen von ganzem Herzen, zu entſagen, dem Heiland hingegen, ſich mit Leib
und Seele zu übergeben und zu eigen zu machen,
ihm allein in kindlicher Liebe anzuhangen und zu
dienen, als dem Anfänger und Vollender des
Glaubens.

Zweyter Theil.

Es haben aber die wahre Gläubige nicht nur
herrliche Namen, ſondern auch herrliche
Vorrechte, dieweil ſie in Chriſto JEſu ſind,
und dem HErrn angehören. Sie haben eine
Gerechtigkeit, die vor GOtt gilt. Sie haben
einen JEſum, den ſie beſtändig vor GOtt
darſtellen können, als ihren Bürgen und als
einen ſolchen, der alle Sünden-Schulden für
ſie bezahlet. Sie haben durch dieſen JEſum
den Frieden mit GOtt, und die Ruhe ihrer
Seelen erlanget. Sie haben erlanget, daß er
ſie nunmehro zu den allerſeligſten unter allen
Menſchen machet; daß er ihnen ſolche Vorzüge
gönnet, die ſelbſt die Engel nicht haben. Dann
er nimmt nirgend die Engel an ſich, ſondern den Saamen Abrahä nimmt er an ſich:
Hebr. 2, 16. Sie ſtehen durch ihn, in der genaueſten und innigſten Verbindung mit GOtt;
ſie ſind des lebendigen GOttes, lebendiger Tempel.

Dritter Theil.

So herrlich nun die Namen und Vorrechte
ſind, welche die wahre Chriſt-Gläubige
Z 5   beſitzen:

besitzen: so herrlich ist auch die Hofnung, so
sie durch Christum zu GOtt haben, und Kraft
welcher sie sich der Herrlichkeit, die ihnen GOtt
durch Christum verheissen und zugesagt hat,
und ihnen auch ganz sicher geben wird, in kindlicher Zuversicht, rühmen, freuen und trösten.
Es sind schon herrliche und preiswürdige Seligkeiten, welche wahre Gläubige hier in der Zeit
geniessen. Aber die Herrlichkeit und Seligkeit,
die in jenem Leben auf sie wartet, ist noch weit
grösser und erhabener. Dann hier leben sie im
Glauben, dort aber im Schauen. Hier ist all
ihr Wissen nur Stückwerk; dort aber wird
das Stückwerk aufhören, und das Vollkommene erscheinen. Hier sehen sie durch einen
Spiegel, in einem dunkeln Wort; dort aber
von Angesicht zu Angesicht. Hier erkennen sie
alles Stückweise: dort aber werden sie es erkennen, gleichwie sie erkennet sind. 1 Cor. 13, 9.
12. Hier hänget ihnen die Decke Moses noch
immer vor Augen, dort aber wird diese Decke
abgethan seyn, und die Klarheit des HErrn
wird sich in ihnen mit aufgedecktem Angesichte
spiegeln, und sie werden verkläret werden, von
einer Klarheit zu der andern, als von dem
HErrn, der ein Geist ist. 2 Cor. 3, 18.

Hier klebt ihnen die Sünde noch immer
an; dort aber wird alle Schwachheit von ihnen
abgethan seyn, und sie werden des HErrn Herrlichkeit ohne Sünde ewig sehen, rühmen und
preisen. Da wird sie keine Sonne oder ir-
gend eine Hitze mehr stechen, sondern sie werden

den alsdann denen Engeln und übrigen vollendeten Gerechten gleich seyn, und in Gemeinschaft derselben den HErrn mit verklärten Lei-
bern für alles das Gute, so er ihnen hier nach
Leib und Seel erwiesen, ewig loben, rühmen
und erheben.

Nun wozu soll alles dieses denen Gläubigen dienen, und wozu soll es dieselbe antreiben? Dieweil wir eine solche Verheissung
haben, sagt Paulus, so lasset uns von aller Befleckung des Fleisches und des Geistes uns reinigen, und fortfahren in der
Heiligung. Dieweil wir liebste Herzen! solche
grosse und über alle massen wichtige Verheissungen haben: so lasset uns alles, was uns
und unsern GOtt scheidet, auf das sorgfältigste fliehen und meiden. Lasset uns alles,
was uns auf unserer Reise nach dem himmlischen Canaan hindert und abhält, grossmüthig
ablegen, und von uns werfen, und zu dem
Ende aufsehen, auf JEsum den Anfänger
und Vollender unseres Glaubens. Was uns
dieser saget und befiehlet, dem lasset uns in
kindlichem Gehorsam nachkommen, und das
Wörtlein Mariä: Alles was er euch saget,
das thut, beständig im Herzen haben, und
wohl erwegen. Wer die Rede JEsu hört und
auch thut, der gehet ein in den Gehorsam des
Glaubens, und gelanget zum Genuß derjenigen
Seligkeit, so uns Christus erworben, also daß
ihm derselbe völlig eine Ursache der ewigen
Seligkeit wird. Hebr. 5 9.

Alles,

Alles, meine Freunde! kommt auf die Er-
fahrungs-Erkänntniß JEsu Christi an.
Daher sagt Paulus, 1 Cor. 2, 2. Ich hielte
nichte dafür, daß ich etwas wüßte unter
euch, ohne allein JEsum Christum den Gecreuzigten. Womit hat es also eine Heils-
begierige Seele zu thun? Sie hat es zu thun
mit JEsu; Sie hat es zu thun mit Christo;
Sie hat es zu thun mit dem gecreuzigten JEsu.
JEsus heißt ein Heiland und Seligmacher.
Er ist nicht nur derjenige, der uns von allem
Bösen errettet, (welches schon eine große Seligkeit ist) sondern er ist auch einzig und allein
derjenige, welcher uns alles Gute geben kann,
und auch will, ja es auch würcklich giebet,
wofern wir nur bereit sind, es anzunehmen.
Wir müssen aber JEsum als JEsum erfahren
in der Vergebung der Sünden, wenn er
uns zuruffet: Sey getrost mein Sohn! Sey
getrost meine Tochter! deine Sünden sind
dir vergeben. Auch müssen wir JEsum erfahren als Christum. Christus heißt ein Ge-
salbter. Christus ist gesalbet 1) Zu einem
Hohenpriester, der uns den Segen erworben hat und auch mittheilet, wofern wir derselben nur ernstlich suchen und verlangen. 2) Zu
einem Propheten, der uns den Weg des Lebens gezeiget, und uns nicht nur mit Worten,
sondern auch mit seinem Leben selbst gelehret
hat, daß wir sollen seyn sanftmüthig, lang-
müthig, gedultig, liebreich, friedfertig, gütig,
barmherzig, und daß wir also verkündigen sollen

ihm die Tugenden des, der uns berufen hat,
aus der Finsterniß zu seinem wunderbaren Licht.
3) Zu einem Könige, damit wir nicht länger
der Sünde dienen, und Knechte der Ungerechtigkeit seyn, sondern ihn als unsern einzigen
HErrn und höchsten Gebieter erkennen, dafür
annehmen, und als Knechte der Gerechtigkeit
ihm dienen mögten unser Lebenlang, in rechtschaffener Gerechtigkeit und Heiligkeit.

Wir sind demnach mit dem vollkommensten
Recht die Seine. Daher sagt Paulus: Unser
keiner lebt ihm selber, unser keiner stirbt ihm
selber. Leben wir, so leben wir dem HErrn;
Sterben wir, so sterben wir dem HErrn.
Darum wir leben oder sterben, so sind wir
des HErrn. Und dazu ist Christus gestorben
und auferstanden, daß er unser aller HErr
seye. Wir sind also nicht nur sein, weil er unser Schöpfer ist; weil er uns Leben und Odem
gegeben hat; sondern auch, und hauptsächlich
darum, weil er uns so theuer erkaufet hat, nemlich mit seinem allerheiligsten und theuresten
Blute. Daher gehören wir ihm, wider allen
Anspruch des Satans, ganz allein zu, daher
sollen wir ihm auch ganz allein dienen und anhangen.

JEsum müssen wir auch erfahren, als den
Gecreuzigten. Ich hielte nicht dafür, sagt
Paulus, daß ich etwas unter euch wüßte,
ohne allein JEsum Christum, den Gecreuzigten. Darauf liebste Herzen! kommt alles
an, daß wir Christum, den Gecreuzigten recht

kennen

kennen. Daß wir wissen, was für Heyl und
Seligkeit uns dessen Leiden und Sterben zuwege gebracht, und wie vieles wir seiner Mensch-
werdung und Erniedrigung bis zum Tode des
Creutzes, zu verdanken haben. Hätte JEsus
sein Blut nicht für uns dahin gegeben, hätte
er uns nicht Leben und Seligkeit erworben:
so würden wir ewig die elendeste Sclaven des
Satans und der Sünde geblieben seyn. Aber
das ist eben der Punct, worauf alles ankommt,
daß wir JEsum den Gecreutzigten ansehen,
als den rechten und wahren Hohenpriester,
welcher nicht durch Böcke= oder Kälberblut,
sondern durch sein eigenes Blut in das Aller=
heiligste eingegangen, und dadurch eine ewige
Erlösung gestiftet. Er ists, der sich selbst für
uns dahin gegeben hat, auf daß er uns er-
lösete von aller Ungerechtigkeit, und rei-
nigte ihm selbst ein Volk zum Eigenthum,
das fleißig wäre zu guten Werken. Tit.
2, 14. Seine allmächtige Liebe hat solches
gethan. Darum ihr Sünder! fallet nieder und
betet ihn an! Betet an die Liebe, welche
euch bis in den Tod geliebet; welche ihr Leben
für euch am Creutz dahin gegeben, und erkennet, welche große Seligkeit ihr dieser gecreutzigten Liebe zu verdanken habt. Alsdann wird
euch JEsus recht ein JEsus, das ist, ein Heiland und Seligmacher werden, und Christus wird euch offenbar werden, in Gnaden
und Wahrheit. Ja dahin muß es kommen,
daß wir dem Gecreutzigten JEsus uns seinen
aller=

allerheiligsten Blute, so er für uns vergossen
hat, alles einzig und allein zuschreiben. Ich
hielte nicht dafür, muß es bey Lehrern und
Zuhörern heissen, daß ich unter euch etwas
wußte, ohne allein JEsum Christum den
Gecreutzigten.

Wie kommen wir nun aber zu dieser Er-
fahrungs- und Uebungs-Erkänntniß, worauf
das ganze Wort GOttes dringet? Wir kommen dazu, wenn wir es so machen, wie es der
Apostel Paulus gemacht hat. Paulus hatte
viel Gutes aufzuweisen. Allein das kam bey
ihm in keine Erwegung. Paulus hatte vieles
gelernet, vieles auf der Schule zu Tarsus,
vieles zu Jerusalem: Allein das alles kam bey
ihm in keine Betrachtung. Nur das hatte
bey ihm einen Werth, was er, zum Heyl seiner Seelen, bey dem Gecreutzigten JEsu gelernet hatte. Seine einzige Wissenschaft war
diese, daß er JEsum den Gecreutzigten kännte.
Wie kam er nun aber dazu? Antwort: dadurch,
daß er sich als einen armen und elenden Sünder erkannte. Ja daß er sich für den grösten
von allen Sündern hielte. Und eben so wird
es einem jeden ergehen, der die Gnade in JEsu
Christo an sich kräftig erfähret. Ein solcher
siehet nicht auf andere, nein! sondern er bleibet nur bey seinem eigenen Herzen stehen, und
siehet sich mit Paulo, als einen verlohrnen und
verdammten Sünder an. Er beäuget nicht
die Sünden anderer, sondern seine eigene Sünden. Diese, nicht jene leuchten ihm gar klar in

die

die Augen, und machen ihm zu schaffen. Unser Heiland sagt: Ich bin kommen zu suchen und selig zu machen, was verlohren ist. Luc. 19, 10. Was kann nun einer wohl bessers thun, als wann er bey dem lebendigen Gefühl seines sündlichen Zustandes stehen bleibet und sich unter die Reihe der Verlohrnen stellet? Ja freylich HErr JEsu! ich bin ausser dir verdammt und verlohren. Ich weiß und kenne keinen Weg, wie mir könne geholfen werden, wenn du mir nicht hülfest. Ausser deiner Hülfe bin ich verlohren und bleibe ganz sicher ewig verlohren. Aber du mein süsser Heiland bist gekommen, zu suchen und selig zu machen, was verlohren ist. Ich merke, daß du mich suchest, dein Heil und heilsames Wort lauft mir nach, und verfolget mich, wo ich gehe und stehe; Dein Geist leget es an mein Herz. Da, da merke ich schon, daß du mich suchest. Aber du suchest mich nicht nur allein, sondern du bist auch da, selig zu machen alles, was verlohren ist. Und da du dich zu allen Zeiten als einen solchen Erlöser, Helfer und Seligmacher erwiesen hast: da du bist JEsus Christus, gestern und heute und derselbe auch in Ewigkeit. O so beweise dich dann auch so an meiner Seelen, damit ich als ein armer und verlohrner Sünder von dir gefunden, und selig gemacht werden möge.

Sehet liebste Freunde! so bald der Apostel Paulus sein Sünden-Elend erkannte: so bald lernte er auch sich auf die Gnade JEsu Christi dahin geben. Er wandte sich zu der Gnade, wie

er sich im Gebet zu demjenigen wandte, der
ihn gerufen hatte. Dann so bald war er nicht
von seinem Verderben überzeuget worden; so
bald war die Stimme GOttes nicht bey ihm
kräftig worden: so finge er an, nicht allein zu
fragen: HErr! was willst du, das ich thun
soll? Sondern es heisset auch von ihm: er betet
von seinem Verderben loß zu werden. Er un-
terredete sich mit demjenigen, der seine Seele
liebte, und der sie vom Verderben zu erretten
suchte; der gekommen war, zu suchen und selig
zu machen, was verlohren war. Darum wenn
ich meine Sünden, mein Elend und meine Armuth erkenne, und fühle: so muß ich dabey nicht
stille stehen bleiben, sondern mit allem Ernste bey
Christo im Gebet beständig anhalten, bis ich die
Hülfe erlange, und von ihm auf= und angenom=
men werde, damit ich mit Wahrheit sagen könne:
Mein Heyland hat auch mich großen Sünder an=
genommen. Dahin muß es mit einer Seele, die
aufgeweckt worden, kommen. Sie muß sich
schlechterdings an ihren Heyland halten, und un=
gezweifelt glauben, er werde sie nicht verlassen;
er werde seine Gnadenhand nicht von ihr abzie=
hen, sondern er werde nun erst recht anfangen,
sie aus dem Verderben heraus zu ziehen. Er
werde nun erst recht zeigen, daß er wirklich und
in der That ein Heyland und Seligmacher seye.
Dann suchet sie ihn im Gebet, in einem gläubi=
gen, herzlichen und zuversichtlichen Gebet, und
wünschet nichts mehr, als in ihm erfunden zu
werden, daß sie nicht habe die Gerechtigkeit, die

Zweyt. B. IV. Th.   A a   aus

aus dem Gesetz kommt, sondern die durch den Glauben an Christum kommt, nemlich die Gerechtigkeit, die aus GOtt ist im Glauben, zu erkennen ihn, und die Kraft seiner Auferstehung. Philipper 3, 9.

Dabey verließ sich der Apostel nicht auf eigene Kräfte, sondern die verläugnete er ganz und gar. Eben so muß es auch eine jede andere Seele, die sich will aus ihrem Verderben heraus ziehen lassen, machen. Sie muß nicht auf das, was sie etwan Gutes oder Vorzügliches an sich hat, sehen, noch sich auf dasselbe steifen und verlassen, sondern alles dieses muß sie zu den Füßen JEsu hin legen, und mit gänzlicher Verläugnung aller eigenen Gerechtigkeit, nur in ihm erfunden zu werden, suchen. Dann sie muß nicht allein alles das, was in der Welt ist, Fleisches-lust, Augenlust und hoffärtiges Wesen, sondern auch ihre eigene Gerechtigkeit verläugnen, und alles auf die freye Gnade JEsu Christi ankommen lassen. Diesem muß sie ihre ganze Sache überlassen. Das ist eben dasjenige, was der HErr haben will und fodert, wenn er spricht: Wann ihr stille wäret, so würde euch geholfen. Das Stille seyn aber heisset hier nicht die Hände in den Schoos legen; die Sache liegen lassen; sondern es heisset, sich mit Leib und Seel, mit allem, was man hat, und was man ist, dem Heyland überlassen, daß der sein angefangenes Werk in der Seelen fortsetzen und vollenden könne und möge. Sehet geliebteste Freunde! so kam Paulus dazu; so können wir auch zu

dem

dem Genuß der Gnade, und zu der Hofnung der
ewigen Seligkeit gelangen, wofern wir nur in
ſeine Fußſtapfen treten. Darum rufet er uns in
ſeinen Briefen hin und wieder zu: Folget mir,
lieben Brüder! und ſehet auf die, die alſo
wandeln, wie ihr uns zum Vorbilde habt.
Philipper 3, 17. Ein jeglicher ſey geſinnet,
wie JEſus Chriſtus auch war. Cap. 2, 5.
Ueber alles aber führet er dabey JEſum Chriſtum
ſelbſt zum Muſter und Beyſpiel an, worauf man
in dem Werk ſeines ewigen Heyls ſehen müſſe,
und ſolle. Laſſet uns aufſehen, ſchreibet er,
auf JEſum, den Anfänger und Vollender
des Glaubens. Und dieſes thut Paulus zu
eben der Zeit, da er ihnen vorher einen großen
Haufen Zeugen vorgehalten hatte, auf welche
Chriſten ſehen ſollten, um ihnen nachzufolgen.
So laſſet uns dann ablegen die Sünde, ſo
uns noch immer anklebet und träge machet,
und laſſet uns laufen durch Geduld in dem
Kampf, der uns verordnet iſt. Laſſet uns
aufſehen auf JEſum, den Anfänger und Vol=
lender des Glaubens: Welcher, da er wohl
hätte mögen Freude haben, erduldete er das
Creuz, und achtete der Schande nicht, und
iſt geſeſſen zur Rechten auf dem Stuhl GOt=
tes. Ebr. 12, 2. Sehet geliebte Freunde! wor=
auf uns die lebendige Herzens= und Erfahrungs=
Erkänntniß Chriſti, unſeres Erlöſers und Selig=
machers führet, und was Paulus damit ſagen
wolle, wann er ſpricht: Ich hielte nicht dafür,
daß ich etwas wüßte unter euch, ohne al=

A a 2   lein

lein JEsum Christum den Gecreuzigten.
1 Cor. 2, 2. O wie heilsam und herrlich ist es,
JEsum erkennen, und zwar den Gecreuzigten!
Ja wahrlich! Wenn ich nur JEsum recht kenne und weiß: so hab ich der Weisheit vollkommenen Preis. Darum spricht der HErr
beym Propheten Jeremia, Cap. 9, 23. 24. Ein
Weiser rühme sich nicht seiner Weisheit, ein
Starker rühme sich nicht seiner Stärke,
sondern wer sich rühmen will, der rühme sich
deß, daß er mich kenne und wisse. Diese Erkänntniß aber muß, wie schon oben erinnert worden, nicht eine Hirn- und Kopferkenntniß, nicht
eine nur den Verstand beschäftigende und im blossen Buchstaben bestehende Erkänntniß seyn, sondern eine Erfahrungs- und Herzenserkänntniß;
eine den Gehorsam des Glaubens in dem Herzen
aufrichtende und thätig wirkende Erkänntniß.
Die Erfahrungserkenntniß wird in heiliger
Schrift ein Schmäcken genennet. Schmäcket
und sehet, wie freundlich der HErr seye.
Das ist, erkennet solches auf die überzeugendste,
innigste, das Herz, ganz und gar belebende, erquickende und beruhigende Weise.

Paulus nennet auch die Erfahrungserkänt-
niß einen guten Geruch, wenn er 2 Cor. Cap.
2, 14. 15. also schreibet: Aber GOtt sey Dank,
der durch uns den Geruch seiner Erkänt-
niß an allen Orten offenbaret; dann wir
sind GOtt ein guter Geruch Christi.

Meines Herzens Wunsch ist demnach, daß
das in dieser Stunde vorgetragene und angehörte

Wort

Wort allen meinen Mitberufenen ein recht guter
Geruch, ein Geruch des Lebens zum Leben wer=
den möge. Daß sie dadurch zu der Erfahrungs=
erkänntniß gebracht, und alles dasjenige, was
das Wort GOttes sagt und bekräftigt, als eine
ewige und unumstößliche Wahrheit an sich selbst,
in dem Innersten ihrer Herzen, nachdrücklich und
überzeugend erfahren, mithin die Freundlichkeit,
Liebe, Güte, Gnade und Barmherzigkeit unseres
GOttes gleichsam sehen und schmäcken, und da=
durch auf das lebhafteste angefeuret werden mö=
gen, in die Fußstapfen unseres Göttlichen Erlösers
einzutreten, und so zu wandeln, gleichwie er
gewandelt hat, gemäß derjenigen Einladung, wo=
mit er alle und jede zu sich berufet, indem er
spricht: Kommt her zu mir alle, die ihr müh=
selig und beladen seyd, und lernet von mir,
dann ich bin sanftmüthig und von Herzen
demüthig, so werdet ihr Ruhe finden für eure
Seele.

Da sehen wir also, was die wahre Erkännt=
niß JEsu Christi auf sich hat. Wir kommen
dadurch zum wahren Frieden, und zur wahren
Ruhe, daß wir unsere Seelenfeinde gleichsam
trotzen und sagen können: Wer will verdam=
men? Christus ist hier. Wer will die Aus=
erwählten GOttes beschuldigen? Hier stehen
wir im Friede; hier haben wir Ruhe in JEsu.
Wir haben denselben erfahren, als unsere Ge=
rechtigkeit und Stärke, wir bleiben bey demsel=
ben unbeweglich veste stehen; wir halten es mit
ihm im Leben und auch im Sterben. Und auf

A a 3 diese

diese Weise meine werthefte Freunde! sind wir dann des HErrn.

Nun wünsche ich nichts mehr, als daß wir alle allenthalben, auch in Abwesenheit, uns der blutigen Wunden unseres HErrn JEsu Christi einzig und allein mögen rühmen und erfreuen können, und zwar also, daß wir aus seinen Wunden, aus seinem Blute, Kraft und Stärke vor ihm zu wandeln, je und allezeit hernehmen, mithin die Rechtfertigung und Heiligung in beständiger Verbindung bey uns seyn und bleiben mögen. Daß wir uns unseres HErrn JEsu Christi im Leben und im Sterben trösten, aber denselben auch in uns haben, und deßen lebendiger Tempel seyn mögen, hier in der Zeit, um dermaleinst bey ihm zu seyn, in der Ewigkeit.

In Hofnung also, daß dieses geschehen, und mein Wunsch, in die Erfüllung gehen werde, trete ich demjenigen, was in dieser Stunde gesaget und vorgetragen worden, bey, und sage zur Bestätigung und Bekräftigung deßen, das alles, was von dem herrlichen, heiligen und gründlich vergnügenden Stande der Gottseligkeit, und deßen großen und hohen Verpflichtung gesaget und bezeuget worden, nach der Wahrheit des Evangeliums, allerdings seine Richtigkeit habe. Laßet uns dieses vesthalten und immer mehr und mehr zu erfahren suchen.

Vierter Theil.

Laßt uns aber auch dafür gewarnet seyn, wofür Paulus die Corinther warnet, nemlich 1) für

der

der Leichtgläubigkeit, daß, wann nemlich jemand käme, und uns ein ander Evangelium, oder
einen andern JEsum predigte, wir ihm dannoch
nicht glauben sollten, und wenn es auch ein Engel
vom Himmel wäre. 2 Cor. 11, 4. Paulus hatte
den Corinthern das Evangelium verkündiget,
und ihnen JEsum Christum den Gecreutzigten,
als die Weisheit, Gerechtigkeit, Heiligung
und Erlösung bekannt gemacht. Da verlangte
er nun auch, daß sie bey diesem allerheiligsten und
Trostvollen Evangelio, als einer ewigen und un-
umstößlichen Wahrheit stehen bleiben, und nicht
einem jeglichen andern Geiste, der sich demselben
entgegen setze, glauben sollten. Er warnet sie daher sonderlich für der Leichtgläubigkeit. Ich
fürchte aber, schreibet er: Daß nicht, wie die
Schlange Hevam verführete, mit ihrer
Schalkheit, also auch eure Sinne verrücket
werden, von der Einfältigkeit in Christo.
v. 3. O meine Freunde! es ist allerdings nöthig,
daß man diese Warnung wohl zu Herzen nehme,
um nicht leichtgläubig zu seyn, sondern bey
dem vesten Prophetischen und Apostolischen Worte auch fest stehen zu bleiben, wie Paulus von
dem Ephesern sagt: Ihr seyd erbauet auf den
Grund der Apostel und Propheten, da JE-
sus Christus der Eckstein ist.

Auch müssen wir uns warnen lassen, a) für
der Leichtsinnigkeit. Manche werden erwecket,
lernen ihr Elend und Verderben gründlich einsehen und erkennen, ja kommen zu einer weit grös-
sern Erkenntniß, als der gemeine Haufe. Sie

A a 4   haben

haben eine würkliche Liebe zu dem Wohl GOttes; sie lesen gerne wichtige Betrachtungen, und
üben sich darinnen: allein das ist auch bey ihrer
Vielen alles; da bleiben die Räder an dem Wagen stille stehen. Das ist aber liebste Freunde!
um zu erkennen, was Wahrheit ist, bey weitem
nicht genug, sondern es ist auch nöthig, der
Wahrheit zu gehorsamen, darinnen zu wandeln,
in derselben immer mehr und mehr zu wachsen
und zuzunehmen, ja ein lebendiges Muster derselben zu seyn, folglich wider allen Leichtsinn,
als ob solches nicht nöthig seye, sorgfältig zu
wachen, und sich in Acht zu nehmen.

Endlich und 3) muß man sich auch davor
warnen lassen, und in Acht nehmen, daß man
sich keine falsche Ruhestätte mache, in diesen
und jenen äusserlichen Dingen, welche uns gleichwohl dieselbe mit nichten gewähren können. Daher hält der Apostel den Christengläubigen in
dieser Epistel die Aufführung des Volkes Israel,
in der Haushaltung des alten Bundes vor, und
stellet ihnen dasselbe zur Warnung dar, und
spricht: An ihrer Vielen hatte GOtt kein
Wohlgefallen. 1 Cor. 10, 1-5. So ist es,
meine Freunde! mit allen denjenigen beschaffen,
welche ihr Christenthum blos darein setzen, daß
sie ohne Erkänntniß und Gefühl ihres innern
Verderbens, und ohne ernstliche Bestrebung um
durch Christum davon befreyet zu werden, den
äusserlichen Gottesdienst fleißig bewohnen,
und dessen Pflichten erfüllen. Solche verdienen
allerdings, daß man ihnen zurufe: O lasset
doch

doch nur zu Christo zu kommen, wofern ihr nur
zur Ruhe zu kommen verlanget! alsdann werdet
ihr Ruhe finden für eure Seele. Andere suchen
die Ruhe in der Gemeinschaft, und in dem Um=
gange mit andern Kindern GOttes. Sie den=
ken: Nun bist du wohl daran, daß du mit dem
und dem bekannt bist, und in Vereinigung ste=
hest. Das ist auch eine falsche Ruhestätte. Wer
dabey stehen bleibet, der kommt nach und nach
von demjenigen, worzu er würklich gelanget war,
wohl gar herunter. So ist es beschaffen mit
denen, welche bereits auf dem Wege zu Christo
gewesen, und sich doch wieder von dem, der sie
berufen hatte, gar bald abwenden lassen. Die=
jenigen, so in solchen Nebendingen Ruhe su=
chen, und dabey stehen bleiben, können unmög=
lich dazu gelangen, weilen ausser JEsu keine Ru=
he zu finden. Daher sag ich nur noch das ein=
zige Wort zu unserer Ermunterung, welches
beym Johannes stehet: Kindlein! bleibet bey
ihm. 1 Joh. 2, 28. O das ist eine Lection,
welche ich an denjenigen Ort, wo ich wieder hin
zu reisen gedenke, mitnehmen will. Das ist
auch eben dasjenige, was ich allen denen, so hier
gegenwärtig sind, auch hinterlassen will. Kind=
lein! bleibet bey ihm. Dadurch beweiset, daß
ihr dem HErrn angehöret, daß ihr Kindlein ge=
worden; daß ihr bleibet bey seinem Worte, bey
der Lehre seiner Aposteln; daß ihr bleibet auf dem=
jenigen Wege, worauf ihr durch die Gnade und
Erbarmung JEsu Christi geführet worden. Auf
dem Wege der Rechtfertigung und Heiligung,

A a 5

daß

daß ihr auf demselben niemals von Christo ab- sondern immerdar auf denselben, als den Anfänger und Vollender des Glaubens sehet und nachjaget dem vorgesteckten Ziel, welches vorhält die himmlische Berufung GOttes in Christo JEsu.

Gebet.

Du allertheurester Heyland! JEsu Christe! Siehe! du hast uns aus allen Orten in gegenwärtiger Stunde zusammen gebracht. Hier sind wir vom Morgen und Abend, von Mittag und von Mitternacht, und haben bisher deine züchtigende Gnade erfahren müssen, in dem, daß du uns berufen hast von der Finsterniß zum Lichte, von der Gewalt des Satans zu dem lebendigen GOtt. HErr! du hast dein mächtiges Wort in unsern Herzen mächtig werden lassen, und du uns, o treuer Heyland! aus dem rohen Haufen heraus gezogen und gerufen, mit einem heiligen Ruf, da du uns nach deiner großen Liebe zu erkennen gegeben hast, was zu unserm Frieden dienet. Da du uns hast wissen lassen, daß ohne dich niemand selig werden könne, daß du aber bereit seyest die allergröste Sünder, wofern sie nur zu dir kommen, selig zu machen.

Zu

Zu dem Zweck haſt du gütiger und gnädiger Heyland! durch die Gnadenwür-
kung deines heiligen Geiſtes bisher an uns
gearbeitet. Diejenige nun, welche dir bis
hierhin ungehorſam geblieben, ach! die ſuche
noch jetzt in der gegenwärtigen Stunde auf
ihrem Wege; klopfe kräftig an ihren Herzen an, damit aus Kindern des Satans
GOttes Kinder werden, und ſie von nun an
zu deinen Füſſen niederfallen, zu deinem
Creutz ſich hinzunahen, und dir die Ehre
geben mögen. Du haſt uns ja am Stammen des Creutzes durchgebracht, und willſt,
daß wir die Kraft deiner Verſohnung, und
deines Blutes an unſern Seelen dazu erfahren ſollen, daß wir andere und neue Menſchen werden, daß wir aus Kindern des
Zorns, Kinder der Gnade, aus Kindern
des Satans, GOttes Kinder werden. Ja
o HErr JEſu! dein Vater ſoll auch unſer
Vater werden, wir ſollen ſeine Söhne und
Töchter werden, deswegen giebſt du uns ſo
große und herrliche Verheiſſungen. Nun
gieb dann auch allertheureſter Seligmacher!
daß wir durch die Kraft deines Worts, zum
Lobe deiner herrlichen Gnade, dein Eigenthum werden, ſeyn und ewig bleiben mögen.
HErr JEſu, gebiete zu dem Ende deinen
Segen

Segen über uns; laß ihn unter uns kommen, weil du uns denselben am Stammen
des Creußes erworben, nachdem er uns von
Ewigkeit her, in dir, dem Sohn der Liebe,
vor Grundlegung der Welt, schon von deinem himmlischen Vater zugedacht worden.
    Allertheurester Heyland und Seligma-
cher! der du selbst versprochen hast, daß,
wann du von der Erde erhöhet seyn würdest,
du alle zu dir ziehen wollest: ach lege doch
deine Liebesseile an unsre Seelen, an
alle hier gegenwärtige Seelen, damit kein
einziger hier von dir weggehen möge, der
sich noch etwas vorbehalte, nachdem du
die Anfoderung gethan: Gieb mir mein
Sohn dein Herz, und lasse deinen Augen
meine Wege wohlgefallen. Ach HErr
JEsu! lasse doch nicht den mindesten
Theil, nicht das geringste Räumlein unseres Herzens für die Welt fernerhin übrig
bleiben, sondern nimm es ganz hin, damit
wir in Zeit und Ewigkeit dir ganz allein
angehören, und dir dienen mögen. Lege
noch einen Segen auf das Wort, das in
dieser Stunde verkündiget worden, der du
der Sünder Freund und Heyland bist! auf
daß wir durch dasselbe von der Erden, ganz
zu dir gezogen, und dir einverleibet werden

                              mögen,

mögen. Inſonderheit aber laſſe uns auf das
lebhafteſte erfahren, was das ſeye, in dir
Vergebung der Sünden, Leben und Seligkeit haben und genießen. Ach liebſter Heyland! der du unſere Seelen ſo theuer und
werth geachtet, daß du ſie gar mit deinem
allerheiligſten und theureſtenBlute zu erkaufen und zu erlöſen, dir haſt gefallen laſſen;
du weiſt am beſten, den Preis der Seelen
zu ſchätzen, weil du dirs ſo ſauer darum haſt
werden laſſen. Darum ſageſt du auch mit
Recht: Was hülfe es dem Menſchen,
wann er die ganze Welt gewinnen, an ſeiner Seelen aber Schaden leiden ſollte?
O liebſter JEſu! ſchenke uns Gnade, daß
auch wir den Preis unſerer Seelen, wie
ſichs gebühret, hoch ſchätzen, und dieſelbe um
der eitlen und vergänglichen Dingen willen,
ſie mögen Namen haben, wie ſie wollen,
mit nichten verſcherzen mögen. Nein HErr
JEſu! laß uns als arme Sünder, die auſſer dir nichts haben und wiſſen, dir als ihrem einzigen Heylande, beſtändig anhangen, und ewig nicht von dir abweichen.
Vor deinen Augen ſchweben, und in deinem
Angeſicht wandeln, iſt wahre Seligkeit,
und giebt die rechte Zufriedenheit. Ein un-
verrücktes Leben in Eingeſunkenheit, nichts

können

können und nichts wissen, nichts wollen und
nichts thun, als JEsum folgen müssen, das
heißt im Friede ruhn.   Gewiß, wer erst
die Sünde, in Christi Blut ertränkt, und
hurtig und geschwinde, auf JEsum zuge-
lenkt: der kann sehr heilig handeln, und
kann bald anderst nicht. HErr JEsu! lehr
uns alle wandeln in deiner Augen Licht.
Walte über uns mit deinem Segen, und
laß uns in Zeit und Ewigkeit deines Segens Kinder seyn.

Nun HErr JEsu! umfasse dann uns
alle mit deiner Gnade; alle, die auch von
fremden Orten hieher gekommen sind, auf
daß sie ihr Gang nicht gereue. Lasse dein
Wort an ihnen also gesegnet seyn; daß sie
hinfort nicht mehr der Welt, sondern dir,
als ihrem alleinigen Heyland und Seligmacher dienen, auf allen Wegen folgen, sich
auch in allen und jeden Umständen dir gänzlich überlassen, und dich als einen solchen
erfahren mögen, der sie durch Dick und Dün-
ne glücklich hindurch führet; der über den
Jordan des Todes hinüber, zum ewigen Leben verhilft. Erinnere auch treuester Heyland! alle diejenige Freunde, so jetzo hier ver-
sammelt sind, und von einander gehen, daß
sie, wie für mich, also auch einer für den
andern

andern in Abwesenheit beständig stehe und bete.

Segne dann auch diesen meinen treuen Freund, und lasse denselben an Gnade, Geist und Kraft beständig wachsen und zunehmen. Ermuntere und erquicke ihn, in seinen kränklichen Umständen, und unterstütze seine Schwachheit, damit alle und jede erkennen lernen, daß du seine Hülf und Stärke zum Leben und zur Seligkeit seyest. O JEsu JEsu! wann wir zu beten aufhören, alsdann fange du an zu beten, und dein Gebet bey deinem himmlischen Vater für uns mit unaussprechlichen Seufzern fortzusetzen. O HErr JEsu! laß Kraft und Gnade über uns kommen, daß wir sagen können: In dem HErrn haben wir Gerechtigkeit und Stärke. Ach JEsu höre und erhöre uns, sey und bleibe mit uns, und erbarme dich unser, um deiner unendlichen Liebe, Gnade und Wahrheit willen, Amen.

HErr, laß deine Gnade und deinen Segen über uns kommen, und deine Herrlichkeit groß werden an jedem Orte. Gelobet sey die Herrlichkeit des HErrn, an allen und jeden Orten. Amen.

Noch

Noch zum Beschluß, ehe wir auseinander gehen, laßt uns noch einige Versen aus dem Lied: Liebe, die du mich zum Bilde, ꝛc. absingen.

Schluß=Seufzer von G. T. St.

Amen, o HErr JEsu! das versiegele du durch deinen heiligen Geist in unsern Herzen. O JEsu, bewahre und bestätige du dein Zeugniß, daß kein Jota davon auf die Erde fallen, sondern für alle und jede hundertfältige Frucht bringen möge in Geduld, zu deines Namens ewiger Verherrlichung, Amen. HErr JEsu! dies mache du wahr, an mir und allen diesen Herzen. Amen.

Neunte

Reunte Rede.

Die Kraft der Liebe Christi.

Ueber

2 Corinth. V. v. 14.

Gehalten den 18ten October 1751.

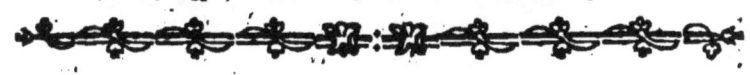

Da diese Erweckungsrede, von dem sel. Autor
selbst, kurz nachdem sie gehalten, einzeln zum
Druck befördert, auch seitdem so stark abgegangen,
daß sie schon mehr als sechs mal neu aufgelegt worden; mithin also in vieler Hände seyn wird: so hat
mans gleichwohl für nicht undienlich geachtet, solche
auch dieser Sammlung beyzufügen; damit man alles, so von demselben in öffentlich gehaltenen Reden
das Licht siehet, beyeinander haben möge.

Die Liebe Christi dringet uns also,
2 Corinth. 5, 14.

Zweyt. B. IV. Th.   B b   1. Wenn

.   *.*   *.*

I.

Wenn wir, liebsten Herzen, unsere Gestalt, sowohl was wir in der Natur sind, als was wir durch die Gnade werden sollen, sowohl wie wir aussehen oder ausgesehen haben, so lange wir noch todt in Sünden sind, als welche Leute aus uns werden sollen, durch die Mittheilung des Lebens das aus GOtt ist, recht eigentlich wollen abgebildet sehen, dann müssen wir aufschlagen das 37. Capitel im Propheten Hesekiel, da der HErr diesem GOttes-Manne ein weites Feld voller sehr dürren Todtengebeine zeigete.

In der That, wenn es dem HErrn gefallen sollte, uns (wie dem Propheten) die Augen des Geistes zu eröfnen, es würde uns das weite Feld dieser untern Welt, und wollte GOtt! ich müßte nicht dabey sagen, das weite Feld unserer so genannten Christenheit, eben also vorkommen. Wir würden, ach leider! an allen Enden und Orten, und in allen Ständen, fast nichts erblicken, als eitel Todtengebeine, todte Herzen, todte Scheinchristen, todte Worte, todte Werke, todten Wandel, todten Gottesdienst. Und unter dieser Menge Todtengebeine, würden wir uns auch selbst mit finden, so lange wir noch im Naturstande liegen.

2. Es konnten diese Todtengebeine Hesekiels nicht so sehr dürre und elend aussehen, als unsere Herzen gestaltet sind, so lange wir, leer

und

und fremde von dem Leben das aus GOtt iſt,
ohne Saft und ohne Kraft der Gottſeligkeit, da
auf der Erden liegen. Wer würde es dieſen
Todtengebeinen des Propheten angeſehen haben, daß ſie ehedem ſo ſchöne menſchliche Cörper
geweſen? So gar hat der Menſch durch den
Sündenfall ſeine urſprüngliche Geſtalt verlohren; ſo gar iſt er ein greuliches Ungeheuer geworden, daß man nichts Aehnliches mehr daran
ſehen kann.   Man ſollte es nicht ſagen, daß diß
der herrliche Gottesmenſch geweſen, der ehedem
ſo überaus ſchöne, aus den Händen ſeines
Schöpfers hervor gekommen.

3. Zwar es hat der gefallene Menſch noch ein
Leben; aber ein ſolches Leben, wie mans bey den
Todtenäſern und Gebeinen zu finden pfleget.
Man findet im Todtenaas kein natürliches,
ſondern ein fremdes Leben; es wimmelt und lebet von Würmen und Ungeziefer: und in unſerm
an GOtt erſtorbenen Herzen, iſt ein dergleichen
fremdes widernatürliches Leben eingedrungen; es
wimmelt nicht weniger von allerhand weltlichen,
ſündlichen, unordentlichen Lüſten, Affecten, Neigungen und Begierden, als ſo vielem greulichem
Ungeziefer, Schlangen und Scorpionen: ſo daß
wir ein rechter Abſcheu vor GOtt, und Engeln,
und erleuchteten Menſchen, geworden; wie man
etwa ein Todtenaas verabſcheuet.   Ja, ich
bin gewiß, wenn wir uns recht in dieſer unſerer
widernatürlichen Ungeſtalt erkennen ſollten, wir
würden kein Ding mehr verabſcheuen, als uns
ſelbſt; wir würden uns ſelbſt wie anſtinken.

Bb 2   4. Du

4. Du Menschenkind, sprach der HErr zum Propheten, meynest du auch, daß diese Gebeine wieder lebendig werden? HErr, HErr, antwortete er, das weissest Du: als wenn er sagen hätte wollen: Das kann ich, als ein Menschenkind, nicht möglich erkennen; das muß ich deiner Weisheit und Allmacht anheim stellen. Weissage, spricht der HErr, von diesen Beinen, und sprich zu ihnen: Ihr verdorreten Beine, höret des HErrn Wort; und wie es da weiter heisset. Worauf dann auch der Prophet weissagete; und siehe, da rasselte und rauschete es; und die Gebeine kamen wieder zusammen, es wuchsen Adern und Fleisch darauf; aber es war noch kein Odem, keine Seele, darin. Eben so wenig ist bey dem gefallenen Menschen einige menschliche Möglichkeit, oder Ansehen der Möglichkeit, zu seiner Wiederlebendigmachung zu finden, als bey diesen Todtengebeinen war.

Und wer uns, die wir von der Gnade ergriffen worden, sonderlich manche unter uns, vor einigen Jahren, vor einem Jahr, vor einem halben Jahr, gekannt hat, in unserm damaligen verderbten Zustand und Wandel, der hätte auch mögen fragen: Meynest du, daß aus einem solchen Todtenbein und abscheulichen Todtenaas noch ein lebendiger Mensch werden wird? Meynest du, daß aus einem solchen sichern eiteln Sünder, oder wohl gar aus einem solchen greulichen und frechen Höllenbrand, noch ein begnadigtes Kind GOttes werden wird? GOtt!

GOtt! wie so wenig Ansehen und Hofnung
konnten wir dazumal zu einer solchen Veränderung geben!

5. Inzwischen, es ist in dem Namen des
HErrn über uns geweissaget worden; der HErr
hat sein Wort gesandt, und seinem Wort die
Kraft des Geistes beygeleget; es ist unter uns
an diesem Ort ein Rauschen, Rasseln und Lär-
men entstanden. Die Welt hats gehöret, und
sich gewundert, was aus den Todtenbeinen
werden wollte! der Fürst der Finsterniß ist drüber
bestürzt und bange worden, daß ihm zu viele
Unterthanen aus seinem Todtenreich entgehen
mögten; die Todtengebeine haben sich zusammen gegeben, Bein zu seinen Gebeinen: so
sitzen wir jetzt hier. Die Welt siehet uns nun
für so Leute an; wir sehen so aus wie Menschen,
nemlich wie Christenmenschen; es ist wenigstens
so eine Gestalt, so ein Cörper, heraus gekommen: aber, ist auch die rechte Seele, der Odem,
die freye Lebensbewegung, in diesem Cörper?
So wenig der Mensch aus einem blossen Cörper
bestehet, so wenig bestehet das Christenthum in
der bloßen Form und Gestalt, im bloßen Mit-
gehen oder Mitreden, in gezwungenem Thun
oder Lassen.

6. Zwar, dem HErrn sey dafür Dank und
Ehre, es ist doch auch ein Leben in uns gekommen; dann wo wäre sonst das Geräusch, das
Zusammenkriechen der Todtenbeine, her entstanden? Ist doch in uns selbst von Natur nicht
die geringste Bewegung oder Neigung zum Gu-

B b 3   ten:

ten: aber, ist es wohl eine durchgängige, freye, leichte Lebensbewegung? Oder nur ein so halbes, kriechendes, kümmerliches Leben? Das vergnüget ja nicht; das muß ja weiter gehen!

Es ist eine Veränderung, ja, eine merkliche Veränderung, bey manchem unter uns vorgegangen: allein, liebste Herzen, fühlen wirs nicht, merken wirs nicht, daß noch so was fehlet? Das Herz reget und beweget sich noch nicht recht in dem Christen-Cörper; man kann GOtt nicht so recht lieben, trauen, anhangen, und in ihm und seinen Wegen seine Lust haben: man will wohl, aber man kann nicht; das Herz ist noch so träg, so kalt, so todt; es sinkt noch so leicht ohnmächtig zur Erden. Das muß ja anders gehen!

7. Will man einen leblosen, oder in Ohnmacht liegenden Körper, nur etliche Fuß weit von der Stelle bringen, welch eine Mühe und Arbeit muß man da nicht anwenden! welch ein Geschlepp giebt das nicht! Und ach! liebsten Herzen, gehts nicht bey manchen fast eben so mühsam, so gezwungen und gedrungen, im Werk und Lauf der Gottseligkeit her? Wie lange und kümmerlich schleppt man sich nicht mit dem Leibe des Todes! Man enthält sich von dem und von jenem; aber so kaum: man muß sich so zwingen; es kostet so was. Man übt sich in diesem und in jenem, das man für gut erkennt; aber wie muß man sich anstrengen und Gewalt anthun! Man mögte wohl gern bändig, treu und heilig seyn; aber, ach! was bringts

bringts nicht weit. Siehe, so gehts; und es
kann wohl nicht besser gehen, so lange wir nur
so einen halb-lebenden Christen-Cörper haben.
Wir müssen eine Seele, einen Geist, haben,
der diesen Cörper frey beleben und bewegen
könne.

8. Man kann endlich einen Seel-losen Cörper mit großer Mühe wohl empor heben, und
ihm eine Stütze geben: aber was hilffts, wo nicht
eine Seele, ein Leben, in denselben kommt?
Daß uns GOttes Güte so mancherley Gnadenmittel vergönnet zu unserer Aufweckung, Ermunterung, und Stärkung, das sollen wir ja
nicht gering achten, sondern als unschätzbare
Gnaden und Wohlthaten GOttes demüthigst
erkennen: allein, wenn wir nicht, unter und bey
dem Gebrauch aller solcher Mittel, uns hauptsächlich um Christi Geist, Kraft und Liebe, bekümmern, da mögen wir als einmal in den Sinnen beweget, und, wie jener Cörper, empor
gehoben werden; es währet aber nicht lang, der
todte Klotz fällt wieder zur Erden, in seine vorige Trägheit und angewohnte Dinge.

Ganz ein anders ists mit Menschen, die ein
geistlich Leben haben: die mögen wohl schläfrig,
träg und matt, und hingegen durch Versamm-
lungen, und andere Gnadenmittel, wieder
aufgeweckt, genähret, und mächtig unterstützet
werden in ihrem Lauf. Wer aber kein geist-
liches Leben oder Seele, bey seiner Gottseligkeit, erlanget, ach! liebsten Freunde, dem helfen alle, auch die besten Stützen, in die Länge

nicht

nicht; sie verlieren ihre Kraft an uns. Menschen, die es nur beym Sehen und Hören bewenden lassen, und sich nicht um die inwendige Kraft der Gottseligkeit bekümmern, halten in die Länge nicht Stand, und können nicht Stand halten; der schönste Cörper wird bald stinken, faulen und Würme kriegen, wo keine Seele hinzu kommt.

9. Mit einem Wort: So nöthig es war, daß der Prophet Hesekiel zum andernmal im Namen des HErrn weissagete, und zum Winde oder Geist sprach: Wind, komme hervor, aus den vier Winden, und blase diese Getödteten an, daß sie lebendig werden; worauf auch ein Odem in sie kam, und sie wieder lebendig wurden; eben so unumgänglich nöthig ist es, uns, die wir eine anfängliche Regung zum Gnadenleben in uns empfunden haben, daß auch über uns noch einmal im Namen des HErrn geweissaget werde, damit der rechte Geist des Christenthums in uns komme, und was lebendiges und ganzes aus uns werde. Komm, du Geist, soll unser Herze schreyen, komm, und blase mich todten Menschen an, daß ein Odem, eine Seele, in mich komme! Diese Seele, dieses Leben, diese Kraft der Gottseligkeit, ist nun nichts anders, als die Liebe Christi, welche uns zu lebendigen, thätigen Christen macht. Ach, um diese Liebe haben wir uns zu bekümmern.

10. Der

10. Dergleichen lebendige, thätige, heilige Christen, waren nicht allein die Apostel; sondern überhaupt die Gläubigen zu den Zeiten der Apostel. Sehen wir diese erste brünstige Christen an, und fragen nach: Wie habt ihr Leute das können thun, was ihr gethan? Das können leiden, was ihr gelitten? So können leben, wie ihr gelebet habt? So antwortet uns der heilige Apostel Paulus in ihrer aller Namen, mit den Worten unseres Textes:

Die Liebe Christi dringet uns also.

11. Nach Anleitung dieser, durch den Geist ausgesprochenen Worte, wollen wir dann, bey unserer jetzigen Versammlung, unter GOttes Beystand mit einander betrachten:

I. Die Liebe Jesu Christi, und

II. Derselben Göttliche Kraft.

O mein liebster HErr JEsu Christe, ich will mich unterwinden von deiner Wunderliebe zu zeugen. Ach, siehe nicht an meine Unwürdigkeit, meine Untüchtigkeit. Nahe dich zu meinem Herzen, und entzünde es; rühre meine unbeschnittene Lippen mit einer glüenden Kohle von deinem Altar, damit ich nicht kraft- und saftlos von deiner brünstigen Liebe reden möge! Amen.

12. Es hat dem heiligen Geist nicht gefallen, uns deutlicher anzuzeigen, ob in den verlesenen Textesworten durch die Liebe Christi gemeynet sey, die Liebe, womit Christus uns liebet, oder aber die Liebe, womit gläubige Herzen Christum lieben; vielleicht eben darum, damit wir beydes zusammen nehmen sollten. Es hängt auch würklich ganz genau an einander; eines fliesset aus dem andern, und es ist im Grunde eins. Dann, mein!, wo hätten wir auch nur einen Funken der Liebe zu Christo, wo er uns nicht erst geliebet hätte? Und die Liebe, womit wir ihn lieben können, ist nicht weniger seine Liebe, als die, womit er uns in Zeit und Ewigkeit geliebet hat. Christus macht dann den Anfang mit Lieben; drum müssen wir in dieser unserer Betrachtung auch mit seiner Liebe zu uns den Anfang machen.

13. Christus liebet uns mit einer mehr als treuesten, und mehr als größesten Freundschaftsliebe: Christus liebet uns, und will uns lieben, mit einer mitleidigsten, sorgfältigsten und unermüdeten Mutterliebe: Christus liebet uns, und will uns lieben, mit einer zartesten, engsten, seligsten Bräutigamsliebe.

Christus, sage ich, liebet uns mit einer mehr als treuesten, und mehr als größesten Freundschaftsliebe. Eine Freundschaftsliebe unter den Menschen, bestehet in der freyen innigen Herzensneigung, kraft welcher man einander alles Gute gönnet und gerne zuwege

bringet;

bringet; hingegen allen Schaden und Unglück
abzuwenden, auch in aller Bedürfniß einander
zu helfen und beyzuspringen suchet: und mit einer solchen Freundschaftsliebe ist uns Christus in
der Wahrheit und im höchsten Grade zugethan.

Wenn wir uns eine Freundschaftsliebe am
treuesten wollen vorstellen, dann müßte es eine
seyn, die in der Noth Stand hält: wo findet
man aber unter den Menschen einen Freund in
der Noth? Und wenn wir uns diese Liebe am
allergrößesten wollen einbilden, dann müßten
wir den Fall setzen, da ein Freund das Leben für
den andern läßt: und wo wird man unter Menschen einen solchen Freund, eine solche Freundschaft, finden? An Christo haben wir würklich
einen solchen Freund, und in seinem Herzen eine
solche Freundschaftsliebe zu uns. Niemand,
spricht er selbst, Joh. 15, 13: hat größere Liebe, dann die, daß er sein Leben lässet für seine Freunde. Ach, liebster Heiland, was sagst
du von Freunden; Feinde und Rebellen waren
wir, und doch hast du dein Leben für uns gelassen. Christus ist, nach Pauli Ausdruck, für
uns Gottlose gestorben. GOtt preiset seine
Liebe gegen uns, daß Christus für uns gestorben, da wir noch Sünder waren, Röm. 5,
6. 8. Darum habe ich mit gutem Bedacht die
Liebe Christi genannt, ein mehr als treueste,
und mehr als größeste Freundschaftsliebe.

14. O

14. O erstaunenswürdiger Brand der Liebe
Christi! Du und ich, liebe Seele, waren
aus GOttes Freundschaft, Licht, Liebe und
Gemeinschaft, in das allergrößeste Unglück,
Elend und Hölle, gefallen: du und ich waren
nicht mehr Freunde, sondern Feinde; nicht
mehr liebens = sondern hassenswürdig, zornwür=
dig: dennoch jammerte GOtt in Ewigkeit die=
ses unser, über alle maßen großes Elend: er
ließ es sein bestes kosten; er schenkte uns, zu
unserm Heyl, seinen Sohn, sein Schooßkind;
und in seinem Sohn, das Herz seiner Liebe.
Das kann weder Engel noch Mensch begreifen
noch ergründen; man muß es glauben, man
muß es verehren, und mit Christo selbst be=
wundernd sagen: Also hat GOtt die Welt,
die elende Welt, geliebet!

15. Christi mehr als treueste Freundschafts=
liebe, drung ihn aus dem Himmel. (Höret
doch diese erfreuliche Wundergeschichte! es ist
keine Fabel, sondern eine gewisse Geschichte:
höret dieses herrliche Evangelium des seligen
GOttes, nicht als eine Sache, die ihr ohne
dem schon wisset, und von Jugend auf in der
Bibel und im Catechismo gelernet habt; son=
dern hörets als eine wichtige Neue Zeitung!
hörets doch heute einmal also, als wenn ihr
euer Lebenlang noch nicht gehöret hättet!) Chri=
sti mehr als treueste Freundschaftsliebe,
sage ich, hat ihn gedrungen aus dem Him=
mel, uns zu retten, und zu helfen. Und
damit er solches thun, und wir nicht vor ihm
                                        erschre=

erschrecken mögten, kleidete er sich ein in unsere
armselige Menschheit und sündliche Gestalt; er
nahm (als unser Goel und naher Verwandter)
unsere Sündenlast und Schulden, als seine
eigene würklich auf sich; er hat in die vier
und dreyßig Jahr für dich und für mich, liebe
Seele, gearbeitet, gebetet, gerungen; beym
allerfürchterlichsten Anblick und empfindlichsten
Gefühl des durch die Sünde erregten Göttlichen Zorns, gezittert und gezaget, Blut ge-
schwitzet, Göttliche Verlassung und Höllen-
angst empfunden; mit einem Wort, alles das
gelitten und ausgestanden, was du und ich,
liebe Seele, ewig, ewig, unserer Sünden wegen, hätten leiden müssen.   Und dieses alles,
hat er aus einer freywilligen Freundschaftsliebe
gethan, damit er uns durch den unschätzbaren
Werth seines Bluts wieder aussöhnen, und
ihm zu seinen Freunden erkaufen mögte.

16. Siehe, wo kann eine größere Liebe er-
dacht werden? Ist nicht Christus ein wahrer
Freund in der Noth, ein rechter Freund bis
in den Tod? Und dieses alles hat er nicht nur
überhaupt für uns, sondern für einen jeglichen
unter uns gelitten. Also sahe es Paulus an,
Galat. 2, 20. Christus hat mich geliebet, und
sich selbst für mich dahin gegeben. Ey, lieber Paule, was sagst du? Ist dann Christus
allein für dich gestorben? O ja, allein für mich,
und allein für dich. Dann so sollen wir die Sache
ansehen, um sie mit bestem Nutzen anzusehen; und
so liebet Christus einen jeden mit einer solchen son-
derbaren Liebe.   17. Chri-

17. Christus liebet uns, sagte ich zum andern, und will uns lieben, mit einer mitleidigsten, sorgfältigsten, unermüdeten Mutterliebe. Ist irgendwo ein Kindlein krank, ist ein Kind gefallen, verwundet, und lieget da schmerzhaft und weinend vor den Augen seiner Mutter, siehe, so hassets die Mutter nicht, seines so elenden Zustandes wegen, sondern siehet das arme Kindlein an mit herzlichem Mitleiden, und sucht ihm auf alle mögliche Weise zu helfen und zu erquicken. Solche mütterliche Liebeseingeweide ziehet Christus an, gegen uns gefallene Sündenkinder, sonderlich wenn wir unsern Schaden bußfertig fühlen und beweinen. O da siehet er uns mit innigst-mitleidigem Herzen und Augen an. Das glaubest du armes reuiges Kind wohl nicht, daß dich Christus also liebet, daß er dich also ansiehet; du meynest, du wärest gar zu erschrecklich zugerichtet, und habest dich muthwillig in alle den Jammer hinein gestürzet, drum achte er deiner jetzt nicht mehr. Nun, so höre dann was er beym Hesekiel 16, 6. davon sagt: Ich sehe dich wohl in deinem Blute liegen; und so gewiß er dich siehet, so gewiß wird er auch, wenn seine Stunde da ist, zu dir sprechen: Du sollt leben, ja, du sollt leben. Wir sollen nur auf ihn im Glauben sehen, wie die kranken Kinder mit thränenden Augen auf die Mutter zu sehen pflegen.

18. Eine bußfertig-bekümmerte Seele kann es oft gar nicht glauben, daß ihr Weinen und

Klagen

Klagen gehöret und erhöret werde. Allerdings,
liebe Seele, der HErr hörets wohl, wie
Ephraim klaget; und, wie es da weiter heiß
set: Ist nicht Ephraim mein theurer Sohn,
und mein trautes Kind? Ich gedenke noch
wohl daran, was ich ihm geredet habe:
darum bricht mir mein Herz gegen ihm,
daß ich mich sein erbarmen muß, spriche
der HErr. Jerem. 31, 20. Wenn das nicht
eine mitleidigste Mutterliebe zu nennen, dann
kenne ich keine. Wir dürften dergleichen zarte
mütterliche Liebesbewegungen GOtt ja nicht
zuschreiben, wo es der HErr nicht selber thäte.
Ach, bußfertige Seelen, könnten wirs glauben,
könnten wirs sehen, auch unsere Herzen würden vor kindlicher Gegenliebe brechen müssen.

19. Christus liebet uns, und will uns lieben, mit der sorgfältigsten Mutterliebe. Eine natürliche Mutter hat ihrem Kinde dieses
zeitliche Leben gegeben, und in diese jammer-
volle Welt gebohren: Christus wiedergebieret
uns zur ewigen Licht- und Freudenwelt, und
schenkt uns ein Leben das unvergänglich ist.
Eine Mutter nähret ihr Kind aus ihren Brü-
sten: und Christus giebt sich selbst, sein Fleisch
und Blut, seinen wiedergebornen Kindern zur
Speise: das thut doch keine natürliche Mutter.

20. Eine Mutter reiniget ihr Kind, heget
träget und pfleget ihr Kind, bis es angewach-
sen; sie hat immer was mit dem Kinde zu
schaffen, und ihre mütterliche Liebe machts, daß
sie nicht ermüdet. Ach, ach, wer muß nicht
mit

mit Scham und Bestürzung daran gedenken,
wie sich der ewig liebende GOtt mit uns unartigen Kindern schleppen muß, daß ich so
menschlich rede, wie so viele Mühe wir ihm
machen mit unsern Sünden! ja, es ist nicht
auszusprechen, was er nicht mit einer einzigen
Seele zu thun hat, sie groß (*) zu ziehen.
Der HErr drücket selber diese seine geschäftige
helfende Mutterliebe aus im 46. Capitel Je-
saiä, da es im 3. und 4. Vers also heisset:
Ihr vom Hause Israel, die ihr von mir
im Leibe getragen werdet, und mir in der
Mutter lieget. Ja, ich will euch tragen
bis ins Alter, und bis ihr grau werdet.
Ich habe es gethan, spricht der HErr,
und ich will es thun, ich will heben und
tragen, und erretten.

21. Eine natürliche Mutter bewahret ihr
Kind vor allem Unfall, und sucht sein Bestes,
so viel sie kann: Christus, unsere ewige Lie-
besmutter bewachet und bewahret die, so aus ihm
geboren sind, unvergleichlich genauer, daß der
Arge sie nicht kann anrühren, ja, auch kein
Härlein von ihrem Haupte fallen kann ohne
seinen Willen. Alles was solchen Gnadensäug-
lingen zustößet, im Kleinen und im Großen,
im Innern und im Aeussern, das lenket und
regieret die mütterliche Liebe Christi, daß es ihnen alles, alles zum Besten dienen muß.

22.

(*) Klein ziehen, wäre auch recht, aber keine ge-
   wöhnliche Redensart.

22. So wenig ein natürlich Kind sorget, wie es solle groß werden: eben so wenig darf auch ein Kind der Gnaden sorgen, wie es werde anwachsen, stark und heilig werden. Die mütterliche Liebe Christi sorget in dem allen: das gute Kind soll nur im Schooß der Mutter bleiben, und betend, glaubend, liebend, aus der Brust der Gnaden, Saft und Kraft zum Leben und Wachsthum saugen. Und in diesem Liebesschooß liegend, darf das schwächste und ärmste Kind sich nicht fürchten vor einiger Gefahr.

23. Es verhänget ja wohl die Liebe mancherley Proben, Versuchungen und Leiden, über die Gnadenkinder, zu ihrem Besten; es gehet oft in der Dürre und Dunkelheit wohl so weit, daß man mit Zion (Jes. 49, 14. 15.) klaget: der HErr hat mich verlassen, der HErr hat mein vergessen: aber, wie so weit fehlet nicht die Seele in diesem ihrem Denken! Kann auch, fragt der HErr selbst, ein Weib ihres Kindleins vergessen, daß sie sich nicht erbarme über den Sohn ihres Leibes? Und ob sie desselben vergäße, so will ich doch dein nicht vergessen. Siehe, in die verwundete Hände habe ich dich gezeichnet. Ach, Seele, Seele, das gehet dich, das gehet mich an! Also liebet Christus, und also will er lieben. Sollten wir nicht eine solche Liebe verehren? Sollten wir uns nicht einer solchen mütterlichen Liebe und Sorge Christi mit Leib und mit Seele auf ewig anvertrauen?

24. Chriſtus liebet uns auch, und will uns lieben, mit einer zarteſten, genaueſten und ſeligſten Bräutigamsliebe. Ach ja, die Liebe Chriſti buhlet recht um die Herzen der armen verlohrnen Sünder. O wie ſo lange muß er nicht freyen! wie ſo lange muß er uns nach= gehen, ehe er das geſuchte Jawort erhält! Wie ſo oft haſt du, und habe ich, ſeine an= gebotene Gewogenheit und Liebe nicht ſchänd= lich abgewieſen und zurück geſtoſſen! und den= noch iſt er nicht müde worden, uns zu ſuchen. O wie ſo zärtlich liebet er, auch ehe er noch ge= liebet wird! aber noch unendlich zärtlicher, wenn er nun ſeinen Zweck erreichet, und er ſich mit der Seelen, als mit ſeiner Braut, verloben kann in Ewigkeit, und vertrauen in Gerechtigkeit: da erfolgen öfters manche theure, auch empfind= liche, ſeligende Ausflüſſe ſeiner Liebe in die Seele. Chriſtus ſchenket ihr manche unſchätzbare Him= melsgüter und Kleinodien, und läßt ſie, nach ihrem Maaß, erfahren, Gerechtigkeit, Friede und Freude in dem heiligen Geiſt.

25. Und da Chriſtus ſeine anfänglich ver= lobte Braut ſo ganz nacket, ja, ſo bettler= mäßig bekleidet findet, ſo reißt er ihr durch ſei= ne Liebe, und durch heiliges Creuz, ihre garſtige Bettlerlumpen ab, bekleidet ſie mit ſei= ner Gerechtigkeit, flößt ihr, mit ſeiner Liebe, auch ſeinen ganzen Sinn, Bild und Geſtalt, im= mer mehr ein, daß ſie mit ſeiner Demuth, mit ſeiner Sanftmuth, mit ſeiner Reinheit, Ein= falt, Unſchuld und allen göttlichen Tugenden,

beklei=

bekleidet wird. Und nachdem er sie denn durch
sich selbst schöne gemacht hat, siehe, alsdann
freuet er sich über sie, wie sich ein Bräutigam freuet über seine Braut. Jes. 62, 5.
Siehe, du bist schön, meine Freundin, Hohel.
1, 15. 16. spricht Christus der Göttliche Bräutigam: Nein, antwortet die Braut: nur Du bist
schön, mein Geliebter; auch die Schönheit,
die du in mir siehest, ist die deinige. Es sind
diß keine leere Worte oder Einbildungen, sondern große Wunder der Liebe Christi. Wollte
GOtt, daß wir solche nicht nur im Hohenlied,
sondern auch in unsern Herzen, durch eine selige
Erfahrung, lesen könnten!

26. Es ist unaussprechlich, liebsten Herzen,
welch eine innig-tiefe Liebesneigung und brün-
stiges Verlangen in Christo ist, unserer Herzen
wieder habhaft zu werden, uns wieder bey sich
haben zu wollen, uns wieder mit sich und sich mit
uns, auf ewig zu verbinden und zu vereinigen:
Engel und Menschen könnens nicht begreifen,
sondern werdens in einer ganzen Ewigkeit mit
tiefester Bewunderung anbeten. Bis zur Eifersucht zu verlanget unser der Geist Christi,
der in den Gläubigen wohnet. Jac. 4, 5.
Er kanns gar nicht dulden, daß ein Herz, das
ihm so theuer zu stehen kommen, ein Herz, das
er so sehr liebet, noch andern Dingen nachhängen, und ihm nicht ganz und allein gewidmet
bleiben sollte. Er liebet die Seele als seine Einzige, und sie muß ihn auch wieder lieben als
ihren Einzigen. Dann die Liebe Christi, das

C c 2 ist

iſt, die innig=tiefe Neigung Chriſti nach der
Seelen, erwecket in ihr eine gleichmäßige innig=
tiefe Neigung nach Chriſto. Die Liebe Chriſti
berühret und ziehet die Seele an ſich, und ſie
folget: Zeuch mich, ſo laufen wir. Ihr In=
nigſtes und ihr Alles ſehnet und neiget ſich aus
allem heraus, nach immer genauerer Vereinigung
mit ihrem Geliebten. Und was da für Liebes=
begegnungen, Liebesumfaſſungen, Liebesver=
traulichkeiten, Mittheilungen und Vereini=
gungen, vorgehen, und vorgehen können, das
mögen reine, abgeſchiedene Herzen, wohl erfah=
ren, aber nimmermehr ausſprechen; gehöret
auch mehr zur Ewigkeit, als zu dieſer Zeit.
Einmal, die Liebe Chriſti iſt ein großes Ge=
heimniß der Gottſeligkeit, und ein unerſchöpf=
licher Abgrund von lauter Seligkeiten.

27. Nun dann, ihr unſterbliche Herzen,
alle, die ihr mit mir zum Lieben, und einen
GOtt zu lieben, erſchaffen, erlöſet und berufen
ſeyd; ſehet doch, (ach, hätten wir offene Au=
gen zu ſehen!) wie uns GOtt in Chriſto lie=
bet, und ſo zärtlich liebet. Schämen müſſen
ſich alle, die GOtt zu einem Tyrannen und
Menſchenhaſſer machen wollen. Nein, in
GOtt iſt kein Zorn, als nur wider das Böſe;
nein, GOtt hat uns nicht geſchaffen, daß er
uns wollte haſſen, oder von uns gehaſſet wer=
den; ſondern zu dem Ende allein, daß er uns
wollte lieben, und in Ewigkeit von uns gelie=
bet werden. Aber, ach! aber, ach! wo ſind
Herzen, die dieſen GOtt wieder lieben! Ach!

daß

daß ein solcher GOtt, ein solcher Christus ist,
ein Christus, der uns Menschen also liebet;
daß eine solche Liebe Christi ist, und wird
doch so wenig, und von so wenigen, erkannt,
erfahren und genossen!

28. Tausendmal sagen die Menschen mit
ihrem Munde: lieber GOtt! lieber Hey=
land! Aber, ach! wie stehets um das Herz?
Was hat wohl unser Herz von der Kraft die=
ser Liebe Christi erfahren? Dann wir müssen
uns so keine phantastische, kraftlose, schädliche
Liebe Christi, einbilden, als wenn Christus uns
könnte und sollte lieben, wenn wir gleich im=
mer böse Buben blieben, wie etwa manche
Eltern dergleichen tolle Liebe zu ihren Kindern
haben, daß sie ihnen in allem ihrem bösen Wil=
len folgen, und so ins Verderben laufen las=
sen. So mögte sich auch der irdische verkehrte
Sinn des Menschen, eine Liebe Christi und
Göttliche Barmherzigkeit wünschen, da Chri=
stus ihn nach alle seinem Willen, in gesunden
Tagen, der Weltlust und Eitelkeit geniessen
liesse; hernach, wenn er dann ja sterben müßte,
und am Ende GOtt etliche gute Worte gäbe,
da sollte GOtt so barmherzig seyn, und Chri=
stus ihn so lieb haben, daß er ihn von Mund
auf in den Himmel nähme. Nein, thörichter
Mensch, solche Liebe Christi, und solchen Him=
mel, bauest du dir in deiner Phantasie; bey
GOtt ist dergleichen nicht zu finden. Chri=
stus liebet dich, auch wider deinen Willen, weit
mehr, als du dich selber liebest: er will dir

lieber

lieber wehe thun und dich genesen, als dir schmei-
cheln, und dich verderben lassen.

29. Die Liebe Christi ist dann keine solche
thörichte Einbildung, sondern eine lebende,
geschäftige, mächtige Kraft GOttes, die
uns aus unserm Irrwege, Verderben, Sünde und Tod, würklich auf= und zurecht hilft,
neues wahres Leben einflößet, zu allem Guten
willig, lustig und vermögend, und zu recht
glückseligen Menschen machet. Die Liebe Christi ist der Anfang, der Grund, die Seele des
Christenthums und aller Gottseligkeit. Wer
die Liebe Christi nicht hat, der hat entweder
keine, oder nur eine gemahlte, todte Gottseligkeit oder Frömmigkeit. Es muß uns Christus, dafern er uns selig machen soll, nicht so
ferne bleiben: wir müssen die Kraft seiner
Liebe an unsern Herzen, und sodann auch in
unsern Herzen erfahren, und ihr Raum geben;
sonst bleiben wir, bey allem Reden und Hören von der Liebe Christi, todte und unselige
Menschen.

30. Allerdings macht Christus den Anfang
mit Lieben. Wenn nemlich die Liebe Christi
den Menschen dringet zur Bekehrung, da
bestrafet ihn dieser Liebesgeist über sein Unrecht, überzeuget ihn von der Nothwendigkeit
der Buße und Bekehrung, beunruhiget ihn über
seine Sünden und gefährlichen Seelenzustand;
es ist was, das gehet dem Menschen so nach;
das dringet so auf ihn an, er soll sich bekehren, GOtt ergeben, ein andrer Mensch werden.

					Das

Das hält nun zwar der blinde Mensch, in grossem Unverstand, wohl für Teufelsanfechtungen, denen er widerstehen müsse; oder er siehets an als seine eigene, ihm von ohngefähr einfallende verdrießliche Gedanken, für was böses, für Schwermüthigkeit: inzwischen, ob er dergleichen öfters nur gern wieder quit seyn mögte, kommts doch als wieder, zum Beweis, daß es nicht vom Menschen selbst herrühre. Jahre und Tage gehet, ach leider! mancher in solcher Klemme dahin, und erkennet nicht, daß es eben die herumholende Liebe Christi sey, die so auf ihn andringet.

Ja, wahrlich, da stehet der erbarmende, ewig liebende JEsus, an deiner Thür, und klopfet an; er buhlet und bettelt recht um dein Herz, eben als wenn ers nöthig hätte: Gieb mir doch, gieb mir doch, mein Sohn, dein Herz! Laß dich doch mit GOtt versöhnen! Siehe, so dringet die Liebe Christi. Und wie so oft, wie so lange, hat sie solches nicht bey uns gethan! Wie so oft hat er uns nicht versammlen wollen, wie eine Henne ihre Küchlein unter ihre Flügel, da es uns noch nicht gelegen kam, und wir nicht gewollt haben! Wir rennen ja in unserm sichern Naturstande spornstreichs zum Verderben; ist das denn nicht Liebe, wenn uns der Heyland Einhalt thut? Wir wandeln wie auf dem Rande der Höllen; ist dann das nicht Liebe, daß er, auch mit unsern Schmerzen, uns ergreifet und zurück ziehet? Ach, was hat

Cc 4　　　　wohl

wohl der allgenugsame GOtt davon, daß er
dir und mir so nachgehet? Bedarf er denn unser? Hat er Vortheil von uns? Ists nicht pur
lautere Liebe Christi? Ach, liebe Seele, wenn
du erkennetest die Gabe GOttes, und wer der
ist, Joh. 4, 10. der mit solchem Dringen zu
dir spricht: Gieb dich über! nun nicht länger! fürwahr, du würdest dich nicht weiter
wehren oder ausweichen, sondern den Augenblick ihm zu Fuß fallen, und dich hinein werfen in die Arme seiner Liebe.

31. Ist nun die Seele so glücklich, daß sie
dieser ziehenden und herumholenden Liebe still
hält, sie Gehör und Eingang bey sich finden
lässet, daß das Herz in wahrer Busse gebeuget, gebücket, zerknirschet, zu der Gnade seine
Zuflucht nimmt: siehe, so ist solches abermal
die Liebe Christi, wodurch die Seele in ein
solch schmerzliches Gefühl hinein gedrungen
wird. Nach der Natur mögte sie wohl gern
das Ding wieder aus dem Sinn schlagen, und
wie vorhin, frey, lustig und fröhlich in den
Tag hinein leben; aber nein, es ist ihr so ein
Päcklein aufs Herz gefallen, das sich so nicht
wieder wegwerfen läßt; sie fühlt ihre Sünden,
ihre Noth, ihre Seelengefahr; sie fühlet,
wo sie gehet und stehet. Die Liebe Christi,
sage ich, dringet sie in dieses Gefühl; ob die
Seele gleich noch nichts von dieser Liebe, sondern nur von Zorn und Verdammniß weiß.
Sie hats gehöret, sie hats erkannt, daß eben
sie den liebenden Christum mit ihren Sünden ge-

creutziget

creuziget habe: Apoſt. Geſch. 2, 36. das gehet
ihr durchs Herz, das thut ihr weh; das ſoll
ſie hier ein wenig fühlen, damit ſie es nicht ewig
gar zu hart fühlen müſſe. Iſt das nicht Liebe?

Die Liebe Chriſti dringet ſie in ein ſolch Gefühl des Schadens, damit der Schade und deſſen Noth ſie beugen und dringen möge in die Liebe
Chriſti hinein, daſelbſt ihre Erleichterung und Ge-
neſung zu finden. Dann das iſt eben die einzige
Abſicht GOttes bey dieſen ſchmerzlichen Umſtänden: nicht, daß er uns wolle von ſich ſtoßen, in
Verzweifelung und Verderben ſtürzen; ſondern
daß wir ſein liebendes Herz ſollen ſuchen; daß
wir, aus aller Sünde und Sündennoth, in
Chriſti Liebe ſollen bußfertig hinein hungern, in
Chriſti Verſöhnblut, theures Verdienſt und
ewige Gnade: nicht zwar durch eine unkräftige,
ſelbſtgemachte Zueignung, ſondern durch demü-
thiges Herzensſehnen und Stöhnen nach Chriſti Gnaden- und Liebeskraft; wie ſich ſolche zur
Beruhigung des beklemmten Herzens und Ge-
wiſſens würklich erfahren läſſet. Da ſoll die
Seele, bey ſolchen Umſtänden, ſich nur fein
beugen, fein ſchuld geben, fein wegwerfen, und
von nichts, als Liebe Chriſti und ewiger Gnade,
wiſſen wollen. Und wenn die Sünde und Sün-
denſchuld, Zorn und Verdammniß, groß,
größer, allergrößeſt, ihr aufs Gemüthe käme,
ſonſt nichts dabey thun, als ſich immer tief, tiefer, allertiefeſt, in dieſen eröfneten Abgrund der
ewigen Gnade und Liebe Chriſti hinein ſenken.
Siehe, ſo ſollen wir uns durch die Liebe Chriſti

Cc 5　　　　　　in

in die Buße, und durch die Buße zur Liebe dringen laſſen. Da erfolget denn endlich gewiß, daß
die Liebe Chriſti der Sünden Menge zudecket,
daß man ſich hernach, wie es im Propheten
Heſek. 16, 63. heißt, recht ſchämet, vor de-
müthigem Dank und Beſtürzung, wenn einem
der HErr ſo alle Sünden vergiebet, und
gleichſam mit lauter Liebe bezahlet: da dann wohl
ſolche, denen vor andern viele Sünden vergeben ſind, auch vor andern viel lieben.

32. Die Liebe Chriſti dringet ſodann weiter
eine bekehrte Seele aus der Sünde, Welt, und
allen ihren Eitelkeiten heraus. Man kann nicht
mehr ſo mitmachen; oder man wird beklemmt.
Warum denn? Fürchteſt du etwa der Eltern,
der Herrſchaft, der Obrigkeit, Strafe? O nein,
es werden ja bey einem geahndet ſogar, ſolche
Sünden, die kein Menſch weiß oder wiſſen kann,
auch ſogar die kleinſten Dinge, die wohl nicht
ins Strafamt der Obrigkeit und Menſchen fallen. Warum denn? Spotten und verachten
einen etwa die Leute, wenn man ſo eitel dahin
gehet, und nicht fein fromm lebt? Keinesweges
vielmehr ſpotten und läſtern ſie, wenn man
nicht mehr mit ihnen in eben dieſes unordentliche Weſen läuft. 1 Petr. 4, 4. Ey, warum machſt du denn nicht mit, und hältſt dich
ſo eingezogen? Sollte ein Bekehrter nach dem
eigentlichen Grund hierauf antworten, dann
würde er ſagen müſſen: Die Liebe Chriſti dringet mich alſo, daß ich dieſe Dinge ſoll und will
verlaſſen; ich darf nicht mehr, ich will nicht
mehr,

mehr, meiner verderbten Natur, meinem eitlen
Sinn, folgen. Es ist übrig genug, daß ich die
vergangene Zeit nach heidnischem Willen zuge=
bracht habe. Lange genug habe ich meinen lieben
Heyland mit meinen Sünden gecreußiget; den
Heyland, den Christum, der mich also geliebet,
daß er um meinet willen nicht nur die Welt, son=
dern den Himmel verläugnet hat: sollte ich um
seinet-willen nicht eine garstige Sünde, nicht eine
eitele vergängliche Weltlust verläugnen?

33. Ja, die Liebe Christi dringet nicht
nur auf die Verläugnung der groben Welt,
und der todten Werke der Sünden; sondern
auch auf die würkliche Absagung der im Her=
zen steckenden Liebe der Welt und Anhänglich=
keit am Geschaffenen, auf die Verläugnung
des Falschen und tief eingedrungenen eigenen Le=
bens, auf die Ertödtung der Lust= und Zorn=
begierden, auf die Aufopferung seines eigenen
Willens, seiner Selbstliebe und Selbstgefäl=
ligkeit im Kleinen und Grossen, im Natürlichen
und im Geistlichen.

Welche düstere und fürchterliche Vorstellun=
gen machen wir uns nicht öfters von der Ver=
läugnung! Wie lassen sich schwache, ungeübte
Seelen, nicht öfters ohne Noth abschrecken! O,
denkt man, das ist ja ein peinliches Leben, da
du keine freudige Stunde mehr in der Welt wür=
dest haben können! das kannst du ohnmöglich aus=
halten; von dem und dem Theil wirst du nim=
mermehr können loß werden, u. s. w. Ach,
liebe Seele, wie bildest du dir doch immer deinen

GOtt

GOtt so unrecht ein! GOtt hat unserer Verläugnung seinet wegen nicht nöthig, aber wir
haben sie nöthig.   Er ist nicht so, wie ein harter
Mann, der einem das Leben und den Weg zum
Himmel so peinlich und schwer machte, und in
der Welt keine Freude gönnete: dann solche dum-
me, blinde, ausgeartete Kinder, sind wir, daß
wir unser wahres Glück und Heyl nicht erkennen,
und das Freude und Lust nennen, was doch unser würkliches Verderben, Quaal und Hölle
ist; wie etwa ein Kind, das mit dem Messer
spielet, in seinem Unverstand weinet und widerstrebet, wenn die sorgfältige Mutterliebe demselben das Messer hinzulegen besiehlet.   Alle das
innere Andringen zum Verläugnen, sollen wir
nicht so gesetzlich, sondern als einen Andrang
der Liebe Christi, ansehen: er will uns thörichte Kinder freundlich bereden, wir sollen das
schädliche Messer aus der Hand legen; und will
das freundliche Bereden nicht helfen, dann läßt
er wohl einmal zu, daß wir uns schneiden, bloß
damit wir das schädliche Messer mögen hinwer-
fen.   O es ist eitel Liebe! Christus will gern das
ganze Herz haben, und durch solche Verläug-
nungen alle Hindernissen beyseite räumen die im
Wege liegen, damit er uns seiner wahren, gründlichen, ewigen Freude, Liebe und Vergnügung,
möge können theilhaftig machen.   Ja, je genauer der HErr eine Seele in die Verläugnung
führet, je weniger er ihr erlauben will, desto
sonderbarer ist die Liebe Christi zu solcher Seelen.

                                        Wie

Wie wir nun den Andrang zur Verläugnung nicht gesetzlich, sondern als Liebe Christi, ansehen sollen; also müssen wir uns auch nicht gesetzlich in der Uebung der Verläugnung betragen, sondern die Liebe Christi uns zum Verläugnen dringen lassen. Wenns nur immer bey der Seelen heißt: Du must, sonst bist du ewig verdammt; und man dann so ohne Christo, in eigener Kraft, aufs Verläugnen fällt, ach! das ist so ein mühseliges Leben, so man doch als mit in der Erfahrung schmäcken muß. Es ist wohl wahr, wir müssen, oder wir sind verdammt; allein, ist das nicht schon ein Stück der Verdammung, immer müssen, und nimmer von Herzen willig seyn? Immer müssen, und nimmer können? Nach Christi Liebe sollen wir hungern, in Christi Liebe die Willigkeit und die Kraft zum Verläugnen suchen, und so lange suchen, bis wirs finden; bis die Liebe Christi uns dringet, daß wir gern uns selbst und allen Dingen absagen, und wir uns glücklich schätzen, ihm, unserm Freund, unserer Mutter, unserm Bräutigam zu Liebe, was zu verläugnen, was zu wagen, und zu allem Gefallen leben zu mögen.

Ja, wenn ich gerade reden soll zu begnadigten Seelen, zu Seelen, die so herzlich gern sich verläugnen wollen, aber, zu ihrem Leidwesen, sich überall zu kurz finden; dann wollte ich sagen: Denkt nicht einmal so viel an verläugnen, an treu seyn, an heilig und genau leben; Liebet nur, hungert nach Liebe, übet euch in der Liebe. Die Liebe verläugnet immer, ohne die Bitterkeit

der

der Verläugnung zu schmäcken, und fast ohne
ans Verläugnen zu denken. Denkt nur, wie
ihr Christum lieben, immer herzlicher lieben, und
seiner Liebe alles zu Gefallen thun möget.

34. Die Liebe Christi dringet die Gläubigen ins Creuz, und durchs Creuz. Das
klingt wunderlich, und ist doch die Wahrheit.
Man geräth manchmal so wunderlich und unver-
sehens in eine Noth und Druck, daß man nicht
weiß, wie es zugeht: man wird so recht hinein
gedrungen. Da muß der oder jener just so
reden, so mit uns handeln; da muß eine Sache
oder ein Wort so unrecht aufgenommen werden;
da müssen die Dinge just sich so zutragen und auf
einander folgen, daß wir eben ein Pröbgen, Creuz
und Leiden, kriegen mögen. Die Dinge dürfen
auch nicht eben allemal so groß oder wichtig seyn;
die Liebe Christi bedienet sich manchmal einer Klei-
nigkeit, und weiß uns damit eben auf das em-
pfindlichste Plätzgen zu treffen. So gehts im
Aeussern und Leiblichen; und so gehets auch im
Geistlichen, auf unzählig unterschiedene Arten.
Und das thut die Liebe Christi, wenn wir gleich
denken, diese oder andere Dinge wären Ursach
daran.

Schwache, blöde Seelen, können sich manchmal gewaltig ängstigen, durchs ungläubige Vor-
aussehen auf zukünftige, äussere oder innere Leiden, Versuchungen, und ich weiß nicht welche
Proben, die vielleicht nie über sie kommen werden. Wenn du einmal das leiden solltest, denken sie, was jenem aufgeleget worden; wenn
du

du in diese oder jene harte Wege solltest gerathen,
da würdest du unmöglich aushalten können. Ach,
Seelen, plaget euch doch nicht mit vergeblicher
Sorge und Kummer; trauets doch der Liebe zu,
daß sie euch werde dringen ins Creuz und durchs
Creuz: ich will sagen, bleibt doch nur kurz im
Gegenwärtigen. Die Liebe theilt die Creuze
weislich aus; sie verstehets besser als wir. So
lang wir so kleine schwache Kinder sind, wird sie
uns keine große Päcke auflegen.

Was aber im Gegenwärtigen zu leiden vor-
fällt, das sollen wir gerade aus der Hand der
Liebe Christi, und nicht von dem oder jenem,
annehmen. Wie Christus litte, da nahm er sein
Leiden nicht von Juda, von Pilato, von den Pharisäern an, sondern gerade von der Hand seines
Vaters: Sollt ich den Kelch nicht trinken,
hieß es, den mir mein Vater gegeben hat?
Denket dann nicht so sehr ans Creuz, als an
den, ders Creuz giebet. Ists wahr, liebe Seele, glaubest du es, daß eben Christus dir dieses
oder jenes Creutzgen giebet; o wie so köstlich,
wie so ehr- und liebenswürdig muß dir nicht alles
seyn, was von dieser Liebeshand kommt!
Denke, welch ein Großes hat er für dich gelitten: Willst du dann, ihme zu behagen, nicht
ein kleines Creutzgen tragen?

Denke nicht so sehr ans Creuz, als an die
Liebe Christi. Liebe nur, dann kannst du alles
leiden. Was kann die Liebe nicht! Was haben
nicht so viel tausend Märtyrer, und unzählich
andere heilige Seelen, gelitten und leiden können,

nur,

nur, weil die Liebe Christi sie also drunge!
Die Liebe Christi flösset immer mehr einen Lei-
denssinn ein, und hält die Seele, auf eine
geheime Weise, wie angenagelt am Creutz, so
daß, wenn es auch manchesmal kümmerlich her-
gehet, sie doch nicht vom Creutze sollte herab steigen, und wieder Luft für die Natur suchen wollen, wenn es ihr auch gleich frey gestellet würde.

35. Die Liebe Christi soll uns dringen zur
Heiligung. Wie so fürchterlich und unmöglich
machen sich nicht manche Seelen ihre Heiligung!
So genau leben, wie die Schrift es vorstellt,
so demüthig, so sanftmüthig, so treu, so andächtig, so lauter, so unsträflich, so heilig werden;
ach, das ist nicht möglich, denken sie, das könnten sie keinesweges aushalten oder erreichen. Ja,
liebe Seele, wenn Mosis scharfe Zucht im Gewissen dazu dringt, dann ist es unmöglich; wenn
du dich selbst dazu dringest und zwingest, dann
ist es nicht zu erreichen; wohl aber, und gar leicht,
wenn wir uns die Liebe Christi dringen lassen
zur Heiligkeit.

Ach, wie thun nicht manche so recht ängstlich, und lassen sichs sauer werden mit ihrem
Selbstheiligmachen! O ihr Herzen, liebet nur,
vereiniget euch nur mit Christo durch Glauben,
Liebe und Gebet, wie der Rebe vereiniget ist
mit dem Weinstock. Ey, fällt es denn einem
solchen Reben so schwer, daß er süsse Trauben
trage? Darf mans mit befehlen, drohen, schüt-
teln und rütteln, erzwingen? O nein, es gehet
alles sanft, leicht, und ganz natürlich zu: der
                                        Rebe

Rebe bleibet nur im Weinstock, läßt sich von
dessen edlen Saft durchdringen, so grünet er,
und trägt Frucht, ohne daß er sonst was hinzu
bringt.   Siehe, so sollen wirs auch machen:
Bleibet in mir, spricht Christus, so bringet
ihr viele Früchte. Joh. 15.   Wir sollen nur
lieben, wir sollen nur eingekehret bleiben in der
Liebe, und, als in uns selbst dürre Reben, uns
von dem reinen Göttlichen Saft und Kraft der
süssen Liebe Christi durchdringen lassen: o da wer=
den wir wie von selbst, heilige, liebe, und GOtt
gefällige Leute werden, erfüllet mit allerhand süs=
sen Früchten der Gerechtigkeit, zum Lobe JEsu
Christi: da werden uns die Tugenden wie natür=
lich und leicht; und wir werden uns selig schätzen,
daß wir Christo zu allem Gefallen leben mögen.

Und wirklich, wenn es gleich möglich wäre,
so doch nicht ist, daß wir aus uns selbst heilig
werden könnten; so wäre das doch alles nur ein
gebrechliches, todtes, und unwerthes Ding, das
aus menschlichem Willen und Kräften hervor
käme, und worin wir nur uns selbst bedügten
und liebten: die Liebe Christi muß aller Gottselig=
keit, Werken und Tugenden, das rechte Leben,
Kraft und Gültigkeit geben.   Drum weiß Pau=
lus diesen fürtreflichen Liebesweg nicht hoch
genug anzupreisen: Wenn ich, spricht er, mit
Menschen= und mit Engel=Zungen redete,
und hätte der Liebe nicht, so wäre ich ein
tönend Erz; und wie es weiter heißt, im 13.
Cap. des ersten Briefs an die Corinther, so wir
zu Haus nachlesen mögen.

36. Die Liebe Chriſti dringet zu allem
Fleiß, Wachſamkeit und Munterkeit in allem
Werk, und im ganzen Wandel der Gottſeligkeit. Durch Furcht und Schläge, kann man-
cher, im Todesſchlaf der Sünden, ſichere
Menſch, erſchrecket und erwecket werden; durch
Göttliche Gerichte, Krankheit, Todesangſt,
Sterben naher Anverwandten, oder ſonſtige
Gewiſſensrügungen, können gewaltige Bewegungen und die ernſtlichſte Entſchlieſſungen
bey einem Menſchen entſtehen, daß man ja
denken ſollte, es würde was rechtes daraus:
allein, wie ſo bald gehets wieder vorüber, wo
nicht die Herz-erneurende Gnade und Liebe
Chriſti hinzu kommt! Noth, und Tod, und
Hölle, mögen dringen wie ſie wollen; dringet
get die Liebe Chriſti nicht mit, ſo ſchläft man
wieder ein.

Die äuſſerlichen Mittel der Gnaden
auch dienlich ſeyn, träge, ſchläfrige
erwecken und zu ermuntern: wollen
durch die Gnadenmittel, die uns Gottes
Hand gibt, auf eine fruchtbare und
Weiſe erwecket werden, ſo müſſen wir
bey unſerm Herzen bleiben, und auf die
wirkende Liebe Chriſti acht geben, die
wendig aufweckt, ermuntert, und
Rührungen gern tief ins Herz hinein

Die Liebe weiß zwar von keiner ängſtli-
unruhigen Sorge; aber ſie weiß auch von
ner Trägheit und Schläfrigkeit. Es lieg

vom Morgen bis zum Abend immer so am Herzen, was man doch dem Geliebten solle zu Gefallen thun?

Ich gedenke hiebey noch der äussern Trägheit und Schläfrigkeit. Es klagen manche Herzen, daß sie in der Einsamkeit und zur Abendzeit so leicht der Schlaf überfalle. Das hat nun zwar bey manchen, die etwa durch Arbeit stark ermüdet worden, oder schwächlich sind, seine natürliche Ursachen, da man Geduld haben muß: ich fürchte aber, daß es bey vielen an der Liebe fehlet. Ich habs probiret, daß manche zur Abendzeit der Schlaf überfiel, wenn was Gutes geredet oder gelesen wurde; die aber alsobald sich ermunterten, wenn von andern, ihnen beliebten Sachen, was vorfiele. Pfui der Schande! Ach hätten wir ein wenig mehr Liebe, wir würden munterer seyn.

37. Die Liebe Christi dringet zu guten Werken. Die Gelehrten disputiren allerhand von den guten Werken, von deren Verdienst, ob, und wie weit sie zur Seligkeit vonnöthen, und was dergleichen mehr ist. Eine Seele, die Christum liebet, hält sich mit solchen Zänckereyen nicht auf: die Liebe dringet unaufhörlich, nach ihrer Art, zu allen guten Werken, gegen GOtt, gegen die Brüder, gegen den Nächsten, ja, gegen die Feinde; die Liebe kanns nicht lassen, sie will jedermann Gutes thun, und sich allen preis geben.

D d 2 Sie

Sie hat immer genug, sie ist reich, sie ist
milde, sie gibt gerne hin; und hat sie kein Geld
oder andere Sachen mehr zu geben, dann hat
sie doch noch ein Herz, das sie hingibt im Mitleiden, Erbarmen, und andern möglichen Hülfs-
leistungen.

Mit einem Wort: Die Liebe thut immer
Gutes, ohne fast daran zu gedenken; sie thut
tausend gute Werke, ohne zu fragen, ob sie
gute Werke thun müsse; und von der Zahl
der guten Werke fällt ihr gar nichts ein.
Wenn sie auch vieles gethan hat, dann meint
sie, sie habe noch nichts gethan; jetzt will sie
erst anfangen. Siehe, so dringet die Liebe
Christi.

38. Die Liebe Christi dringet zum immerwährenden Fortgang in der Gottseligkeit
und Heiligung. Das ist auch noch so ein
ganz unnöthiger Zank, den die Leute haben
über die Vollkommenheit, ob man Gottes
Gebote auch halten könne? Ob man den und
den Stand auch erreichen könne? Und was
dergleichen mehr ist. Mein Gott! man
sputiret von der Vollkommenheit, und sollte
billig erst fragen: Hast du auch einen Anfang
gemacht? Mich deucht, die Leute verrathen
mit dergleichen Streitigkeiten nur ihr liebloses
todtes Herze.

Die Liebe weiß von keinen Schranken; sie
will immer weiter, treuer, frömmer, Gott
gefälliger werden: sie fragt nicht lange, ob mans
könne

könne oder nicht könne; sie gehet nur wacker
drauf loß; sie muß ihrem Trieb, ihrem Dringen, folgen.   Der Apostel Paulus war ja
weiter gekommen als wir alle; inzwischen was
sagt er im 3. Capitel an die Philipper: Ich
vergesse, was dahinten ist, und strecke mich
zu dem, das da vornen ist; und jage nach
dem vorgesteckten Ziel, dem Kleinod, welches vorhält die himmlische Berufung GOttes in Christo JEsu.   Wie, lieber Paule,
bist du dann noch nicht fromm gnug? Du
bist ja wohl nicht mehr bange vor der Höllen?
Ey, spricht Paulus, diß ist es nicht; es dringet mich nicht die Hölle, es dringet mich nicht
der Himmel; die Liebe Christi dringet mich
also.

19. Die Liebe Christi dringet sich gern
in alle unsere Dinge ein.   Sie will und muß,
nicht nur in den großen, sondern auch in den
kleinsten Dingen, die Hand haben: Wär die
Sache noch so klein, alles muß ihr Opfer
seyn.   Alles, was wir hier im natürlichen Leben machen, es scheine so wichtig und groß es
immer wolle, ist in sich selbst eine nichtige Lap-
perey, und nicht werth, daß ein edler Geist
sich damit beschäftige: aber durch die Liebe können alle diese Kleinigkeiten recht groß, und ein
wahrer Dienst GOttes werden.   Wer, so zu
reden, auch nur einen Strohhalm von der
Erden hübe, durch die Liebe Christi, der verrichtete ein großes Werk.

Dd 3   Manche

Manche Herzen klagen gar sehr, daß ihnen ihre äussere nothwendige Geschäfte so viele
Zerstreuung, Verhinderung und Schaden brachten. Woher kommts, liebsten Seelen? Ihr
thut vielleicht eure Sachen nur, als ein weltliches Ding. Wenn ihr in der Kammer, in
der Kirche, in der Versammlung sitzet, oder
sonst was Gutes lesen oder vorhaben könnt,
dann meynet ihr, das wäre GOtt gedienet;
aber auf dem Felde, in der Küche, oder wo
sonst ein jeder zu thun hat, seine Arbeit verrichten, das seye der Welt gedienet. Ach
Jammer und Schade! so würden wir ja die
mehreste Zeit im eiteln Dienst der Welt zubringen müssen. Verrichtet euere Geschäfte
als einen Dienst der Liebe Christi, so schaden sie
euch gar nicht mehr.

Wann uns die Weltbegierde, die Sorge, der Unglaube, oder einige andere Natur-
kraft, dringet zu und in den Geschäften, da
muß ja das Gemüth nur immer mehr verfinstert
und zerrüttet werden: dringet uns aber die Liebe Christi zu dem Werke, und wir lassen uns
von derselben in Schranken halten zu den Geschäften, daß wir sie nur so kindlich hin, ihm
zu Lieb und zu Ehren, verrichten; nein, dann
hindern sie nicht mehr; sondern sie werden ein
wahrer Gottesdienst. Diß meinet der heilige
Geist, wenn es Colosser 3. heißt: Alles, (mer-
kets doch, alles,) was ihr thut mit Worten oder mit Werken, das thut alles in
dem Namen des HErrn JEsu.

40. Die

: 40. Die Liebe Christi will uns gern den ganzen Tag bey sich und in ihren Schranken behalten, uns dringen in den besten Weg und mit ihrem Dringen verwahren, daß wir weder zur Rechten noch zur Linken beyseits ausweichen. Ach wenn wir nur fein aufmerksam in ihrem Gleise bleiben mögten! Es machen sich die Seelen öfters so allerhand gute Vorschriften, Ordnungen und Regeln ihres Verhaltens, die ich nicht überall verwerfe; ich weiß, daß den unartigen Kindern Zucht und Ordnung vonnöthen ist, oder sie laufen gar ins wilde; das ist nur Schade, daß alle solche gute Vorschriften und Regeln so bald wieder gebrochen werden. Es ist keine bessere Regel, Ordnung oder Vorschrift, als die Liebe Christi, die uns so innigst nahe ist.

Die Liebe Christi will uns gängeln, wie eine Mutter ihr Kind. Ein Kind, das am Leitband gehet, wird so gelenket, so gehalten: es gehet zwar frey und uneingeschränkt; sollte es aber in den Koth wollen laufen, oder sonst ein Schade zu befürchten seyn, alsobald würde es fühlen, daß es hinten von was gehalten würde. Auf eine dergleichen Art will uns auch die Liebe Christi führen, daß wir wandeln sollen in Seilen der Liebe, Hosea 11, 4. Wenn wir im Unverstand in was unrechtes oder schädliches hinein wollten; wir würden eben dergleichen, wie jenes Kind am Leitband merken,

D d 4   daß

daß uns so was hielte und (*) beklemmete, nemlich die Liebe Christi.

41. Die Liebe Christi soll und will uns
dringen zum Gebet. Beten ohne Herz, aus
bloßem Dringen der Gewohnheit, das ist kein
Beten: beten, wenn Seelennoth und Gefahr, wenn Gefühl der Sünden und Dürftig-
keit dringet, das ist ein recht gutes Gebet: wenn
aber die Liebe Christi zum Gebet dringet, o das
ist das schönste und edelste Gebet! Wir klagen
öfters, daß wir nicht wüßten zu beten, daß wir
nicht gebührende Lust dazu hätten, daß uns auch
wohl die Zeit dabey lang fiele, u. s. w. Siehe
das rühret her aus dem Mangel der Liebe Christi. Laßt uns nur der Liebe Raum geben, dann
wird die Liebe uns schon dringen zum Gebet.
Mit lieben Freunden ist man ja so gern ein wenig unter vier Augen allein: wenn wir Christum lieben, und herzlich lieben, dann werden
wir gern mit ihm allein gehen, dann wird uns
nicht leicht die Zeit bey ihm zu lang fallen: wenn
wir Christum lieben, dann werden wir ihm immer was zu sagen haben; und haben wir ihm
nichts zu sagen, dann haben wir doch was zu
lieben; und das ist Beten. Lieben und schweigen;

(*) Dieser Nachdruck steckt im Griechischen Text;
    wie sich denn dasselbe Wort auch findet Luc. 12.
    v. 50. Ich muß mich taufen lassen mit einer
    Taufe, und wie werde ich beklemmet ꝛc. Und
    Philipp. 1, 23: Ich werde von beyden Theilen
    beklemmet.

gen in der Gegenwart GOttes, o das ist ein
großes Gebet.

O ja, liebsten Herzen, wir könnens nicht
glauben, welch ein treflicher Betmeister die
Liebe Christi sey, die in Begnadigten so unzäh-
liche unaussprechliche Seufzerlein im Herzen erwecket: mögten sie nur besser geheget und ge-
pfleget werden! So manches kräftiges, süßes,
verliebtes Ach und O, macht sie aus dem tiefsten
Grunde aufsteigen, ohne daß man sich öfters
vornimmt, oder kaum erinnert. Bald erschal-
let im Herzen, wenn gleich die Lippen schweigen,
ein wahres Ach mein GOtt! O mein HErr
JEsu! bald heißt es: Ganz für dich in Ewigkeit! Mein GOtt und mein Alles! Da ein
dergleichen einziges Herzensseufzerlein wichtiger vor dem Allerhöchsten ist, und wirklich
weit mehr in sich fasset, als ein großes anderes
Gebet aus dem Buche oder Verstand daher gesagt, weil es Worte der Wahrheit sind. Ey,
liebe Seele, in welchem Buche hast du doch immermehr diese schöne Gebetlein gelernet? Ein solches Betbüchlein mögte ich mir auch gern an-
schaffen: Die Liebe Christi, spricht die Seele, ist
mein Betbuch; die Liebe Christi dringet
mich also zu seufzen.

Nicht nur ist die Liebe Christi der treflichste
Betmeister, sondern das Gebet selbst. Die
Liebe ist gleichsam das vom Himmel herabgefal-
lene immerwährende Feuer auf dem Altar im
Tempel des Herzens, da das edle Rauchwerk

Dd 5 einer

einer ſtillen Geiſtesandacht ſo ſanft und lieb‐
lich aus dem innern Heiligthum aufſteiget, in
tauſend Lob, und Liebe, und Aufopferung, und
Erhebung, und Beugung, und Verehrung,
und Anbetung, und Bewunderung des ſeligſten
GOttes; da eine einzige ſolcher innern Glau‐
bens = und Liebesthaten, mehr Leben, Frie‐
den, Wonne und Seligkeit, in ſich hält, als
alle Welt nicht geben kann. Die Seele macht
das nicht ſelbſt, kann es auch nicht machen: wer
thuts dann? Die Liebe Chriſti dringet ſie
alſo.

Die Liebe Chriſti dringet, mit einem Wort,
die Seele immer mehr, durch ſelige Züge, zur
völligen und ewigen Vereinigung mit dem
Geliebten. Sie hat des Waſſers der Liebe ge‐
trunken, ſo Chriſtus ihr gegeben, das wird je
länger je mehr in ihr ein Brunn, der da quillet
ins ewige Leben. Sie fühlets, es iſt für ſie
nichts mehr hier unten auf Erden, in allem
Geſchaffenen und Zeitlichen. O es wird ihr al‐
les ſo gar unwerth, ſo recht fremde: ihr Alles ſeh‐
net ſich zum Ewigen, zu Chriſto; und Chriſtus,
ihr himmliſcher Liebesmagnet, kann ſie auch
nicht in die Länge hier im Elende laſſen, er zie‐
het ſie an = und endlich zu ſich: Vater, ich will,
daß, wo ich bin, auch die bey mir ſeyen,
die du mir gegeben haſt, daß ſie meine Herr‐
lichkeit anſchauen, Joh. 17, 24.

42. Sehet, Seelen, dieſe Seligkeit, wovon
wir ſo was weniges laſſen, iſt euch zugedacht,
und

und in Christo angeboten; ja, sie ist für Euch, und auch für den allergebrechlichsten und elendesten unter euch. O Herzen! o Herzen! liebet doch den GOtt, der euch also liebet, und ewig lieben will; überlaßt euch unbedingt dem Dringen, dem Ziehen dieser seligenden GOttesliebe; setzt dieser Liebe doch keine Schranken: sie führet weiter als ein menschlicher Verstand begreifen kann, und es sind größere Wunder und Seligkeiten, auch noch bey Leibesleben, in ihr zu erfahren und zu geniessen, als Menschen- und Engelzungen aussprechen können.

43. O bejammernswürdige Blindheit und Unverstand der mehresten menschlichen Herzen in der Welt, daß sie so kalt gegen GOtt, und so brünstig gegen andere Dinge sind! daß die Liebe der Welt, der Sünden, der Eitelkeiten, mehr Vermögen haben auf die Herzen, als die Liebe Christi! Die Weltliebe darf nur winken, o da läuft man! Christi Liebe dringet so lange, und doch folget man nicht, und doch ergibt man sich nicht! O wie läßt sich nicht manches unglückseliges Weltkind von der sündlichen Weltliebe dringen und treiben aus einer Sünde, Laster und Eitelkeit, in die andere! ist wie ein Sclave, der es fast nicht lassen kann, so wird er gedrungen von seinem harten Herrn: der Satan, die Weltliebe, beherrschen und dringen ihn, und werden ihn dringen bis zur Höllen hinein, wo er sich nicht bey Zeiten besinnen wird, und durch Christi Liebe zur Busse dringen lassen.

44. Laßt

44. Laßt uns doch deswegen untersuchen, ihr Seelen, was lieben wir? Was hat bey uns das Uebergewicht? Woran denken wir des Morgens am ersten? Und woran den Tag hindurch am meisten? Dann dabey kann man schon so was prüfen, wo unser Schatz ist. Haben wir wohl die Liebe Christi, auch nur dem Anfang nach, an unsern Herzen lassen kräftig werden? Oder stehen wir noch in unserm Leb= und Lieblosen Naturstande, ohne Christo und seiner Liebe? O unbeschreiblich unglückseliger Zustand! o entsetzlich gefährlicher Stand! Sind wir nicht in der Liebe, so sind wir ja in dem Zorn, im grimmen Reich der Finsterniß, da der Zorn GOttes über unserm Haupte, und wir am dünnen Lebensfaden über einem solchen Abgrund schweben: und, o ewig Unglück, wenn wir in einem solchen Zustande sterben sollten!

45. Ach, Seelen! ach, unsterbliche Seelen! siehe, jetzt hören wir noch von der Liebe Christi; wer weiß wie lange? Jetzt wird sie uns noch verkündiget, angepriesen, und durch Christum selbst unsern Herzen angeboten. Ja, Christus liebet euch, ihr Sünder alle, ihr grössesten Sünder, die ihr gestehen müßt, daß ihr bis dahin noch Sclaven der Sünde und des Satans gewesen seyd; ihr dürft nicht verlohren gehen, Christus will euch gerne helfen; er bittet euch drum: Ach, gebt euch doch über!

46. Kann euch euer Elend und Gefahr, kann euch GOttes Zorn, die Furcht des To-

des

des und des erschrecklichen Gerichtstages, samt eurem eigenen ewigen Unglück und Verdammniß, nicht dringen und bewegen, so lasset es doch jetzt die Liebe Christi thun. Laßt euch doch den leidenden JEsum vor die Augen mahlen: Siehe, da liegt er in seinem Blutschweiß und entsetzlichen Seelenangst, gleichsam vor euch auf der Erden, winselt, und bittet euch: siehe, da hängt er, in höchster Leibes- und Seelennoth, am Stamme des Creutzes, hat seine Arme ausgebreitet, kommende Sünder anzunehmen: siehe, er zeiget euch seine Bluttriefende Wunden, und preiset euch seine Gnade und Liebe an. So gewiß diese Worte zu euch gesprochen werden, so gewiß ist die erbarmende Liebe Christi an eueren Herzen geschäftig, und dringet euch. Ach, gebt euch doch über! Ach, thut es doch! damit ihr nicht dermaleinst zu spät, den ansehen müsset, in welchen ihr mit eueren Sünden gestochen habt. Ergreifet die Liebe, damit euch der Zorn nicht ergreife! Ergreifet die Liebe, weil sie noch da ist.

47. Ihr aber, die ihr mit mir eines Fünkleins dieser Liebe Christi aus Gnaden seyd theilhaftig worden, achtets doch hoch; es ist eine unschätzbare Perle: und wie klein diese Perle ist, so ist sie doch mehr werth als die ganze Welt; wie klein dieses Funklein jetzt noch ist, so kann es noch eine feurige Glut, eine Flamme des HErrn, werden, wenn es wohl geheget und gewartet wird. Bewahrets wohl, durch

durch einen recht behutsamen Wandel: meidet alle unnöthigen Umgang, Freundschaft und Einwickelungen mit den Menschen dieser Welt, und alle andere ablockende Gelegenheiten (*). In solchen und dergleichen Gelegenheiten mehr, muß man gehen, wie einer, der mit einer kleinen Kerze durch den Wind, oder mit einem kostbaren Kleinod durch einen Wald gehet. Ueberall sind Seelenräuber, die auf unser Kleinod lauren; da sollen wir stets sorgfältig seyn, und aus dem abgesungenen Liede beten: Ach, hilf uns wachen Tag und Nacht, und diesen Schatz der Liebe bewahren, vor den Schaaren, die wider uns mit Macht aus Satans Reiche fahren. Wir meynen wohl, es hätte nicht zu sagen, wir wollten uns schon in acht nehmen; aber ach, wir kennen des Feindes List und unsere Schwäche, sonderlich zur Stunde der Versuchung, nicht genug. Wir dürfen zu unserer Warnung Petri Exempel nicht anführen; wir haben davon in der Nähe betrübte Erfahrungen gnug! Lasset uns doch uns hüten vor aller Leichtsinnigkeit, Zerstreuung und Vernünfteley. Ich weiß wohl, daß die Liebe Christi uns zu diesem allen dringet, und nach Nothdurft belehret; allein, wir sind, leider! nicht allezeit auf dem Plätzgen, da wir solches gebührend können vernehmen. Drinnen sollen wir nahe beym Herzen

(*) Weil in eben der Woche eine besondere Gelegenheit zur Zerstreuung bevorstunde, so wurden, mit Absicht darauf, hier einige Warnungen eingefüget.

zen bleiben, da die Liebe ihre Werkſtatt hat,
in einem ſtillen, andächtigen und eingekehrten
Sinn.

48. Nun dann, noch ein Wort der Aufmun-
terung zu uns allen, und damit will ich dann
auch beſchlieſſen: Höret und nehmet mit mir im
Glauben an dieſes herrliche Evangelium des ſeligen GOttes, ſo uns in dieſer Stunde in
Schwachheit, doch im Namen des HErrn,
verkündiget iſt: Chriſtus liebet uns, und will
uns lieben; Er will uns mittheilen die
Kraft dieſer ſeiner Liebe in uns, und zugleich mit derſelben alles Gute in Zeit
und in Ewigkeit. Chriſtus liebet uns, ihr
Herzen alle; was machen wir doch, was zagen wir noch, was ſchlafen wir noch!

49. Chriſtus liebet euch, ihr Jünglinge,
und ihr Jungfrauen, die ihr in eueren blühenden Jahren doch was zu lieben haben wollet,
Ach, wie würde michs jammern, wie würde
es JEſum jammern, wenn ihr euch durch
eine betriegliche falſche Liebe bezaubern lieſſet!
Wäre es nicht ewig Schade, wenn ihr von
einer eiteln Liebe dieſer Welt ſolltet verführet,
beflecket, geſchändet werden; durch die Liebe
ſolcher Dinge, die nichts reizendes, nichts
wahrhaftig vergnügendes in ſich haben, die ſo
bald, ſo bald verwelken, Eckel verurſachen,
und verſchwinden wie ein Rauch? Chriſtus liebet euch, wiſſet ihrs wohl? Bedenkt ihrs
wohl? Für ihn allein habt ihr euere Herzen
empfan-

empfangen; für ihn allein ist euch die edle
Neigung zum Lieben so tief ins Herze gepflan-
zet. O wenn ihrs recht wußtet, was in
Christo, was in seiner Liebe zu finden ist, ihr
würdet den Augenblick in diese unvergleichliche
Schönheit verliebt und brünstig werden.

50. Christus liebet euch, ihr bußfertige,
bekümmerte, kleinmüthige Herzen, und ihr
wisset es nicht, ihr glaubt es nicht. Christus
liebet euch; es ist die Wahrheit: wollt ihr
noch liegen bleiben in eurer Muthlosigkeit?
Sollte euch diese fröhliche Botschaft nicht auf-
springen machen? Könnt ihrs noch nicht völlig
glauben, wohlan, versucht es einmal, wage
es einmal, wie jene Königin, die Esther, Komm
ich um, sprach sie, so komm ich um: sie
nahete mit Furcht zum Könige; und wie sie ge-
dachte, sie wäre des Todes, da ward ihr der
Gnadenscepter gereicht, und der König um-
armete sie. Seelen, kommet nur, ihr werdets
erfahren, daß euer Loos nicht schlimmer ausfallen werde!

51. Christus liebet uns, ihr alle meine
Mitberufene: sollten wir nicht den Schlaf aus
den Augen wischen, unsere Herzensaugen empor heben, Christum wieder lieben, und
recht munter in seinen Wegen wandeln? Was
machen sich nicht die Leute daraus, wenn sie von
einem Könige, Fürsten, oder einem andern an-
gesehenen sterblichen Menschen, geliebet werden,
mit einer Liebe, die dem Geliebten nichts wesentliches

sentliches und bleibendes mittheilet: und siehe,
Christus der Sohn GOttes, liebet uns als seine
Braut; sollten wir uns noch mit den nichtigen
Lappereyen dieser Erden aufhalten? Sollten wir
nicht seine Liebe uns dringen lassen, unsere Herzen von allen nichtigen Götzen und Nebenbuh-
lern völlig abzureissen, und sie auf ewig seiner
göttlichen Liebe zu widmen? In Christi Herz sehe
ich nichts, als Liebe zu uns: ach Schande!
ach Schade! daß in unsern Herzen noch was
anders gesehen wird, als die Liebe Christi.

52. Nun wohlan, es muß besser gehen!
Wollen wir dann damit beschliessen, daß wir
unsern Liebesbund mit Christo nochmals erneuern vor unserm Angesicht! Wollen wir uns
aufs neue dem Schönsten in redlicher Gegenliebe
ergeben und verpflichten, mit einem unverfälsch-
ten, und, GOtt gebe! unverbrüchlichen Jawort? Wollen wirs? Ist es uns von Herzen
bedacht? Wohlan, so gebet mit mir dem gegenwärtigen JEsu euere Herzens-Hand, und laßt
uns mit wahrer Andacht sprechen:

Ja, Amen, da sind beyde Hände;
Aufs neue sey Dirs zugesagt:
Ich liebe dich ohn alles Ende;
Mein Ganzes werde dran gewagt.
Ich will den holden JEsusnamen
Vor jedermann bekennen frey,
Und schwöre Dir jetzt ew'ge Treu,
Auf Deine Bundestreue. Amen!

Zweyter B. IV. Th. Ee Ent-

Entschluß,
JEsum allein zu lieben.

Melod. O der alles hätt' verlohren, ꝛc.

Jedes Herz will etwas lieben;
  Liebts nicht JEsum, kanns nicht ruhn:
Mein Herz, HErr, ist Dir verschrieben;
  Zu Dir wills, so nimm es nun.

2.

Laß mich alle Welt verhöhnen,
JEsus soll mein Liebster seyn:
Schönster unter allen Schönen,
Du gefällst mir nur allein.

3.

Höchst anmuthig und holdselig
Ist dein's Angesichtes Glanz;
Du bist freundlich, süß und fröhlich,
Lieblich, und die Liebe ganz.

4.

Da ich haßte, warst du günstig,
Gabst für mich dein theures Blut;
Liebst mich auch noch jetzt so brünstig;
Drum lieb ich auch Dich, mein Gut.

5. Ich

5.

Ich umfaß mit dir dein Leiden,
Deine Armuth, deine Schmach:
Ehre, Gut, und alle Freuden
Dieser Welt, sind doch nur Plag.

6.

Sonst will ich auf nichts mich wenden,
Wär der Vorwand noch so fein;
Nicht die Liebeskraft verschwenden,
Dir gehört sie ganz allein.

7.

Mach dich mehr dem Herzen wichtig,
Täglich lieber, nimmer fern;
Alles andre wahrlich nichtig,
Daß ichs mag entbehren gern.

8.

Halt bey Dir mein Herz und Liebe,
Daß der Leib nur schwebe hier;
Bis ich, in so reinem Triebe,
Ewig Eines werd mit dir.

Vers

Verzeichniß
der
Reden des zweyten Bandes.

Ver-